2024

Realschule

Original-Prüfungsaufgaben
mit Lösungen

Baden-Württemberg

Deutsch

STARK

Bildnachweis

S. 6: Michael D. Brown. Shutterstock (Dialog / Gespräch), 123rf.com (Innerer Monolog)
S. 7: Monkey Business Images. Shutterstock (Tagebucheintrag), DE-V. Shutterstock (Brief /E-Ma
S. 8: Ground Picture/Shutterstock.com
S. 9: Triff/Shutterstock.com
S. 12: Ambient Ideas. Shutterstock (Bausteine)
S. 14: musicman. Shutterstock (Lupe)

38. neu bearbeitete und ergänzte Auflage
www.stark-verlag.de

Inhaltsverzeichnis

Vorwort

Hinweise und Tipps

Übungsaufgaben im Stil der Abschlussprüfung

Übungsaufgabe 1

Übungsaufgabe 2

Übungsaufgabe 3

Original-Abschlussprüfungen

Abschlussprüfung 2021

Abschlussprüfung 2022

Abschlussprüfung 2023

Sobald die Original-Prüfungsaufgaben 2023 freigegeben sind, können sie als PDF auf der Plattform MyStark heruntergeladen werden (Zugangscode vgl. Umschlaginnenseite).

Jeweils zum Schuljahresbeginn erscheinen die neuen Ausgaben der Abschlussprüfungsaufgaben mit Lösungen.

Vorwort

Liebe Schülerin, lieber Schüler,

dieses Buch möchte dir zeigen, dass eine gelungene Abschlussprüfung keine Glückssache ist, sondern etwas, das strategisch vorbereitet und geübt werden kann. Wenn du weißt, aus welchen Teilen die Abschlussprüfung besteht, kannst du dich gezielt auf jeden einzelnen Bereich vorbereiten. In manchen Aufgabenteilen ist ein gutes Faktenwissen gefragt, in anderen Textverständnis. Manchmal sind es auch bestimmte Techniken und Vorgehensweisen, die zum Ziel führen.

Mithilfe der folgenden Kapitel kannst du die wichtigsten Grundlagen für die Bearbeitung der Prüfungsaufgaben wiederholen. Das einführende Kapitel „**Hinweise und Tipps**“ informiert dich über die offiziellen Rahmenvorgaben, macht dich mit den Arbeitsanweisungen (**Operatoren**) vertraut und erläutert die verschiedenen Schwierigkeitsstufen (**Anforderungsbereiche**). Außerdem findest du darin kurze Informationen zu den aktuellen Prüfungslektüren.

Die **Aufgaben im Stil der Abschlussprüfung** und die **Original-Prüfungsaufgaben** mit ausgearbeiteten Lösungsvorschlägen dienen dir als Orientierung, was in der Prüfung verlangt wird. Die vielen **Hinweise und Tipps** helfen dir bei der Bearbeitung der Aufgaben.

Die **aktuelle Abschlussprüfung** steht dir auf der Plattform **MyStark** als Download zur Verfügung.

Weitere Informationen und Anleitungen zum Verständnis der Lektüren bieten dir die Arbeitshefte zu „**Nach vorn, nach Süden**“ von Sarah Jäger (Best.-Nr. 8154055) und „**Die Physiker**“ von Friedrich Dürrenmatt (Best.-Nr. 8154057). Ein intensives Training zu **allen prüfungsrelevanten Aufgabentypen** bietet der Band „Training Abschlussprüfung“ mit interaktivem Training zum zusätzlichen Üben am PC/ Tablet (Best.-Nr. D08140).

Wie lerne ich mit diesem Buch?

Du kannst ganz individuell mit dem Buch arbeiten und dich auf die schriftliche Prüfung in Deutsch vorbereiten.

Verschaffe dir einen Überblick über die Aufgabenbereiche im Pflicht- und im Wahlteil. Überlege, in welchem Bereich du vorrangig üben willst.

Wenn du dich z. B. noch bei den Aufsatzformen im Wahlteil unsicher fühlst, bearbeitest du die Kapitel mit den Informationen dazu und suchst dir anschließend Musteraufgaben im Stil der Abschlussprüfung zum Üben aus.

Wenn du dich sicherer fühlst und mehr Übung bei der Bearbeitung der einzelnen Prüfungsteile hast, kannst du mit einer Musteraufgabe im Stil der Abschlussprüfung oder einer Original-Abschlussprüfung schon einmal den „Ernstfall" trainieren.

Mit dem Buch kann man sowohl allein als auch in Lerngruppen arbeiten, es kann aber auch im Unterricht eingesetzt werden. Die Lösungsvorschläge ermöglichen es dir, die eigene Arbeit zu kontrollieren und zu korrigieren.

Versuche dabei stets, die Aufgabe zunächst **eigenständig** zu lösen, und sieh nicht gleich in der Lösung nach. Solltest du nicht weiterkommen, helfen dir die **Tipps und Hinweise** vor der jeweiligen Lösung. Wenn du sie gelesen hast, solltest du unbedingt selbstständig weiterarbeiten.

Sollten nach Erscheinen dieses Bandes noch wichtige Änderungen für die Abschlussprüfung 2024 vom Ministerium für Kultus, Jugend und Sport bekannt gegeben werden, findest du aktuelle Informationen bei **MyStark**.

Wir wünschen dir viel Erfolg und Spaß bei der Arbeit.

Die Autorinnen

Autorinnen

Anja Engel	Hinweise und Tipps; Übungsaufgabe 3 Lösungen zu den Abschlussprüfungen 2021/2022
Franziska Schnurrer	Übungsaufgaben 1/2

Hinweise und Tipps

1 Grundlagen

1.1 Vorgaben für die Abschlussprüfung Deutsch an Realschulen

Die Realschulabschlussprüfung überprüft Kompetenzen des Unterrichts aus den Klassen 7 bis 10 der zum Realschulabschluss führenden Schulen. Diese sind im Bildungsplan des Landes Baden-Württemberg auf dem M-Niveau ausgewiesen und sollten so gut beherrscht werden, dass alle Aufgaben in der Realschulabschlussprüfung von jeder Schülerin und jedem Schüler bearbeitet werden können.

Die Leistungen, die während des Schuljahres erbracht werden, also Klassenarbeiten, mündliche Leistungen usw., ergeben zusammen die Anmeldenote, die auf eine Nachkommastelle genau benannt wird. Diese wird dann mit der Prüfungsleistung jeweils zur Hälfte verrechnet und ergibt die Endnote.

Die **Endnote** im Fach Deutsch setzt sich also folgendermaßen zusammen:

Anmeldenote		Prüfungsnote	
(= Jahresleistung bis zur Prüfung)	50 %	50 %	(= Ergebnis der schriftlichen Prüfung bzw. der schriftlichen und mündlichen Prüfung)

Bei Ablegen der freiwilligen mündlichen Prüfung zählt die schriftliche Abschlussprüfung dreifach und die mündliche einfach.

1.2 Anzahl der Prüfungsaufgaben, Zeitrahmen und Hilfsmittel

Die schriftliche Realschulabschlussprüfung im Fach Deutsch besteht aus einem **Pflicht**- und einem **Wahlteil**. Den Pflichtteil (A 1, A 2) bearbeitest du **vollständig**. Im Wahlteil B musst du dich für **eine der drei Aufsatzarten** entscheiden.

Die **Arbeitszeit** für die gesamte Prüfung beträgt **240 Minuten** (4 Zeitstunden). Die jeweilige Arbeitszeit für die verschiedenen Bereiche (A 1, A 2 und B) darfst du dir selbst einteilen.

TIPP **Zeiteinteilung**

Sinnvoll ist es, für den Pflicht- und den Wahlteil jeweils die Hälfte der Zeit einzuplanen, da es auch jeweils die Hälfte an Punkten dafür gibt.

Ein **Rechtschreibwörterbuch** sowie die von dir **bearbeitete Lektüre** dürfen in der Prüfung als **Hilfsmittel** verwendet werden. Dein Buch zur Ganzschrift darf aber keinerlei Klebezettel enthalten. Es wird vor der Prüfung von deiner Lehrerin oder deinem Lehrer eingesammelt und überprüft.

TIPP **Hilfsmittel**

Arbeite auch schon vor der Abschlussprüfung intensiv mit dem **Rechtschreibwörterbuch**, damit du dich bis zur Prüfung gut darin auskennst und z. B. weißt, wo du Hinweise zur Zeichensetzung und zu Grammatik- oder Rechtschreibregeln findest.

Um dich in der **Prüfungslektüre** schnell zurechtzufinden, helfen dir sinnvolle Randnotizen (Stichworte, Symbole, kurze Inhaltszusammenfassungen). Diese sind im Gegensatz zu Klebezetteln erlaubt.

Für die Prüfung solltest du dir – nach Absprache mit deiner Lehrerin oder deinem Lehrer – einen Füller, Kugelschreiber, Faserstift oder anderen nicht radierbaren Stift zulegen. Du kannst entweder in Schwarz oder Blau schreiben.

Auf den Text- und Aufgabenbögen, die du in der Prüfung ausgeteilt bekommst, darfst du Markierungen und Notizen machen. Deine Lösungen musst du allerdings auf die gesonderten linierten Blätter bzw. Schülerbögen schreiben, denn nur diese dürfen gewertet werden.

2 Aufbau der Prüfung

Die Prüfung ist folgendermaßen aufgebaut:

Pflichtteil (A)		&	Wahlteil (B)	
A 1: Sachtext Aufgaben zum Textverständnis und Sprachgebrauch (z. B. Rechtschreibung, Grammatik, Satzbau)	**25 Punkte**		**Wahlteil (B)** Wähle aus zwischen: 1. Textgebundene dialektische Erörterung **oder** 2. Textbeschreibung Lyrik **oder** 3. Textbeschreibung Prosa	**50 Punkte**
A 2: Lektüre Aufgaben zum Textverständnis und produktive Aufgaben	**25 Punkte**			

Insgesamt werden in der Prüfung **100 Punkte** vergeben, wobei jeweils 50 Punkte auf den Pflicht- und den Wahlteil entfallen.

Für die Pflichtteile **A 1 und A 2** gibt es **jeweils 25 Punkte**. Im **Wahlteil B** können insgesamt **50 Punkte** erreicht werden. Die Punkte werden beim Aufsatz in folgende Bereiche unterteilt:

Wahlteil B	**50 Punkte**
Inhalt	25 Punkte
Sprache	15 Punkte
Aufbau/Form	5 Punkte
Rechtschreibung	5 Punkte

Im Folgenden werden die **Aufgabenbereiche** näher erläutert.

3 Pflichtteil A 1: Sachtext

Ausgangspunkt für diesen Prüfungsteil ist ein **Sachtext**, dessen Thema man vorher nicht kennt. Es gilt, den Text möglichst gründlich zu lesen, ihn zu bearbeiten und inhaltlich zu durchdringen. Dabei kann eventuell auch das Wörterbuch helfen.

Zu diesem Sachtext werden dir zunächst **Aufgaben zum Textverständnis**, also inhaltliche Fragen gestellt. Im Anschluss sind Abschnitte, Sätze, Formulierungen oder Wörter aus dem Text Ausgangspunkt für **Aufgaben zum Sprachgebrauch**. Hier benötigst du ein breitgefächertes Regel- und Faktenwissen. Insgesamt können in diesem Aufgabenteil **25 Punkte** erreicht werden.

3.1 Textverständnis

Es ist sinnvoll, sich den Text zunächst gründlich durchzulesen, um einen ersten Überblick über dessen Inhalt und Thema zu erhalten. Bevor du die Aufgaben zum **Textverständnis** bearbeitest, solltest du den Text ein weiteres Mal lesen und dabei die in den Aufgaben erwähnten Aspekte besonders in den Blick nehmen.

TIPP **Unklarheiten im Text klären**

Es kommt immer wieder vor, dass man in Texten auf Unklarheiten stößt. Damit du den Prüfungstext verstehst, kannst du verschiedene Maßnahmen bzw. **Verständnisstrategien** (Pläne, um den Sinn zu erschließen) anwenden. So kannst du die Unklarheit entweder beseitigen oder entdeckst, dass dies gar nicht notwendig ist, um den Text zu verstehen bzw. die Aufgaben zu bearbeiten.

Diese **Maßnahmen** kannst du nutzen, um den Text zu verstehen:

- Ignorieren: Ignoriere kleinere Unklarheiten und lies einfach weiter. Vielleicht ist der Aspekt, der dir unverständlich ist, gar nicht wichtig.
- Nochmals lesen: Lies unklare Textstellen noch einmal.
- Weiterlesen: Lies den Text weiter, um festzustellen, ob dir der Sinn der unklaren Textstelle dadurch verständlich wird.
- Vorhergehenden Abschnitt erneut lesen: Lies den Abschnitt direkt vor der unklaren Textstelle noch einmal.
- Zusammenhang herstellen: Stelle das Gelesene mit den Inhalten, die du kennst oder vorher gelesen hast, in einen Zusammenhang.
- Wörterbuch verwenden: Nimm das Rechtschreibwörterbuch zu Hilfe, vielleicht ist der unverständliche Begriff dort erklärt.

3.2 Sprachgebrauch

In diesem Bereich musst du Regeln und Strategien des **Sprachgebrauchs** sowohl anwenden als auch erklären können. Laut Bildungsplan spielen folgende Inhalte eine Rolle:

Sprachgebrauch

Struktur von Wörtern (Morphologie)

- Wortarten, *z. B. Nomen, Artikel, Adjektiv, Pronomen, Numerale, Adverb, Verb, Präposition, Konjunktion*
- Wortbildung, *z. B. Komposita*
- Konjugation von Verben, *z. B. Tempus, Modus, Aktiv/Passiv*
- Kategorien des Nomens, *z. B. Genus, Kasus, Numerus*

Bedeutung von Wörtern (Semantik)

- Denotation und Konnotation, *z. B. sprachliche Bilder, Redewendungen, Sprichwörter*
- Bedeutung von Lehn- und Fremdwörtern

Struktur von Sätzen und Texten (Syntax)

- Satzglieder, *z. B. Subjekt, Prädikat, Objekte (Genitiv-, Dativ-, Akkusativ-, Präpositionalobjekt), adverbiale Bestimmungen (Lokal-, Temporal-, Modal-, Kausaladverbial)*
- Attribute (= Teile von Satzgliedern), *z. B. Adjektiv-, Genitivattribut, Präpositionales Attribut, Relativ-/Attributsatz, Apposition*
- Beschreiben von Sätzen mithilfe des Feldermodells, *z. B. Einordnen in die Feldertabelle (Koordinations-, Vor-, Mittel-, Nachfeld, linke/ rechte Verbklammer)*
- Satzarten, *z. B. Haupt-, Nebensatz, Verberst-, Verbzweit-, Verbletztsatz*
- Infinitiv- und Partizipgruppen

Rechtschreibung (Orthographie)

- Groß- und Kleinschreibung
- Getrennt- und Zusammenschreibung
- Schreibung von gängigen Fremdwörtern
- Begriffe und Regeln aus dem Rechtschreibrahmen (Klasse 7–10)

Zeichensetzung (Interpunktion)

- Zeichensetzung bei Zitaten
- Regeln der Zeichensetzung
- Begriffe und Regeln aus dem Rechtschreibrahmen

Ein intensives Training zum Pflichtteil A 1 sowie den anderen prüfungsrelevanten Aufgabentypen bietet dir der Band „Training Abschlussprüfung“ mit interaktivem Training zum zusätzlichen Üben am PC/Tablet (Best.-Nr. D08140).

Ein Pflichtbestandteil der Prüfung sind **jährlich wechselnde Ganzschriften**. Es werden in Bezug auf die jeweilige Lektüre beispielsweise Aufgaben zum **Textverständnis**, also zum konkreten Inhalt, zu einzelnen Textstellen, zu übergeordneten Themen, zur Sprache oder zum Textzusammenhang gestellt.

Zusätzlich wird eine **produktive Schreibaufgabe** verlangt. Dabei musst du z. B. zu einer bestimmten Situation oder Textstelle im Buch einen Tagebucheintrag, Brief, inneren Monolog oder ein Gespräch schreiben.

Der produktive Teil der Aufgaben enthält eine **Mindestwortangabe**. Es wird meist eine Textlänge von mindestens 250 Wörtern verlangt werden. Diese solltest du keinesfalls unterschreiten. Konzentriere dich insbesondere darauf, alle inhaltlichen Vorgaben der Aufgabenstellung umzusetzen. Dabei kann der Text auch länger werden. Punktabzüge gibt es nur bei Unterschreitung der Mindestwortanzahl. Insgesamt können in diesem Aufgabenteil **25 Punkte** erreicht werden.

4.1 Merkmale der möglichen Textsorten im Überblick

Dialog / Gespräch

Ein **Dialog** ist ein Gespräch zwischen zwei oder mehreren Personen. In der Prüfung soll meist ein Gespräch, das in der Lektüre nicht stattgefunden hat, aber denkbar wäre, geschrieben werden. Auf diese Weise soll eine sogenannte Leerstelle in der Lektüre gefüllt werden.

Äußere Merkmale

- Aussagen in Form von wörtlicher Rede
- Namen der Figuren am Zeilenanfang
- Regieanweisungen zur Angabe der Sprechweise, z. B. Lautstärke, Art des Gesagten

Sprache

- wörtliche Rede
- zu den Figuren passende Wortwahl und Ausdrucksweise
- typische, in der Lektüre gemachte Aussagen oder sprachliche Eigenheiten
- Regieanweisungen zur Verdeutlichung der Handlungen / Gesten / Mimik der Figuren während des Gesprächs

Innerer Monolog

Der **innere Monolog** ist ein Selbstgespräch, das nur im Kopf der literarischen Figur abläuft. Du musst dich in die Figur und in die Situation, in der sie sich gerade befindet, hineinversetzen. Es kommt nur das zur Sprache, was die Figur in dem genannten Moment denkt und fühlt.

Äußere Merkmale	**Sprache**
• evtl. Auslassungszeichen • Gedankenstriche • Fragen, die sich die Figur selbst oder anderen stellt	• Ich-Perspektive • Alltags-/Umgangssprache • Formulierungen und Aussagen der Figur aus der Lektüre

Tagebucheintrag

Einen **Tagebucheintrag** schreibt man dann, wenn einen ein Ereignis oder eine Situation so sehr beschäftigt, dass man seine wirren Gedanken loswerden oder ordnen will. Es findet eine Auseinandersetzung mit der Problematik/Situation, in der sich die Figur gerade befindet, statt. Deshalb kommen ehrliche Gedanken über Ereignisse oder über andere Figuren vor. Die Schreiberin oder der Schreiber wird versuchen, sich Fragen zu ihrer oder seiner Situation selbst zu beantworten. Rückblenden auf Geschehnisse sind möglich. Die Figur kann Überlegungen zur Zukunft anstellen.

Äußere Merkmale	**Sprache**
• evtl. Anrede („Liebes Tagebuch“) sowie Schlussworte („Dein/e …“) • Datum (falls bekannt) • kurze Hinführung/einleitende Worte, die die Problematik andeuten	• Ich-Perspektive • Alltags-/Umgangssprache • Formulierungen und Aussagen der Figur aus der Lektüre

Brief/E-Mail

Bei einem **Brief** handelt es sich um eine Art verschriftlichten Monolog. Die Schreiberin oder der Schreiber wendet sich an die Figur, an die das Schreiben gerichtet ist (Adressat*in), und möchte dieser etwas Wichtiges mitteilen. Worum es sich dabei handelt, gibt die jeweilige Aufgabenstellung vor.

Äußere Merkmale	**Sprache**
• Datum (falls bekannt) • Anrede („Hallo …“, „Liebe/r …“, „Sehr geehrte/r …“) • Textinhalt • Grußformel („Mit freundlichen/herzlichen Grüßen“, „Alles Gute“)	• Schriftsprache • geordnete Gedanken • roter Faden von der Einleitung über die Erläuterung des Themas/Schreibanlasses (Hauptteil) bis zum Schluss

4.2 Ganzschriften 2023/2024

Für den Prüfungsdurchgang im **Schuljahr 2023/2024** sind zwei Ganzschriften vorgegeben, die im Folgenden kurz vorgestellt werden.

Sarah Jäger: Nach vorn, nach Süden

Entenarsch, so lautet der nicht besonders schmeichelhafte Spitzname, den die 19-jährige Lehramtsstudentin Lena in der Hinterhof-Clique bekommen hat. Aber im Hinterhof sucht man sich seinen Namen eben nicht aus, nur mit Glück erhält man wie „unser" Pavel einen liebevollen Namenszusatz. Der besagte Hinterhof gehört zu einem Penny-Markt einer Stadt im Ruhrgebiet, in dem die Jugendlichen Can, Marie, Pavel, die Brüder Leroy und Marvin, Otto, seine Ex-Freundin Vika und Lena als Aushilfen arbeiten. Ihren Spitznamen hat Lena von Jo, der allerdings seit Monaten verschwunden ist und insbesondere von seiner Ex-Freundin Marie schmerzlich vermisst wird. An der Trennung von Marie und Jo ist Lena nicht ganz unschuldig, wie sie sich eingestehen muss. Nach der Feier ihres Realschulabschlusses beschließt Marie, nach Jo zu suchen. Can, ihr enger Freund, schließt sich ihr an. Da die Außenseiterin Lena die Einzige der Gruppe ist, die ein Auto und einen Führerschein besitzt, kommt auch sie notgedrungen auf den Roadtrip mit. Die Poststempel der wenigen Karten, die Jo in Gedichtform an Marie geschrieben hat, sind die einzigen Anhaltspunkte für seinen Aufenthaltsort. In der Hitze des Sommers und ohne Klimaanlage starten die drei Jugendlichen ihre Fahrt, die sie, Autobahnen meidend, über Münster, Fulda, Ulm und ein großes Musikfestival immer weiter nach vorn, nach Süden führt. Nach vielen zurückgelegten Kilometern und mithilfe von Jos Mutter, seinen aufgespürten ehemaligen Schulfreunden Urs und Fünfzehn Cent sowie Lenas gutem Bauchgefühl gelingt es am Ende, Jo zu finden. Anders als ursprünglich angenommen, ist Jo jedoch nicht nach Süden unterwegs, sondern ist an die Nordsee, den Ort seiner glücklichen Kindheit, gereist. Im Laufe der Handlung erfährt man vieles über die einzelnen Mitglieder der Clique, aber am meisten erfährt die Ich-Erzählerin Lena über sich selbst, über ihre Gefühle zu Can und über ihren Wunsch, nicht länger die Außenseiterin zu sein. Aus Entenarsch wird am Schluss wieder Lena.

Weitere Informationen und Anleitungen zum Verständnis der Lektüre bietet dir das **Arbeitsheft** zu Sarah Jägers Roman „Nach vorn, nach Süden" (Stark Verlag, Best.-Nr. 8154055).

Friedrich Dürrenmatt: Die Physiker

Die Handlung von Dürrenmatts Drama spielt in einem Irrenhaus und setzt ein, nachdem zum zweiten Mal ein Mord im Salon einer alten Villa, in der drei Physiker betreut werden, verübt wurde. Vor drei Monaten hatte Beutler, der sich als Sir Isaac Newton ausgibt, seine Krankenschwester erdrosselt. Nun hat Ernesti – er behauptet, Albert Einstein zu sein – dasselbe mit der Seinen getan. Kriminalinspektor Voß ermittelt in diesem Fall, kann den Täter aber wie schon im ersten Mordfall nicht verhaften, da es sich bei diesem um einen Kranken handelt.

Patient Möbius, dem angeblich König Salomo erscheint, reagiert auf einen Familienbesuch mit einem Tobsuchtsanfall. Schwester Monika, die Möbius betreut, offenbart ihm danach, dass sie weiß, dass sein Wahnsinn nur gespielt ist. Sie liebt ihn und hat bereits alles veranlasst, um noch am selben Abend mit ihm die Anstalt zu verlassen. Obwohl Möbius ihr ebenfalls seine Liebe gesteht, erdrosselt er sie. Wieder ermittelt Inspektor Voß im Mordfall und wieder kann er den Täter aufgrund dessen Erkrankung nicht verhaften. Allerdings werden die toten Schwestern nun durch kräftige Pfleger ersetzt und die Patienten in der Villa eingesperrt. Beim Abendessen gestehen Einstein und Newton Möbius, dass sie zwar Physiker, aber auch Agenten unterschiedlicher Geheimdienste sind, die sich in die Heilanstalt eingeschlichen haben, um ihn auszuspionieren und zu entführen. Möbius hat bahnbrechende wissenschaftliche Theorien und die Weltformel entwickelt, die furchtbare Auswirkungen haben könnten, sollten sie in die falschen Hände geraten. Um dies zu verhindern, hat er seine wissenschaftlichen Aufzeichnungen verbrannt und spielt den Wahnsinnigen. Es wird klar, dass alle drei Krankenschwestern sterben mussten, weil sie jeweils der Wahrheit auf der Spur waren. Nach einer Diskussion über die Verantwortung der Wissenschaft kann Möbius die beiden überzeugen, mit ihm im Irrenhaus zu bleiben, um die Menschheit zu schützen.

Unerwartet nimmt die Geschichte die schlimmstmögliche Wendung: Die Leiterin der Heilanstalt, Dr. Mathilde von Zahnd, hat das Gespräch zwischen den drei Physikern abgehört und ist selbst dem Wahnsinn verfallen. Sie glaubt, König Salomo habe ihr befohlen, die Herrschaft über die Welt und das Weltall zu übernehmen. Dazu hat sie über die Jahre heimlich Möbius' Manuskripte kopiert. Alles war also umsonst. Möbius' Theorien sind in die völlig falschen Hände geraten.

Weitere Informationen und Anleitungen zum Verständnis der Lektüre bieten dir das **Arbeitsheft** (Stark Verlag, Best.-Nr. 8154057) und die **Interpretationshilfe** (Stark Verlag, Best.-Nr. 24651D) zu Friedrich Dürrenmatts Drama „Die Physiker".

Im Wahlteil darfst du dich für **eine** der drei vorgegebenen Aufgaben entscheiden. Folgende **Aufsatzarten** stehen zur Wahl:

- Textgebundene dialektische Erörterung
- Textbeschreibung Lyrik
- Textbeschreibung Prosa

Im Folgenden werden die drei Aufsatzarten näher erläutert.

5.1 Textgebundene dialektische Erörterung

Bei einer **textgebundenen** dialektischen Erörterung werden dir ein Sachtext und eventuell auch andere Materialien, z. B. ein Schaubild, eine Tabelle oder ein Diagramm, als Grundlage zur Verfügung gestellt. Diese musst du im Hinblick auf ein vorgegebenes Thema untersuchen. Das Thema enthält eine sogenannte Themen-/Themafrage, in der meist zwei Aspekte einander gegenübergestellt werden, z. B. Pro und Kontra oder Vor- und Nachteile. **Dialektisch** bedeutet demzufolge, dass man sowohl die Argumente für die eine als auch die andere Seite aufführen muss. Dazu ist es zunächst notwendig, den vorgegebenen Sachtext gründlich zu lesen und zu verstehen. Wende dabei die üblichen Texterschließungsstrategien an, z. B. Markieren von Schlüsselbegriffen. Es geht am Ende darum, die Informationen (z. T. sind es ganze Argumente oder Teile davon), die der Text enthält, herauszufiltern und für deinen eigenen Text zu nutzen. Die Informationen aus dem Sachtext und den anderen Materialien können dir für alle Teile des Aufsatzes Anregungen bieten und Fakten liefern. Einige davon kannst du direkt in deine Argumentation einfügen. So gelingt es dir, deine Argumente stichhaltig zu belegen und die Anschaulichkeit deiner Aussagen zu erhöhen.

Damit ein Argument stichhaltig ist, ist es für gewöhnlich **dreiteilig aufgebaut** und besteht aus den **drei „B“**:

Behauptung	= eine Aussage, die die These/Antithese unterstützt
Begründung	= eine gute und überzeugende Begründung dafür, warum die Behauptung zutrifft
Beispiel/Beleg	= ein konkret formuliertes Beispiel, das die Behauptung und Begründung veranschaulicht

Die einzelnen Argumente dürfen jedoch nicht isoliert stehen, sondern müssen in einen Fließtext eingebettet werden. Denke also daran, passende **Überleitungen** zwischen den Textteilen und Argumenten zu verwenden.

Deine textgebundene dialektische Erörterung muss dann folgende Komponenten enthalten:

Einleitung	Darin musst du kurz zum Thema deiner Erörterung **hinführen** und das **Thema konkret benennen**. Erwähnen musst du aber auch die **Textsorte** des vorgegebenen Ausgangstextes bzw. der anderen Materialien, den **Titel**, dessen **Autor*in**, die **Quellenangabe** und das **Erscheinungsdatum**.
Überleitung zum Hauptteil	Mit der **Themenfrage**, die die zu erörternden Aspekte enthält, leitest du dann zum Hauptteil über.
Hauptteil	Hier ist die Anordnung der Argumente, z. B. nach dem Sanduhrprinzip, wichtig. Die Argumente müssen aus einer **Behauptung**, einer **Begründung** und einem **Beispiel/Beleg** bestehen. Sie basieren auf dem, was der vorgegebene Sachtext oder die anderen Materialien an Informationen liefern, aber natürlich auch auf deinen eigenen Überlegungen.
Schluss	Am Ende musst du zum Thema noch selbst Position beziehen. Deine persönliche **Stellungnahme** sollte mit einem kurzen rückblickenden Verweis auf die wichtigsten Argumente erfolgen. Der Aufsatz endet mit einem Fazit, einem Ausblick in die Zukunft, deiner begründeten Meinung zum Ausgangstext oder einem Appell.

Insgesamt kannst du für den **Aufsatz 50 Punkte** bekommen. Der **Inhalt** kann mit bis zu **25 Punkten** bewertet werden. Dabei erhältst du z. B. Punkte für …

- die Qualität der Einleitung,
- das Einarbeiten der in den Materialien enthaltenen Argumente und Informationen sowie deiner eigenen Überlegungen und Argumente,
- den logischen und vollständigen Aufbau der Argumente und der Argumentationskette sowie
- die Überzeugungskraft deiner Argumente.

5.2 Textbeschreibung Lyrik

Grundlage für diese Art der Textbeschreibung ist immer ein **lyrischer Text**, also ein Gedicht oder Liedtext. Diesen musst du zunächst gründlich lesen und dir dann den Inhalt erarbeiten. Bestimmte Bausteine der Textbeschreibung werden auf jeden Fall erwartet, auch wenn sie nicht in der Aufgabenstellung erwähnt werden. Das betrifft die Einleitung und den Schluss. Die Schwerpunkte für den Hauptteil werden hingegen in der Aufgabenstellung ausdrücklich aufgeführt. Da du nicht weißt, welche Aspekte du in der Prüfung untersuchen sollst, musst du dich mit allen Elementen der Textbeschreibung auskennen.

Folgende **Elemente der Textbeschreibung Lyrik** sollten dir vertraut sein:

Form
- In wie viele Strophen und Verse ist das Gedicht unterteilt?
- Gibt es Reime/ein Reimschema? Gibt es Besonderheiten bezüglich der Reime?
- Gibt es sonstige Besonderheiten, z. B. Anordnung der Verse/Strophen, Schreibweise, besondere Gedichtform?

Metrum/Rhythmus
- Welches Metrum (Versmaß) liegt vor?
- Ist ein Rhythmus zu erkennen?

Atmosphäre
- Wie lassen sich Stimmung und Atmosphäre im Text beschreiben?
- Verändern sie sich im Textverlauf?

Sprache und Stil
- Welche Stilmittel oder sprachlichen Bilder werden verwendet (z. B. Vergleich, Personifikation, Metapher) und welche Wirkung erzeugen sie bzw. was wird durch sie veranschaulicht?
- Liegen Enjambements vor?
- Gibt es sonstige Auffälligkeiten bei der Sprache/Wortwahl?

Raum und Zeitdarstellung
- Was erfährt man über den Raum/Handlungsort?
- Was erfährt man über die Zeit/Dauer des Geschehens?
- Gibt es konkrete Orts- und Zeitangaben?

Titel
- Welche Assoziationen (erste, spontane Gedanken) löst der Titel bei den Leserinnen und Lesern aus?
- Ändert sich die Deutung des Titels nach dem Lesen des Textes?
- In welcher Beziehung stehen Titel und Inhalt zueinander?
- Gibt es Besonderheiten?

Inhalt
- Was wird im Gedicht beschrieben/behandelt?
- Wie ist der Handlungs- bzw. Konfliktverlauf? Gibt es evtl. eine Art Wendepunkt?
- Gibt es ein Leitmotiv?

Perspektive
- Liegt ein lyrisches Ich vor?
- Gibt es eine Art „Erzählperspektive“?
- Wechselt die Perspektive?
- Welche Wirkung hat diese Perspektive?

Figuren

- Gibt es eine Art Hauptfigur?
- Was erfährt man über Verhalten, Einstellungen und Handlungen der Figuren? Wie bewertest du diese?
- Welche inneren und äußeren Merkmale weisen die Figuren auf?
- Was erfährt man über die Beziehung der Figuren zueinander?
- Welche Eigenschaften und Handlungsmotive der Figuren lassen sich ableiten?

Autoren-/Zeitbezug

- Was weißt du über die Entstehungszeit (evtl. Epoche) des Gedichts bzw. die Zeit, in der die Handlung spielt?
- Was weißt du über die Autorin/den Autor (z. B. Lebensumstände, politische Gesinnung), das in Bezug auf das vorliegende Gedicht interessant ist?

Die Textbeschreibung Lyrik muss also folgende Komponenten enthalten:

Einleitung	Fester Bestandteil der Einleitung ist der sogenannte **Basissatz**, der den **Titel**, die **Textsorte** bzw. Art des Gedichts, dessen **Autor*in**, die **Quellenangabe** sowie das **Thema** des Textes beinhaltet. Daran schließt sich eine **geraffte Inhaltswiedergabe** an. Das heißt, die Einleitung entspricht einer klassischen Inhaltsangabe mit den beiden genannten Bestandteilen.
Hauptteil	Hier musst du die **Aspekte bzw. Schwerpunktsetzung** der vorliegenden **Aufgabenstellung** berücksichtigen und dir selbst noch einmal klarmachen, welche „Bausteine" der Textbeschreibung erarbeitet und verschriftlicht werden müssen. Der Hauptteil ist nur dann vollständig, wenn alle genannten Aspekte aus der Aufgabenstellung eingearbeitet wurden.
Schluss	Am Ende deines Textes ist es sinnvoll, auch auf die **mögliche Intention** des Textes bzw. der Autorin/des Autors einzugehen. Zudem soll ein **möglicher Transfer** des Themas oder der Handlung auf dein eigenes Leben, die heutige Zeit oder andere Lebensbereiche vorgenommen und verschriftlicht werden. Außerdem sollst du eine **Stellungnahme** verfassen. Dabei kannst du z. B. zur sprachlichen Gestaltung und Thematik des Gedichts Position beziehen oder beschreiben, was dich am Text irritiert oder nachdenklich macht.

Insgesamt kannst du für den **Aufsatz 50 Punkte** bekommen. Der **Inhalt** kann mit bis zu **25 Punkten** bewertet werden. Dabei erhältst du z. B. Punkte …

- für die Qualität der verbindlichen Elemente der Einleitung (Basissatz, geraffte Inhaltswiedergabe),
- für die Erarbeitung der inhaltlichen Schwerpunkte inkl. passender Textbelege,
- für die Verwendung der entsprechenden Fachbegriffe,
- dafür, dass sich deine Erkenntnisse bzw. Erklärungen aufeinander beziehen (keine reine Auflistung) sowie logisch nachvollziehbar sind, und
- für die Qualität der verbindlichen Elemente im Schlussteil.

5.3 Textbeschreibung Prosa

Grundlage für diese Art der Textbeschreibung ist immer ein **Prosatext**, meist eine Kurzgeschichte. Diesen musst du zunächst gründlich lesen und dir dann den Inhalt erarbeiten. Bestimmte Bausteine der Textbeschreibung werden auf jeden Fall erwartet, auch wenn sie nicht in der Aufgabenstellung erwähnt werden. Das betrifft die Einleitung und den Schluss. Die Schwerpunkte für den Hauptteil werden hingegen in der Aufgabenstellung ausdrücklich aufgeführt. Da du nicht weißt, welche Aspekte du in der Prüfung untersuchen sollst, musst du dich mit allen Elementen der Textbeschreibung auskennen.

Folgende **Elemente der Textbeschreibung Prosa** sollten dir vertraut sein:

Aufbau

- Gibt es sichtbare Sinnabschnitte, Erzählschritte?
- Besteht ein Zusammenhang zwischen Textabschnitten und dem inhaltlichen Aufbau des Textes?
- Wie sind Anfang und Ende des Textes gestaltet?
- Gibt es einen Wende-/Höhepunkt? Wenn ja, wo?
- Gibt es sonstige Auffälligkeiten, z. B. Rückblenden oder Vorausdeutungen?
- Welche Wirkung erzielt dieser Aufbau?

Textsorte

- Zu welcher Gattung gehört der vorliegende Text? Epik!
- Welche Textsorte liegt vor?
- Welche Merkmale dieser Textsorte liegen im Text vor? Welche Textstellen kannst du als Belege nennen?

Handlung

- Welche Handlungen passieren als Aktionen (= äußere Handlung)?
- Welche Handlungen spielen sich im Inneren von Personen (als Gedanken oder Gefühle) ab (= innere Handlung)?
- Wie ist der Handlungs- bzw. Konfliktverlauf?

Erzähler/Erzählperspektive

- Gibt es einen Erzähler?
- Handelt es sich um einen Ich-Erzähler, einen personalen Erzähler, einen neutralen Erzähler oder einen allwissenden Erzähler?
- Woran erkennt man die Erzählperspektive?
- Welche Wirkung hat diese Perspektive?

Titel

- Welche Assoziationen (spontane Gedanken) löst der Titel aus?
- Ändert sich die Deutung des Titels nach dem Lesen des Textes?
- Gibt es Besonderheiten?
- In welcher Beziehung stehen Titel und Inhalt zueinander? Inwiefern wird der Textinhalt durch den Titel aufgegriffen?

Raum

- Sind im Text Ortsangaben vorhanden?
- Kann man durch Hinweise Vermutungen zu Handlungsorten anstellen?
- Haben Raum/Ort eine besondere Bedeutung? Welche?

Zeit

- Sind Zeitangaben im Text vorhanden?
- Gibt es Hinweise zur Zeit (z. B. Jahreszeit, Tageszeit, Tag)?
- Haben Zeitangaben eine besondere Bedeutung? Welche?
- Über welchen Zeitraum erstreckt sich die Handlung (= erzählte Zeit)? Wie lang ist die Erzählzeit im Vergleich dazu?
- Gibt es Vorausdeutungen oder Rückblenden?

Figuren / Figurenkonstellation

- Welche Figuren kommen im Text vor?
- Welche sind die Hauptfiguren?
- Wie verhalten sie sich? Wie kann man dies bewerten?
- Mit welchen Textstellen kannst du deine Bewertung belegen?
- Was erfährt man über sie (z. B. Aussehen, Lebenssituation, Alter, Charakter, Einstellungen, Denk- und Verhaltensweisen, sprachliche Besonderheiten, Entwicklung)?
- Welche Handlungsmotive (Beweggründe für ihr Verhalten) haben sie?
- Was erfährt man über die Beziehung der Personen zueinander?

Sprache und Stil

- Ist der Text in Standard- oder Umgangssprache, Jugendsprache oder Dialekt gehalten?
- Wie sind die Sätze aufgebaut? Gibt es viele Nebensätze oder gar keine?
- Sind die Sätze vollständig oder eher abgehackt?
- Kommt wörtliche Rede vor?
- Gibt es Auffälligkeiten bei der Wortwahl? Sind manche Wortarten z. B. besonders häufig vertreten?
- Welche Stilmittel oder sprachlichen Bilder werden verwendet (z. B. Vergleich, Personifikation, Metapher)? Welche Wirkung haben sie jeweils?
- Gibt es Auffälligkeiten bei der Zeichensetzung oder bei der Wahl des Tempus? Welche Wirkung hat dies jeweils?

Autoren- / Zeitbezug

- Kannst du Bezüge zu Entstehungszeit oder der Autorin/dem Autor herstellen?
- Wie hilft dies beim Textverständnis?

Atmosphäre

- Wie lässt sich die Atmosphäre im Text beschreiben?
- Verändert sich diese?

Die Textbeschreibung Prosa muss also folgende Komponenten enthalten:

Einleitung	Fester Bestandteil der Einleitung ist der sogenannte **Basissatz**, der den **Titel** des Textes, dessen **Autor*in**, die **Textsorte**, die **Quellenangabe** sowie das **Thema** des Textes beinhaltet. Daran schließt sich eine **geraffte Inhaltswiedergabe** an. Das heißt, die Einleitung entspricht einer klassischen Inhaltsangabe mit den beiden genannten Bestandteilen.
Hauptteil	Hier musst du die **Aspekte bzw. Schwerpunktsetzung** der jeweils vorliegenden **Aufgabenstellung** berücksichtigen und dir selbst noch einmal klarmachen, welche „Bausteine" der Textbeschreibung erarbeitet und verschriftlicht werden müssen. Der Hauptteil ist nur dann vollständig, wenn alle genannten Aspekte aus der Aufgabenstellung eingearbeitet wurden.
Schluss	Am Ende deines Textes ist es sinnvoll, auch auf die **mögliche Intention** des Textes bzw. der Autorin/des Autors einzugehen. Zudem soll ein **möglicher Transfer** des Themas oder der Handlung auf dein eigenes Leben, die heutige Zeit oder andere Lebensbereiche vorgenommen und verschriftlicht werden. Außerdem sollst du eine **Stellungnahme** verfassen. Dabei kannst du z. B. zur sprachlichen Gestaltung und Thematik des Textes Position beziehen oder beschreiben, was dich am Text irritiert oder nachdenklich macht.

Insgesamt kannst du für den **Aufsatz 50 Punkte** bekommen. Der **Inhalt** kann mit bis zu **25 Punkten** bewertet werden. Dabei erhältst du z. B. Punkte …

- für die Qualität der verbindlichen Elemente der Einleitung (Basissatz, geraffte Inhaltswiedergabe),
- für die Erarbeitung der inhaltlichen Schwerpunkte inkl. passender Textbelege,
- für die Verwendung der entsprechenden Fachbegriffe,
- dafür, dass sich deine Erkenntnisse bzw. Erklärungen aufeinander beziehen (keine reine Auflistung) sowie logisch nachvollziehbar sind, und
- für die Qualität der verbindlichen Elemente im Schlussteil.

6.1 Anforderungsbereiche (AFB)

Der Bildungsplan für die Sekundarstufe im Fach Deutsch definiert **drei** sogenannte **Anforderungsbereiche (= AFB)**, die sich in jeder Aufgabe in unterschiedlicher Form wiederfinden. Die einzelnen Anforderungsbereiche machen deutlich, welche Art der Leistung bei der Bearbeitung einer Aufgabe erbracht werden muss.

- **Anforderungsbereich I** umfasst die **Reproduktion**, das heißt die Wiedergabe oder die wiederholende Zusammenfassung von gelernten Sachverhalten. Bei diesen Aufgaben soll also zum Einsatz gebracht werden, was im Unterricht erarbeitet und gelernt wurde, z. B. das Faktenwissen zur Lektüre.
- **Anforderungsbereich II** beinhaltet unter anderem das selbstständige Auswählen, Ordnen, Erläutern oder Vergleichen von Inhalten, also die sogenannte **Reorganisation** von Bekanntem. Du sollst außerdem zeigen, dass du in der Lage bist, Arbeitsweisen, die du im Unterricht gelernt hast, anzuwenden, z. B. auf ein unbekanntes Gedicht oder eine Kurzgeschichte.
- **Anforderungsbereich III** betrifft die selbstständige gedankliche Leistung. Hier müssen Sachverhalte und Zusammenhänge eigenständig ausgewertet, durchdacht und begründet beurteilt oder sprachlich gestaltet werden, um zu einer differenzierten und kritischen Wertung zu gelangen. Zudem sollst du zeigen, dass du das Erarbeitete auf neue Zusammenhänge und Sachverhalte übertragen kannst. Du sollst also deine Fähigkeit zum **Transfer** beweisen.

Die Aufgabenstellung ist meist so formuliert, dass die Arbeitsanweisung bzw. der gewählte Operator (= das handlungsleitende Verb) klarmacht, in welchem Anforderungsbereich die Aufgabe angesiedelt ist.

6.2 Operatoren

Operatoren sind „handlungsleitende Verben“ und machen deutlich, welche konkrete Handlung bei einer Aufgabenstellung verlangt wird. Dadurch wird z. B. klar, ob eine stichwortartige Darstellung, eine ausführliche Textvariante oder ein schlichter Antwortsatz erwartet wird. Operatoren lassen sich den Anforderungsbereichen des Bildungsplans zuordnen und geben damit einen Hinweis auf die Ausrichtung der entsprechenden Aufgabe. Durch ihre konkreten Vorgaben dienen Operatoren dazu, Arbeitsaufträge eindeutig zu formulieren und voneinander abzugrenzen. Sie geben außerdem vor, welche Maßstäbe bei der Korrektur und Bewertung angesetzt werden.

Diese Operatoren kommen häufig in Aufgabenstellungen vor:

Operator	Beschreibung	Beispiel	AFB
(be-)nennen	Du sollst z. B. Begriffe, Gegenstände oder Sachverhalte aufzählen oder zuordnen.	*Nenne Gründe für Peters Heimweh.*	I
beschreiben	Hier müssen z. B. Personen, Situationen oder Sachverhalte in eigenen Worten dargestellt werden.	*Beschreibe Nics Verhalten gegenüber seinem Sohn.*	I
bestimmen	Du sollst Gegebenheiten und Inhalte nach festgelegten Kriterien feststellen.	*Bestimme die Wortarten der unterstrichenen Wörter.*	I
formulieren	Hier soll z. B. ein Ergebnis, ein Standpunkt oder ein Eindruck knapp zum Ausdruck gebracht werden.	*Formuliere, welchen Standpunkt die Autorin im Text vertritt.*	I
skizzieren	Du sollst z. B. eine Person, eine Handlung, einen Entwicklungsprozess oder einen Sachverhalt in groben Zügen darstellen.	*Skizziere den Handlungsverlauf.*	I
wiedergeben	Du hast die Aufgabe, Informationen aus einem vorliegenden Text zusammenfassend in eigenen Worten zu präsentieren.	*Gib wieder, welche Gründe für Schulangst im Text genannt werden.*	I
darstellen/ darlegen	Hier sollen z. B. Zusammenhänge, Entwicklungen, Meinungen oder Probleme neutral wiedergegeben werden.	*Stelle anhand des Textes den Zusammenhang zwischen Fleischkonsum und Klimawandel dar.*	I, II
zeigen/ aufzeigen	Von dir wird erwartet, dass du z. B. Zusammenhänge, Entwicklungen oder Probleme unter einer bestimmten Fragestellung wiedergibst.	*Zeige anhand von Textbeispielen, dass die Hauptfigur mutig gehandelt hat.*	I, II
zusammenfassen	Du sollst z. B. Inhalte und Zusammenhänge von Texten auf das Wesentliche beschränkt wiedergeben.	*Fasse zusammen, was Lena schlussendlich zur Flucht bewegt hat.*	I, II
analysieren/ untersuchen	Bei dieser Aufgabe sollen z. B. formale und inhaltliche Aspekte eines Textes unter einer bestimmten Fragestellung herausgearbeitet werden.	*Analysiere, inwieweit Jans Verhalten durch seine Freunde beeinflusst wird.*	II
begründen	Es geht darum, z. B. eine Position oder Vermutung durch Argumente (mit Belegen und Beispielen) zu stützen.	*Begründe, warum Dario mit Andy wegläuft.*	II

belegen	Hier sollen z. B. zu bestimmten Aussagen Zitate (Belege, Beweise) im Text gefunden und genannt werden.	*Belege deine Vermutungen am Text.*	II
charakterisieren	Du sollst z. B. Personen und ihre Eigenschaften darstellen.	*Charakterisiere die Hauptfigur.*	II
erklären	Hier musst du Sachverhalte in einen Zusammenhang stellen und begründen oder zu Schlussfolgerungen kommen.	*Erkläre die Schreibweise mit dem Doppelkonsonanten „mm“.*	II
erläutern	„Erläutern“ entspricht eigentlich dem Operator „erklären“, enthält darüber hinaus aber noch den Aspekt, dass die Ergebnisse durch Zusatzinformationen und Beispiele veranschaulicht werden sollen.	*Erläutere Pauls Beweggründe für sein aggressives Verhalten.*	II
herausarbeiten	Hier sollen z. B. Strukturen oder Leitgedanken aus einem Text herausgelöst und auf das Wesentliche konzentriert dargestellt werden.	*Arbeite die drei Hauptgedanken des vorliegenden Sachtextes heraus.*	II
vergleichen	Du sollst Texte, Figuren, Sachverhalte oder Problemstellungen unter vorgegebenen oder selbst gewählten Aspekten einander gegenüberstellen und Gemeinsamkeiten sowie Unterschiede feststellen.	*Vergleiche die beiden Pflegerinnen Fabiola und Elisa miteinander.*	II
beurteilen/ bewerten	Hier sollst du zu einem Text, einem Sachverhalt oder einem Problem zu einem selbstständigen und begründeten Urteil gelangen.	*Beurteile, wie geeignet dir die im Text genannten Maßnahmen zur Reduzierung von Plastikmüll erscheinen.*	III
erörtern	Es geht darum, bei einer These, Problemstellung oder Themenfrage das Für und Wider abzuwägen. Dabei sollst du verschiedene Perspektiven überprüfen sowie ein begründetes Urteil fällen, ggf. auch Schlussfolgerungen ziehen und Lösungsperspektiven entwickeln.	*Erörtere, ob es sinnvoll ist, Einwegprodukte aus Plastik zu verbieten.*	III
Stellung nehmen	Hier geht es darum, nach kritischer Prüfung und Abwägung eine Einschätzung zu einer Problemstellung, zu einem Sachverhalt oder eine Wertung zu formulieren.	*Nimm Stellung zur zentralen These des Autors, der zufolge Computerspiele die Gewaltbereitschaft bei Jugendlichen fördern.*	III

Abschlussprüfung an Realschulen in Baden-Württemberg

Übungsaufgabe 1

PFLICHTTEIL A 1 — 25

Text **Vorlesestudie: Vorlesen geht auch ohne Bücher**

Ein Drittel aller Eltern liest einer Studie zufolge zu wenig vor. Dabei gibt es in dem Bereich auch unkonventionelle Möglichkeiten, die Kinder zu fördern.

Seit 2013 hat sich trotz Vorlesetagen und Vorlesestudien kaum etwas verändert: Vielen Kindern in Deutschland wird relativ selten vorgelesen. Zu diesem Schluss kommt auch eine aktuelle Untersuchung: Laut der Vorlesestudie lesen rund 32 Prozent der befragten Eltern ihren Kindern nie oder höchstens einmal pro Woche vor. Das entspricht in etwa dem Anteil vorangegangener Erhebungen.

Den aktuellen Ergebnissen zufolge sind es eher ungebildete Eltern und Eltern mit einem geringen Einkommen, die kaum vorlesen. Wenn sie mehrere Kinder haben, kann das Mütter und Väter ebenfalls vom Vorlesen abhalten. Außerdem lesen noch immer fast 60 Prozent der Väter kaum vor, dasselbe gilt nur für 27 Prozent der Mütter. Die Arbeit hält Eltern jedoch nicht davon ab, vorzulesen. Die Studie zeigt sogar: Berufstätige Mütter lesen häufiger vor als nicht berufstätige. 39 Prozent der nicht arbeitenden Mütter lesen selten vor, aber nur 27 Prozent der berufstätigen. […]

Es müssen nicht immer Bücher sein

Was aber zählt überhaupt als Vorlesen? Wiederum vor allem Eltern mit wenig formaler Bildung gehen von vornherein davon aus, Bilderbücher anzuschauen und etwas dazu zu erzählen, gehöre nicht dazu. Die Studie weist dagegen darauf hin, dass auch Aktivitäten, die dem Vorlesen ähneln, Kinder fördern. Das gelte etwa, wenn man Bilderbuch-Apps nutze, Geschichten erfinde oder Märchen nacherzähle, ohne dabei ein Buch in der Hand zu halten.

Allerdings erzählen auch weniger gebildete Eltern weniger Geschichten oder Märchen. Gleichwohl geben sie wichtige Sprachanregungen, indem sie etwa mit ihren Kindern Fotobücher, Kataloge oder Bilder auf dem Smartphone anschauen und darüber reden. Sie singen Lieder vor oder hören Hörspiele. Diese Aktivitäten sollte man laut Studie fördern. Dadurch könnten Eltern motiviert werden, auch vorzulesen.

Grundsätzlich empfiehlt die Stiftung Lesen, jeden Tag 15 Minuten vorzulesen, Geschichten zu erzählen oder Bilderbücher anzuschauen. Ältere Vorlesestudien haben gezeigt, dass Kinder, denen regelmäßig vorgelesen wird, erfolgreicher in der Schule sind. Vier von fünf der Vorlesekinder fällt das Lesenlernen in der Grundschule leicht – aber nur der Hälfte der Kinder, denen nicht vorgelesen wird. Letztere sind auch häufiger frustriert, weil ihnen das Lesenlernen zu lange dauert. Aber nicht nur in Deutsch, auch in Mathe und Fremdsprachen haben die Kinder mit Vorleseerfahrungen bessere Noten als Kinder ohne. Vorlesen soll darüber hinaus den Gemeinschafts- und Gerechtigkeitssinn der Kinder fördern. […]

Quelle: Vorlesen geht auch ohne Bücher. Zeit Online vom 29. 10. 2019. Im Internet unter: www.zeit.de/gesellschaft/schule/2019-10/vorlesestudie-buecher-kinder-erziehung-vorlesen

Textverständnis

1 Prüfe, welche der folgenden Aussagen mit dem Sachtext übereinstimmen. Notiere entsprechend „trifft zu", „trifft nicht zu" oder „nicht genannt". (3)

a Etwa 32 Prozent der befragten Eltern lesen ihren Kindern regelmäßig vor.

b Der Grad der Bildung der Eltern, ihre Berufstätigkeit und die Anzahl der Kinder sind laut Studie mitverantwortlich dafür, ob und wie viel Eltern ihren Kindern vorlesen.

c Auch Aktivitäten, die nicht direkt mit Vorlesen zu tun haben, wie Filme und TV-Sendungen anzusehen, können zur Sprachförderung beitragen.

d Die aktuelle Studie zeigt, dass Kinder, denen regelmäßig vorgelesen wird, größeren schulischen Erfolg haben.

e Kindern, denen nicht vorgelesen wird, fällt das Lesenlernen in der Grundschule nicht so leicht wie den Vorlesekindern.

f Wenn Kindern vorgelesen wird, profitieren sie von diesen Erfahrungen nicht nur in Deutsch, sondern auch in allen anderen Fächern.

2 Nenne stichpunktartig zwei Textstellen, die die Aussage belegen, dass Vorlesen für die Entwicklung von Kindern vorteilhaft ist. Gib die Zeilenangabe an. (2)

3 Die Überschrift des Textes lautet: „Vorlesen geht auch ohne Bücher". Erläutere die Aussage anhand des Textes. (2)

Sprachgebrauch

1 Formuliere jeweils das unterstrichene Satzglied in einen Nebensatz um. Lasse keine Informationen weg und füge keine neuen hinzu. (2)

a Die Stiftung Lesen kümmert sich unter anderem durch die Aufklärung über verschiedene Aktivitäten zur Sprachförderung um die Bildung von Kindern.

b Ältere Studien haben den größeren Schulerfolg von „Vorlesekindern“ aufgrund der frühen Förderung belegt.

2 Erkläre, weshalb das unterstrichene Wort kleingeschrieben wird und wie sich die Bedeutung des Satzes verändern würde, wenn man es nominalisieren würde. (2)

Nicht berufstätige Mütter lesen seltener vor als berufstätige.

3 Schreibe die unten stehenden Sätze mit allen fehlenden notwendigen Kommas auf. Begründe deine Einsetzung jeweils stichpunktartig mit der passenden Kommaregel. (3)

a Berufstätige Mütter lesen häufiger vor als nicht berufstätige Männer seltener als Frauen und Eltern mit geringer formaler Bildung weniger als gebildete Eltern.

b Auch vorlesenahe Aktivitäten z. B. das Erzählen von Geschichten oder das Anschauen von Bilderbüchern bieten Kindern wichtige Sprachanregungen.

c Die Verfasser der Vorlesestudien stellten fest dass regelmäßiges Vorlesen wichtig für den späteren Schulerfolg der Kinder ist und empfehlen deshalb eine Vorlesedauer von 15 Minuten pro Tag.

4 Übertrage die Tabelle auf ein separates Blatt und bestimme die möglichen Wortarten der folgenden Wörter. Gib auch jeweils einen Beispielsatz für die entsprechende Verwendung an. Ein Beispiel ist vorgegeben. (4)

Wort	Wortart	Beispielsatz
eins	*Zahlwort*	*Eins und zwei ist drei.*
eins	*Pronomen*	*Ich habe mir ein E-Bike gekauft. Hast du auch eins?*
laut		
laut		
überlegen		
überlegen		

(3)

5 Erläutere die unterstrichenen sprachlichen Bilder mit eigenen Worten.

a Wenn ich meinen Kindern viel vorlese, wird das hoffentlich später Früchte tragen, indem sie in der Schule gute Noten schreiben.

b Hoffentlich erzählt meine Tante nicht wieder von ihren Lieblingsbüchern – da redet sie immer wie ein Wasserfall!

c Es ist bei Kindern ganz wichtig, dass beim Vorlesen einer Geschichte der Funke überspringt, denn nur so kann man Lesefreude wecken!

6 Bestimme in den folgenden Sätzen jeweils, welche Wörter im Mittelfeld stehen, und schreibe sie heraus. (2)

a Sollte man nicht schon viel früher mit dem Vorlesen beginnen?

b Schon kleine Babys werden viel Freude daran haben, Bilderbücher anzuschauen.

c Vorlesekinder haben erwiesenermaßen weniger Schwierigkeiten beim Lesenlernen als Kinder ohne diese Erfahrung.

d Auch alltagsnahe Aktivitäten können Sprachanregungen geben, von denen Kinder profitieren.

7 Nenne für die unterstrichenen Wörter aus dem Text jeweils ein Synonym, also einen Ausdruck mit gleicher oder ähnlicher Bedeutung, das man stattdessen einsetzen könnte. (2)

a Dabei gibt es in dem Bereich auch unkonventionelle Möglichkeiten, die Kinder zu fördern. (Z. 1/2)

b Gleichwohl geben [die Eltern] wichtige Sprachanregungen […]. (Z. 24)

Sarah Jäger: Nach vorn, nach Süden

1 Nenne zwei Gründe, weshalb Pavel in der Hinterhof-Clique so beliebt ist, und gib wieder, weshalb Lena neidisch auf ihn ist. (3)

2 Arbeite heraus, was man im Roman über Lenas Eltern und ihr Verhältnis zu ihrer Tochter erfährt (3 Aspekte). (3)

3 Fasse zusammen, weshalb Lena in gewisser Weise an der Trennung von Marie und Jo „schuld" ist. (2)

4 Erläutere, weshalb Lena und Marie nach dem Besuch bei Jos Mutter fast in Streit geraten. (4)

5 „‚Ich hätte ein Auto und einen Führerschein.' Ich gucke in die Runde, um herauszufinden, wer das gesagt hat. Und stelle dann fest, dass ich es gewesen bin." (S. 24) (13)

Lena ist in dieser Situation offenbar überrascht von ihrer eigenen Aussage. Sie denkt daher darüber nach, ob sie wirklich bereit wäre, an der Suche nach Jo teilzunehmen, wie die Suche eventuell verlaufen könnte und was sie sich möglicherweise davon erhofft.

Schreibe Lenas inneren Monolog (mindestens 250 Wörter).

Friedrich Dürrenmatt: Die Physiker

1 Nenne drei Gründe, weshalb Frau Rose ihren Ex-Mann in der Anstalt besucht. (3

2 Newton erklärt dem Inspektor, warum er Dorothea Moser töten musste. Arbeite heraus, welchen Grund er ihm für seine Tat nennt und was die wahren Hintergründe für den Mord sind. (3

3 In der Regieanweisung zu Beginn des ersten Aktes werden die Physiker als „harmlose, liebenswerte Irre, lenkbar, leicht zu behandeln und anspruchslos" und als „wahre Musterpatienten" (S. 13) charakterisiert. Begründe, weshalb diese Aussagen nicht ganz zutreffen. (2

4 Erkläre, weshalb Möbius vorgibt, verrückt zu sein. (3

5 Als der Inspektor zum dritten Mal wegen eines Mords in der Anstalt ermittelt, verhält er sich anders als die Male zuvor. Erläutere, welche Gefühle der Inspektor in dieser Situation verspürt (zwei Aspekte). (2

6 „EINSTEIN Die Welt ist in die Hände einer verrückten Irrenärztin gefallen. […] MÖBIUS Was einmal gedacht wurde, kann nicht mehr zurückgenommen werden." (S. 85) (1

Nachdem sich Möbius in sein Zimmer zurückgezogen hat, schreibt er in sein Tagebuch. Er lässt darin seinen Plan, die Menschheit vor seinen Erkenntnissen zu schützen, Revue passieren. Er denkt daran, welche Opfer er gebracht hat und dass sein Vorhaben dennoch gescheitert ist. Seine Gedanken und Gefühle dazu verarbeitet er schriftlich.

Schreibe diesen Tagebucheintrag (mindestens 250 Wörter).

Bearbeite <u>eine</u> der drei folgenden Aufgaben.

Erörterung

Erörtere, weshalb manche Eltern ihren Kindern zu wenig vorlesen, und zeige Vorteile auf, die Vorlesen für Kinder wie für Eltern hat. Gehe in deinem Fazit darauf ein, wie Eltern motiviert werden könnten, mehr vorzulesen. Begründe deine Meinung. Verwende die folgenden Materialien für deine Argumentation.

Material 1 **Vorlesen tut auch Eltern gut**

- Kinder profitieren davon, wenn ihnen viel vorgelesen wird.
- Doch auch Eltern haben Vorteile vom gemeinsamen Schmökern, ergab nun eine neue Studie: Sie sind besonders entspannt.

Von Sebastian Herrmann

Wenn die Kinder ins Bett gebracht werden, beginnt die Reise in die eigene Vergangenheit. Es wärmt die Seele, Geschichten vorzulesen, die einem die eigenen Eltern auch schon vorgelesen haben. Alleine die Komplizenschaft mit den Kindern ist großartig, die daraus entstehen kann: Da säuft der gute Riese aus Roald Dahls „Sophiechen und der Riese“ Blubberwasser, lässt darauf Pupse durch seine Höhle donnern und vollführt Furzelbäume. Großer Kinderhumor, hysterisches Gekicher am Abend, solche Momente mit den Kindern zu teilen und gemeinsam in Geschichten einzutauchen, schweißt zusammen.

Vorlesen tut gut – auch oder vielleicht besonders: den Eltern. Gerade haben Pädiater um Manuel Jiménez von der Rutgers University in New Jersey eine große Studie veröffentlicht, die diesen Zusammenhang nahelegt. Die Nachricht der Arbeit im Fachmagazin *Journal of Developmental & Behavioural Pediatrics* lautet: Vorlesende Eltern sind entspannte Eltern, und das wirkt sich natürlich auch positiv auf die Kinder aus.

Allerdings weisen die Wissenschaftler ausdrücklich darauf hin, dass sie keine Aussagen über kausale Zusammenhänge treffen können, sie haben zunächst also eine Korrelation beobachtet. Es kann daher sein, dass entspannte Eltern einfach häufiger vorlesen oder dass sich vorlesende Eltern eben eher entspannen. […]

Wer seinen Kindern im Alter von einem Jahr regelmäßig vorgelesen hatte, pflegte zwei Jahre später einen im Vergleich entspannteren, liebevolleren Umgang mit seinen Kindern. Den gleichen Zusammenhang beobachteten die Forscher auch für die übrigen Altersgruppen […]. Zugleich fielen die Vorlese-Kinder seltener durch

Hyperaktivität oder aggressives Verhalten auf. Das wiederum ist der Faktor, der es Eltern sehr leicht macht, einen entspannten Umgang mit den Kindern zu pflegen.

Trotz aller wissenschaftlicher Vorsicht klingt es plausibel, dass das Vorlesen auch einen kausalen Effekt auf das Eltern-Kind-Verhältnis haben kann. Sich gemeinsam auf das Sofa zu kuscheln und in ein Buch einzutauchen, blendet für ein paar Minuten die Hektik des Alltags aus. In dieser Zeit drücken Mütter und Väter eben mal nicht auf dem Handy herum, flippern mal nicht durch die Wohnung, weil es immer etwas zu erledigen gibt, und sind mal nicht mit ihren Gedanken in irgendwelche fernen Regionen davongeeilt (nun ja, meistens zumindest). Für die Kinder gilt das ebenfalls: Zusammen zu lesen, lässt andere Begierden in den Hintergrund verschwinden (Fernsehen, Eis, Süßigkeiten) und schenkt gemeinsame Ruhe.

Bisher hat sich die Vorlese-Forschung vor allem auf die Effekte konzentriert, die auf Kinder wirken. So haben Studien gezeigt, dass gemeinsames Lesen für die kognitiven Fähigkeiten von Kindern förderlich ist: In der Schule lernen Vorlese-Kinder im Durchschnitt selbst rascher lesen, und verfügen über einen im Vergleich größeren Wortschatz. Auch für die Konzentrationsfähigkeit sowie die Regulation von Emotionen ist gemeinsame Zeit zwischen den Seiten eines Buches förderlich.

[…] So kam kürzlich auch eine große Meta-Analyse im Fachblatt *Pediatrics* zu dem Schluss, dass gemeinsames Lesen das Eltern-Kind-Verhältnis vertiefe. Andere Studien haben gezeigt, dass schon ein achtwöchiges Vorleseprogramm die emotionale Kompetenz von Kindern im Vergleich zu einer bücherlosen Kontrollgruppe fördere. Wer mit Kindern Bücher liest, ist sowieso geneigt, all diese wissenschaftlichen Beobachtungen zu glauben. Gemeinsam in Geschichten einzutauchen, schenkt große Momente – und die Chance, selbst wieder ein bisschen Kind zu sein und über Pups-Witze zu kichern.

Quelle: Sebastian Herrmann: Vorlesen tut auch Eltern gut. Süddeutsche Zeitung vom 29. 05. 2019. Im Internet unter: www.sueddeutsche.de/wissen/vorlesen-entspannung-familie-1.4465886 (gekürzt)

Material 2 **Grafik**

Quelle: Stiftung Lesen / Vorlesestudie 2018

Text Julia Engelmann (*1992): Kleiner Walzer

Dam da dam da dam da dam.

Aus deinem Gesicht scheint Sonnenlicht,
es freut mich für dich, wie glücklich du bist.
Während du sprichst, zweifele ich –
weiß es noch nicht, was das Richtige ist.

Ich mag alle anderen, nur nicht mich selbst,
ist jeden Tag anders, was mir gefällt,
und ich weiß nicht, wohin ich gehör.

Dam da dam da dam da dam.

Alles ist gut, aber nie gut genug,
ich lass zu wenig los und viel zu viel zu,
Ein Schritt nach vorne und dreißig zurück,
ich warte auf morgen erreich ich mein Glück.

So viel Gelegenheit, ich geh nicht raus,
hab so viel geredet, so wenig geglaubt,
so wenig Nähe und zu viel Applaus,
und ich weiß nicht, wohin ich gehör …

Dam da dam da dam da dam.

Die einen sind jünger und schöner als ich,
die anderen älter und weiser.
Ich bin doch zu jung für mein ernstes Gesicht
und eigentlich zu oft alleine.

Ich mach alles ein bisschen, alles vielleicht,
ist nichts wirklich richtig, nichts wirklich falsch,
und ich weiß nicht, wohin ich gehör.

Dam da dam da dam da dam.

Du weißt es, und ich halt dich nicht … oh,
du weißt es, und ich halt dich nicht auf,
du weißt es, und ich halt dich nicht aus –
deinem Gesicht scheint Sonnenlicht,
es freut mich für dich, wie glücklich du bist,
einen Augenblick streift es auch mich –
wüsste so gern, was das Richtige ist.

Quelle: Julia Engelmann: Kleiner Walzer. In: Keine Ahnung, ob das Liebe ist. München: Goldmann 2018, S. 52 f.

Aufgabenstellung
Fertige zu diesem lyrischen Text eine Textbeschreibung an. Bearbeite im Hauptteil folgende Schwerpunkte:
- Aufbau und Form
- Sprachliche Mittel und deren Wirkung
- Die Bedeutung des Titels und die Funktion des „Dam da dam da dam da dam."
- Die derzeitige Lebenssituation des lyrischen Ichs im Vergleich zum angesprochenen „Du"

Bewertet werden in deinem Aufsatz neben Inhalt, Aufbau und Form der Textbeschreibung auch Sprache und Rechtschreibung.

Text Pedro Lenz (*1965): Die Tätowierung

Wir saßen uns in der Deutschen Bahn stundenlang gegenüber. Der Mann war ungefähr in meinem Alter. Er trug ein kurzärmliges Hemd. Auf seinem rechten Unterarm sah ich eine Tätowierung: ein Kreuz, ein Lorbeerkranz und dazwischen ein Schriftzug, der schwer zu lesen war. Hin und wieder schaute ich unauffällig auf diese Tätowierung. Lange versuchte ich vergeblich das Wort über dem Lorbeerkranz zu entziffern. Dann sah ich, dass es „Hamburg“ hieß.

In Hamburg war ich auch schon. Ich nahm das Wort zum Anlass, mit dem Mann ins Gespräch zu kommen. Ob er aus Hamburg stamme, fragte ich ihn und fügte an, mir gefalle Hamburg gut.

„Hamburg? Ich war noch nie in Hamburg!“, sagte er in einem Tonfall, der mir klarmachte, dass er nicht daran interessiert war, mit mir Konversation zu machen.

„Ach so“, meinte ich fast schon entschuldigend, „ich dachte bloß, Sie seien vielleicht ein Hamburger, weil ja da auf Ihrer Tätowierung Hamburg steht.“

Der Mann schien verärgert und sagte: „Homburg, Homburg im Saarland, nicht Hamburg, Homburg. Das ist kein ‚A‘, das ist ein ‚O‘!“

Dann schwiegen wir beide wieder. Die Bahnfahrt schien kein Ende nehmen zu wollen. Mehrmals sah ich unauffällig auf die Tätowierung des Mannes. Und ich hätte schwören können, dass es sich beim zweiten Buchstaben um ein „A“ handelte. Aber ich sagte nichts, denn ich wollte den Mann nicht weiter verärgern.

Hamburg oder Homburg, das spielt ja letztlich überhaupt keine Rolle, dachte ich. Und manchmal ist Schweigen das A und O einer friedlichen Bahnfahrt.

Quelle: Pedro Lenz: Die Tätowierung. In: Franz Hohler (Hrsg.): 113 Einseitige Geschichten. München: Random House 2016, S. 103.

Aufgabenstellung

Fertige zu diesem Text eine Textbeschreibung an. Bearbeite im Hauptteil folgende Schwerpunkte:

- Charakterisierung der Hauptfiguren
- Die Erzählperspektive
- Die sprachlich-stilistische Gestaltung
- Die Pointe der Erzählung

Bewertet werden in deinem Aufsatz neben Inhalt, Aufbau und Form der Textbeschreibung auch Sprache und Rechtschreibung.

Lösungsvorschlag

PFLICHTTEIL A 1

Textverständnis

1 **TIPP** **Hinweis zur Lösung**

Lies den Text nochmals genau durch und prüfe jede der angegebenen Aussagen einzeln, ob sie mit dem Inhalt übereinstimmt. Denke daran, dass einige Informationen nicht im Text enthalten sind; notiere dann „nicht genannt".

a trifft nicht zu

b trifft zu

c nicht genannt

d trifft nicht zu

e trifft zu

f nicht genannt

2 *Mögliche Antworten (nur zwei erforderlich):*
- Erfolgreicher in der Schule (vgl. Z. 30–32)
- Lesenlernen fällt leicht (vgl. Z. 32/33)
- Bessere Noten auch in anderen Fächern (vgl. Z. 35/36)
- Förderung des Gemeinschafts- und Gerechtigkeitssinns (vgl. Z. 36/37)

3 **TIPP** **Hinweis zur Lösung**

Überlege dir, was damit gemeint ist, wenn von „Vorlesen ohne Bücher" die Rede ist. Suche die Textstellen heraus, die den Aspekt des „Vorlesens" näher erläutern. Formuliere anschließend deine Erklärung mithilfe des Textes.

Mit dieser Aussage ist gemeint, dass Aktivitäten, die dem Vorlesen ähneln, wie das Anschauen von Bilderbüchern oder das Erzählen von Geschichten, die gleichen positiven Aspekte haben können wie „klassisches" Vorlesen (vgl. Z. 19/20). Den Leserinnen und Lesern soll deutlich werden, dass Sprachförderung auch auf unkonventionellen Wegen passieren kann. Es ist also nicht unbedingt nötig, dazu immer „ein Buch in der Hand zu halten" (Z. 22).

Sprachgebrauch

1 **TIPP** **Hinweis zur Lösung**

Durch die Umformung des Satzglieds entsteht ein Satzgefüge. Leite den Nebensatz durch eine passende Konjunktion ein. Prüfe, ob in deiner Lösung die inhaltliche Aussage des vorgegebenen Satzes beibehalten wird.

a Die Stiftung Lesen kümmert sich um die Bildung von Kindern, indem sie unter anderem über verschiedene Aktivitäten zur Sprachförderung aufklärt.

b Ältere Studien haben belegt, dass „Vorlesekinder" aufgrund der frühen Förderung größeren Schulerfolg haben. /
Ältere Studien haben den größeren Schulerfolg von „Vorlesekindern", da sie früh gefördert werden, belegt.

2 **TIPP** **Hinweis zur Lösung**

Finde zunächst heraus, um welche Wortart es sich bei „berufstätige" handelt. Überlege dann, wie sich der Sinn des Satzes verändern würde, wenn es als Nomen im Satz stünde.

Es handelt sich um ein Adjektiv und bezieht sich auf das Wort „Mütter". Würde man es an dieser Stelle großschreiben, wären alle infrage kommenden Berufstätigen gemeint, also z. B. auch die Väter oder andere (berufstätige) Personen, die den Kindern ggf. vorlesen würden.

3 **TIPP** **Hinweis zur Lösung**

Erinnere dich, was du über die Kommaregeln gelernt hast: Zwischen den Teilen einer Aufzählung steht ein Komma, sofern sie nicht durch „und" oder „oder" verbunden sind. Nachgestellte oder eingeschobene Erläuterungen werden durch Kommas abgetrennt, ebenso wie Nebensätze. Auch bei Nebensätzen gilt, dass am Beginn und Schluss des Nebensatzes ein Komma steht, wenn er in den Hauptsatz eingeschoben ist.

a Berufstätige Mütter lesen häufiger vor als nicht berufstätige**,** Männer seltener als Frauen und Eltern mit geringer formaler Bildung weniger als gebildete Eltern.

Begründung: Komma bei einer Aufzählung

b Auch vorlesenahe Aktivitäten, z. B. das Erzählen von Geschichten oder das Anschauen von Bilderbüchern, bieten Kindern wichtige Sprachanregungen.

Begründung: Kommas bei einer Apposition

c Die Verfasser der Vorlesestudien stellten fest, dass regelmäßiges Vorlesen wichtig für den späteren Schulerfolg der Kinder ist, und empfehlen deshalb eine Vorlesedauer von 15 Minuten pro Tag.

Begründung: Kommas bei einem Satzgefüge: HS + NS, HS2

4

Wort	**Wortart**	**Beispielsatz**
eins	*Zahlwort*	*Eins und zwei ist drei.*
eins	*Pronomen*	*Ich habe mir ein E-Bike gekauft. Hast du auch eins?*
laut	Adjektiv	Ich habe dich aufgrund der lauten Geräusche nicht verstanden.
laut	Präposition	Laut einer Studie wird vielen Kindern nicht regelmäßig vorgelesen.
überlegen	Adjektiv	Sein überlegenes Lächeln ärgert mich.
überlegen	Verb	Ob ich am Wochenende mit ins Kino gehe, muss ich mir noch überlegen.

5 **TIPP** **Hinweis zur Lösung**

Lies die bildhaften Ausdrücke und überlege: Was bedeuten die Ausdrücke üblicherweise und wie lassen sie sich auf den jeweils genannten Sachverhalt übertragen? Beschreibe dann in eigenen Worten die Aussage der vorgegebenen Sätze.

a Normalerweise tragen Bäume oder Sträucher Früchte, die man im Herbst ernten und essen kann. Damit ist jedoch meist ein wenig Pflege und Arbeit verbunden. Im übertragenen Sinn wird mit dieser Redensart verdeutlicht, dass sich manche Anstrengung (hier: das Vorlesen) später lohnt und günstig auswirkt (gute Noten), dass man also die „Früchte" seiner Arbeit „ernten" kann.

b Ein Wasserfall zeichnet sich dadurch aus, dass eine große Menge Wasser über eine oder mehrere Stufen senkrecht nach unten fällt. Das Wasser fließt dabei sehr schnell und unablässig. Wenn man „wie ein Wasserfall“ redet, dann ist man so aufgeregt oder begeistert, dass man sehr schnell und viel, ohne Unterbrechung und oft auch ein bisschen durcheinander spricht.

c Wenn man mithilfe eines Streichholzes oder auch nur mit Ästen und Zunder Feuer machen möchte, muss der Funke, also ein glühendes Teilchen, auf das Brennmaterial überspringen, um das Feuer zu entfachen. Im übertragenen Sinne „springt der Funke über“, wenn etwas besonders mitreißend ist oder Begeisterung auslöst und man diese Erfahrung daraufhin öfter machen möchte.

6 TIPP **Hinweis zur Lösung**

Denke daran, dass das Mittelfeld bei zweiteiligen Prädikaten von der Satzklammer eingerahmt wird. Suche in den vorgegebenen Sätzen also zunächst nach den Prädikaten.

a man nicht schon viel früher mit dem Vorlesen

b viel Freude daran

c erwiesenermaßen weniger Schwierigkeiten beim Lesenlernen

d Sprachanregungen

7 **a** unkonventionell: ungewöhnlich, nicht alltäglich/gängig

b gleichwohl: trotzdem, dabei, ungeachtet dessen

PFLICHTTEIL A 2

Sarah Jäger: Nach vorn, nach Süden

1 **TIPP** **Hinweis zur Lösung**

Für diese Aufgabe findest du viele Informationen am Beginn des Romans, wo die einzelnen Mitglieder der Hinterhof-Clique vorgestellt werden. Auch der Grund, weshalb Lena Pavel gegenüber zwiespältig eingestellt ist, lässt sich dort nachlesen. Für eine Aufgabe dieser Art ist es hilfreich, wenn du dir während des Lesens des Romans bereits „Steckbriefe" mit den wichtigsten Informationen zu den Figuren angelegt hast. Diese solltest du als Vorbereitung auf die Prüfung noch einmal durchlesen – so findest du die geforderten Informationen in der Prüfungssituation leichter. Achte darauf, dass du in deiner Lösung auf die beiden Teile der Aufgabenstellung eingehst, also zwei Gründe für Pavels Beliebtheit nennst sowie eine Begründung für Lenas Gefühle darlegst.

- Pavel hat einen tollen Charakter, er lächelt viel und ist immer freundlich zu anderen. Sein ausgleichendes Wesen macht ihn zu einem wichtigen Bestandteil der Hinterhof-Clique (vgl. S. 12/13).
- Er ist kreativ und macht aus allem etwas Besonderes. Im Hinterhof hat er aus Plastikhüllen ein Regendach gebaut, unter dem sich die Clique aufhalten kann (vgl. S. 9), und er hat auch die Idee für den Aussichtsturm, der den Hinterhof bereichern soll (vgl. S. 13). Auf dem Festival funktioniert er eine Plastikkiste zu einem Pool für Fine um, womit er dem Mädchen eine große Freude bereitet (vgl. S. 182).
- Lena ist neidisch auf Pavel, weil dieser seinen richtigen Namen behalten durfte. Obwohl sein Äußeres nicht perfekt ist – er trägt eine Brille, hat fettige Haare und unreine Haut – nahm dies niemand zum Anlass, ihm einen unschönen Spitznamen zu verpassen. Er wurde in der Clique sogar durch die Bezeichnung „unser Pavel" „geadelt", was besonders ausdrückt, dass ihn alle mögen und als Teil der Clique akzeptieren (vgl. S. 12/13).

2 **TIPP** **Hinweis zur Lösung**

Überlege, was man als Leser*in im Verlauf der Handlung über Lenas Eltern erfährt; alle Informationen dazu stammen aus Lenas Gedanken bzw. aus ihren Gesprächen, z. B. mit Can. Stelle zuerst die Informationen auf einem Notizblatt zusammen, die dir einfallen bzw. die du aufgrund deiner Randnotizen im Roman findest. Ordne sie anschließend und fasse sie in deiner Lösung zu thematisch zusammengehörigen Aspekten zusammen. Vielleicht kannst du am Ende deines Textes noch eine kurze Schlussfolgerung formulieren, die das Verhältnis zwischen Eltern und Tochter in wenigen Worten auf den Punkt bringt.

Mögliche Lösungen (nur drei erforderlich):

- Lenas Eltern sind Angestellte einer Rentenversicherung. Sie legen viel Wert darauf, alle Unternehmungen sorgfältig zu planen und abzusichern. Die spontane Reise der Clique, um Jo zu suchen, würden sie daher vermutlich nicht gutheißen (vgl. S. 27, 90/91).
- Nach Lenas Abitur wollten ihre Eltern sie in die Freiheit entlassen und schenkten ihr ein Auto und einen Rollkoffer. Sie möchten, dass Lena nun – entsprechend vorbereitet – die Welt erobert (vgl. S. 89/90).
- Ihr Verhältnis zu Lena ist gut, aber offenbar eher distanziert. Lena kann jederzeit nach Hause kommen und wird dort umsorgt („Dort ist der Kühlschrank immer voll.", S. 118). Ihre Eltern unterstützen sie auch während des Studiums mit einem monatlichen Geldbetrag. Allerdings kann sich Lena mit ihren Sorgen bezüglich ihres Studiums nicht an ihre Eltern wenden. Letztendlich trifft sie selbst die Entscheidung, das Studium abzubrechen (vgl. S. 115–118).
- Lenas Eltern sind wohl der Ansicht, dass nach Lenas Abitur ihre Aufgabe als Eltern erfüllt sei und ihre Tochter von jetzt an selbst für sich sorgen müsse.

3 **TIPP** **Hinweis zur Lösung**

In dieser Aufgabe wird danach gefragt, inwiefern Lena mit der Trennung von Marie und Jo und dessen Verschwinden zu tun hat. Den Leserinnen und Lesern des Romans wird dies zunächst nur in Andeutungen und dann Schritt für Schritt offenbart. Lies noch einmal die Textstelle nach Maries psychischem Zusammenbruch auf dem Festival, als Lena Marie die Angelegenheit beichtet (vgl. S. 188/189), und den Anfang des folgenden Kapitels, in dem auch die anderen aus der Clique die Wahrheit erfahren (vgl. S. 191/192). Fasse die Informationen zusammen.

Lena war es, die Marie erzählt hat, dass Jo fremdgegangen ist. Sie hat gehört, wie Jo mit Otto über seinen Fehltritt gesprochen hat. Jo hatte eigentlich vor, Marie alles zu beichten, sobald diese eine wichtige Mathearbeit hinter sich gebracht hat. Lena sah zu diesem Zeitpunkt aber die Chance, sich an ihm dafür zu rächen, dass er ihr den Namen „Entenarsch" gegeben hat. Sie wusste, dass Marie die Tatsache, dass Jo ihr nicht selbst von der Sache mit dem anderen Mädchen erzählt, sehr verletzen würde. Es war Lena klar, dass Marie daraufhin mit Jo Schluss machen würde.

4 **TIPP** **Hinweis zur Lösung**

Lies die Auseinandersetzung zwischen Marie und Lena nach dem Besuch bei Jos Mutter noch einmal (vgl. S. 73/74). Schreibe auf, worum sich der Streit dreht, und formuliere die Ansichten der beiden dazu aus. In deiner Lösung musst du die Hintergründe ein wenig ausführlicher erklären, als sie im Gespräch zwischen Lena und Marie zum Ausdruck kommen – diese wissen ja, mit welchen psychischen Problemen Jo nach der Trennung seiner Eltern bzw. bis zu seinem Verschwinden zu kämpfen hatte. Stelle dir dazu vor, die Leser*innen deines Lösungstextes hätten den Roman nicht gelesen und würden die Familienverhältnisse von Jo nicht kennen.

Lena zeigt Verständnis dafür, dass Jos Mutter ihre Familie verlassen und in Münster ein neues Leben begonnen hat. Sie kann nachvollziehen, dass die Situation mit ihrem Ex-Mann, der mit seiner Arbeitslosigkeit nicht zurechtkam, so belastend für Jos Mutter war, dass sie schließlich die Chance auf ein besseres Leben ergriffen hat. Lena ist der Meinung, dass Mütter im Gegensatz zu Vätern besonders streng beurteilt werden und die Erwartungen an sie besonders hoch sind. Sie meint damit, dass es bei vielen Menschen (und vielleicht auch bei Jo) auf Verständnis gestoßen wäre, wenn der Vater statt der Mutter die Familie verlassen hätte, was sie ungerecht findet.
Marie hat hingegen kein Verständnis für Jos Mutter. Sie kann sich nicht vorstellen, wie eine Mutter ihr Kind einfach im Stich lassen kann, noch dazu, wenn der Vater psychische Probleme hat und kaum für sich selbst sorgen kann. Marie weiß außerdem, wie sehr Jo darunter gelitten hat bzw. immer noch darunter leidet. Sie führt Jos psychische Verfassung und sein Verhalten, bei dem er sich selbst verletzt, rein darauf zurück, dass ihn seine Mutter als Kind verlassen hat.

5 **TIPP** **Hinweis zur Lösung**

Bei der Textsorte „innerer Monolog“ stehen die Gedanken und Gefühle der jeweiligen Figur in diesem Moment im Mittelpunkt. Du musst dich also in die Figur und in die Situation, in der sie sich gerade befindet, hineinversetzen. Lies noch einmal die angegebene Textstelle: Lena hat sich an dem Gespräch der Clique über eine mögliche Suche nach Jo bisher nicht beteiligt, platzt dann mit ihrer Aussage hinein und zieht damit alle Aufmerksamkeit auf sich. Lenas Gedanken in dieser für sie etwas unangenehmen und ungewohnten Situation kannst du mit Auslassungszeichen, Gedankenstrichen und Fragen, die sie sich selbst stellt, verdeutlichen. Schreibe den inneren Monolog aus der Ich-Perspektive von Lena und verwende Alltags- bzw. Umgangssprache, übernimm also Lenas Sprachstil, wie er im Roman umgesetzt ist.

Was? Wie? Hab ich das gerade gesagt?! Alle schauen mich an … Bin ich denn verrückt, so etwas vorzuschlagen? Naja, Moment, ein Vorschlag war das ja nicht direkt … Ich habe nur gesagt, dass ich ein Auto habe und fahren kann. So wie die anderen gucken, müssen sie auch erstmal überlegen, was das jetzt bedeuten soll. Würde ich das denn tatsächlich machen? Mit Marie und Can sonst wohin fahren, um Jo zu suchen? Und würden sie mich überhaupt dabeihaben wollen? Jo und ich waren ja nicht gerade die besten Freunde. Und auch sonst … Ich bin hier ja nicht gerade die Beliebtheit in Person. Aber das wäre vielleicht DIE Gelegenheit, nicht immer nur im Abseits zu stehen. Mittendrin statt nur dabei sozusagen. Vielleicht endlich richtig dazugehören … und Can will auch mitkommen. Vielleicht … ganz vielleicht könnten wir uns näherkommen. Ich kann ihm nicht sagen, dass ich ihn toll finde. Die Enttäuschung wäre zu groß, wenn er nichts von mir wissen will. Dann lieber nichts sagen, sich nichts anmerken lassen und hoffen … Marie hofft nicht mehr, sie glaubt nicht mehr, dass Jo zurückkommt. Sie nimmt die Sache jetzt selbst in die Hand, nicht mehr untätig herumsitzen, sondern etwas tun. Aber wo sollen wir denn überhaupt anfangen zu suchen? Ach ja, Jo hat ihr doch diese Postkarten geschrieben, da kann man wohl rauskriegen, wo die abgestempelt wurden. Und dann? Einfach in irgendeine Stadt fahren und – ja, was dann? Hm, soll nicht meine Sorge sein. Wenn, dann fahre ich und Marie soll sagen, wohin. Vielleicht kann ich dann ein wenig wiedergutmachen … ich bin ja nicht ganz unschuldig, dass Jo verschwunden ist. Aber das ist die Geschichte hinter dem X … darüber will ich jetzt nicht nachdenken … (278 Wörter)

Friedrich Dürrenmatt: Die Physiker

1 **TIPP** **Hinweis zur Lösung**

Der Operator „nennen" weist dich darauf hin, dass du dich bei deiner Lösung kurzfassen kannst. Formuliere jeden der Gründe knapp, aber in (ein bis zwei) ganzen Sätzen aus. Überlege dir, wo im Buch die Informationen stehen könnten, die in der Aufgabenstellung gefordert werden. Lies dann die gesamte Textpassage (hier: das Gespräch zwischen Frau Rose und Dr. Mathilde von Zahnd am Beginn des Besuchs) noch einmal im Buch nach.

Mögliche Lösungen (nur drei erforderlich):

- In ihrem Gespräch mit Frau Dr. von Zahnd erläutert Frau Rose die Gründe für ihren Besuch. Zunächst erklärt sie, dass sie möchte, dass ihre Söhne ihren Vater kennenlernen sollen, bevor diese mit ihr und ihrem Stiefvater auf die Marianen ziehen.

- Sie will sich auch selbst von ihm verabschieden und sich möglicherweise vergewissern, dass Möbius weiß, dass sie geschieden wurden und sie nun ein neues Leben beginnt.
- Außerdem möchte sie mitteilen, dass sie nicht mehr für Möbius' Aufenthalt in der Klinik zahlen kann, da ihre finanziellen Mittel nach den vielen Jahren, die Möbius bereits in der Klinik verbringt, erschöpft sind.
- Sie will sich auch versichern, dass es Möbius trotzdem gutgehen wird und er vielleicht in der Heilanstalt bleiben kann.

2 **TIPP** **Hinweis zur Lösung**

Newton begründet seine Tat dem Inspektor gegenüber damit, dass das „Dilemma“ nicht anders zu lösen war. Der Begriff „Dilemma“ beschreibt üblicherweise einen Zwiespalt oder eine Zwangslage, in der jemand gezwungen ist, sich zwischen zwei Möglichkeiten zu entscheiden. Worin das „Dilemma“ für Newton laut seiner Aussage gegenüber dem Inspektor bestand, kannst du in der Textstelle, in der Newton mit dem Inspektor spricht, noch einmal nachlesen (vgl. S. 20). Anschließend musst du herausarbeiten, weshalb Newton den Mord wirklich begangen hat – welches „Dilemma“ er also tatsächlich zu lösen versuchte. Dabei hilft dir das Gespräch weiter, in dem sich die Geheimagenten gegenüber Möbius zu erkennen geben (vgl. S. 62/63). Formuliere deine Lösung anschließend so, dass jemand, der mit dem Text nicht vertraut ist, die Zusammenhänge verstehen kann.

- Dem Inspektor gegenüber betont Newton, dass es seine Aufgabe als Physiker sei, über die Gravitation nachzudenken, und nicht, eine Frau zu lieben. Den Mord an Schwester Dorothea begründet er also damit, dass sie seinen Forschungen im Wege stand.
- Tatsächlich hatte Schwester Dorothea jedoch erkannt, dass Newton nicht verrückt ist. Damit sie dies nicht öffentlich macht und die Wahrheit ans Licht kommt, hat er Schwester Dorothea ermordet.
- Außerdem konnte er durch einen Mord seinen Wahnsinn endgültig beweisen (vgl. S. 63). So konnte er in der Anstalt bleiben, Möbius weiter ausspionieren und versuchen, dessen Forschungsergebnisse zu stehlen.

3 **TIPP** **Hinweis zur Lösung**

Bei dieser Aufgabe musst du überlegen, weshalb die Aussagen in der Regieanweisung nicht stimmen können. Erinnere dich, was im Verlauf der Handlung passiert bzw. welches Ereignis bereits vor Einsetzen der Handlung stattgefunden hat. Formuliere dann in deiner Lösung die Begründung dafür aus, weshalb die Charakterisierung nicht passend ist.

Vor einigen Monaten hat einer der Physiker eine Krankenschwester erdrosselt, zu Beginn der eigentlichen Handlung hat ein zweiter Patient ebenfalls eine Krankenschwester ermordet. Im Verlauf der Handlung wird auch der dritte Physiker eine Krankenschwester töten. Obwohl die Physiker ansonsten umgänglich sind und der Ärztin und den Schwestern keine Probleme bereiten, sind sie aufgrund der begangenen Morde keineswegs „harmlo[s]“ und damit auch nicht „wahre Musterpatienten“ (S. 13), wie es in der Regieanweisung heißt.

4 **TIPP** **Hinweis zur Lösung**

Diese Aufgabe betrifft den eigentlichen „Kern“ der Dramen-Handlung. Der Operator „erklären“ weist dich darauf hin, dass du den Sachverhalt in deiner Lösung etwas ausführlicher darlegen sollst. Rufe dir die Abläufe der Handlung noch einmal in Erinnerung und lies erneut die Textstelle, in der sich die Geheimagenten zu erkennen geben und in der Möbius sie überredet, mit ihm in der Anstalt zu bleiben (vgl. S. 72–74). Hier findest du die Erklärung dafür, weshalb Möbius so tut, als sei er verrückt.

Möbius hat erkannt, dass seine Erkenntnisse dazu führen würden, dass sich die Welt zugrunde richtet. Vermutlich lassen sich mithilfe seiner physikalischen Erkenntnisse Vernichtungswaffen oder Ähnliches herstellen. Aus Verantwortungsgefühl gibt er vor, dass ihm König Salomo erscheint, sodass er für verrückt erklärt wird. Dies gelingt und er wird in eine psychiatrische Klinik eingewiesen. Er verlässt also freiwillig seine Familie und gibt seine Karriere auf, um sich und seine Erkenntnisse im Sanatorium zu verstecken (vgl. S. 73/74).

5 **TIPP** **Hinweis zur Lösung**

Lies noch einmal nach, wie sich der Inspektor bei seinen Mord-Ermittlungen in der Anstalt jeweils verhält. Überlege, was er bei den vorherigen Taten über die Täter gelernt hat und weshalb er beim dritten Mal anders an die Sache herangeht. Versetze dich in den Inspektor hinein und beschreibe, was in ihm vorgeht.

- Der Inspektor verspürt Erleichterung, dass er dieses Mal eine Pause von seiner Arbeit einlegen kann. Während er bei anderen Mordfällen mit großer Genauigkeit vorgehen muss und bei seinen Ermittlungen kein Fehler passieren darf, damit er die Fälle mit gutem Gewissen abschließen kann, muss ihn dieser Mord nicht weiter belasten.
- Er empfindet sogar fast so etwas wie Freude darüber, dass er zwar weiß, wer der Mörder ist, er diesen aber nicht verhaften muss, da es sich um einen psychisch kranken Patienten handelt, der nicht für seine Taten zur Rechenschaft gezogen werden kann (vgl. S. 60/61).

6 **TIPP** **Hinweis zur Lösung**

Lies die angegebene Textstelle und einige Seiten davor, in der die Ärztin ihre von langer Hand geplanten Absichten preisgibt, noch einmal durch. Versetze dich in Möbius hinein und überlege, wie es ihm nach dieser Enthüllung geht. Schreibe den Tagebucheintrag aus seiner Perspektive. Manchmal bietet es sich an, Formulierungen aus dem Drama in die Lösung der Schreibaufgabe einzuarbeiten. Achte darauf, die Merkmale der Textsorte „Tagebucheintrag" einzuhalten (z. B. Ich-Perspektive, Alltags-/Umgangssprache, Formulierungen/Aussagen der Figur aus der Lektüre, evtl. Anrede sowie Schlussworte, Datum, einleitende Worte zur Problematik).

Alles umsonst! Mein Versuch, die Menschheit vor meinen Erkenntnissen zu schützen – vergebens. Nun übernimmt Dr. von Zahnd die Herrschaft und wir sind alle verloren! Damit das nicht passiert, habe ich alles aufgegeben: meine Familie, meine Lina, meine Buben. Wie gern hätte ich mit ihnen gelebt, die Buben aufwachsen sehen, wir hätten ein normales Familienleben führen können. Stattdessen musste Lina für meinen Aufenthalt hier zahlen, bestialische Summen, 15 Jahre lang! Bestimmt hat sie mittlerweile kein Geld mehr. Und ob ihr neuer Mann ihr ein gutes Leben bieten kann, daran zweifle ich. Hat Lina nicht gesagt, er habe sechs Buben? Dazu noch unsere eigenen drei – da wird das Gehalt eines Missionars kaum ausreichen, um die Familie durchzubringen, ob auf den Marianen oder sonst wo. Ich dagegen hätte Karriere machen und viel Geld verdienen können, wir hätten es schön haben können! Stattdessen musste ich mich hier verstecken! Mir würde der König Salomo erscheinen – dass ich nicht lache! Theater gespielt habe ich all die Jahre! Aber nicht nur das! Gemordet habe ich! Schwester Monika, so eine gute Seele. Sie wollte sich mit mir eine Zukunft aufbauen, sie hat an mich geglaubt. Ich habe sie umgebracht, sie geopfert, damit meine Erkenntnisse geheim bleiben. Es hat nichts gebracht. Vergebens war es auch, die beiden Geheimagenten zu überzeugen, mit mir im Irrenhaus zu bleiben. Das war nicht leicht, aber es ist mir gelungen – und dennoch, Dr. von Zahnd macht alles zunichte. Die Welt ist verloren! Die einzige Irre unter uns hat die Herrschaft an sich gerissen. Sie wird Länder und Kontinente erobern, das Sonnensystem ausbeuten, alles zu ihren Gunsten. Sie wird über die Menschheit herrschen, niemand wird mehr frei sein. Und wir am allerwenigsten, wir werden in der „Schatzkammer" ihres Trusts gefangen gehalten, weil wir die Wahrheit wissen. Wir sind in unser eigenes Gefängnis geflüchtet. Es ist aus! (301 Wörter)

WAHLTEIL B

Erörterung

TIPP **Hinweis zur Lösung**

Verlangt ist hier eine dialektische Erörterung; du sollst zum einen Gründe dafür finden, weshalb viele Eltern ihren Kindern nicht oder zu wenig vorlesen, zum anderen positive Aspekte anführen, die das Vorlesen für Eltern und für Kinder hat. Zusätzlich sollst du in einem Fazit noch darauf eingehen, wie Eltern zum Vorlesen motiviert werden könnten. Hier genügt es, wenn du einen Aspekt, den du als besonders gut geeignet erachtest, nennst und ausformulierst. Für deine Erörterung sind zwei Materialien vorgegeben, denen du Argumente entnehmen kannst. Untersuche sie zunächst gründlich und notiere dir, auf welche Inhalte du in deinem Aufsatz Bezug nehmen kannst. Überlege dir dann zusätzlich eigene Argumente.
Gliedere deinen Text folgendermaßen:

- Einleitung, in der du kurz zum Thema hinführst und zur Themenfrage überleitest (Nennung von Textsorte, Titel, Autor*in, Quelle und Erscheinungsdatum des vorgegebenen Textes);
- Hauptteil, in dem du eigene Argumente ausarbeitest und auf die Materialien Bezug nimmst;
- Schluss, in dem du ein abschließendes Fazit ziehst und deine eigene Meinung begründet darstellst.

Achte im Hauptteil darauf, dass deine Argumente vollständig sind, sie also Behauptung, Begründung und Beispiel/Beleg enthalten. Denke auch daran, dass du die Quelle nennst, wenn du etwas aus den Materialien direkt oder indirekt zitierst. Verwende eine sachliche Sprache und verknüpfe die Argumente abwechslungsreich miteinander.

Aufsatzbeispiel

Einleitung

Dicke Wälzer, lange und anstrengende Geschichten, viel Text, wenige Bilder – vielleicht sind es Vorurteile wie diese, die Eltern trotz der großen Aufmerksamkeit, die das Thema in den Medien bekommt, davon abhalten, ihren Kindern regelmäßig vorzulesen. Jahr für Jahr stellt die „Vorlesestudie" fest, dass immer noch ein zu großer Anteil der Eltern ihren Kindern selten oder nie vorliest. Dabei profitieren Kinder sehr von Vorleseerfahrungen, wie das Diagramm „Wie leicht fällt Kindern das Lesenlernen?" aus der Vorlesestudie 2018 (M 2) darstellt. Doch Vorlesen hat nicht nur für Kinder, sondern auch für die Eltern positive Effekte. Sebastian Herrmann erläutert in seinem Artikel „Vorlesen tut auch Eltern gut" vom 29. 05. 2019, der online in der Süddeutschen Zeitung erschienen ist, einige dieser Vorteile. Deshalb stellen sich die Fragen, welche Gründe es für Eltern geben kann, auf das Vorlesen weitgehend zu verzichten und welche Vorteile Vorlesen sowohl für Kinder als auch Eltern hat.

Themenfrage

Hauptteil

Grund 1: niedriges Bildungsniveau

Ein erster Grund, weshalb Eltern ihren Kindern zu selten vorlesen, könnte sein, dass sie ein niedriges Bildungsniveau haben. Da bildungsferne Schichten häufiger von Armut betroffen sind, könnte es einerseits an den Kosten liegen, die für Bücher aufgewendet werden müssten, weshalb zu wenig vorgelesen wird. Andererseits haben Eltern mit geringer Bildung möglicherweise die Freude an Büchern (noch) nicht entdeckt oder sind selbst keine guten Leser. Wenn Eltern sich unsicher fühlen, ihren Kindern laut vorzulesen, werden sie es lieber vermeiden. Beispielsweise ist es den meisten Erwachsenen sicherlich peinlich, wenn sie beim Vorlesen immer wieder ins Stocken geraten, weil im Text Wörter auftauchen, die für sie kompliziert sind. Zudem ist es vermutlich frustrierend, wenn sie immer wieder Sätze neu beginnen müssen, weil es Verständnisschwierigkeiten gibt. Dazu kommt noch, dass nach einer gewissen Zeit die Aufmerksamkeit der Kinder nachlässt, da ihnen der stockende Lesefluss zum Zuhören zu anstrengend ist. Dies alles trägt verständlicherweise nicht dazu bei, dass das Vorlesen zu einer regelmäßigen Aktivität wird.

Grund 2: Bequemlichkeit

Aber auch die Bequemlichkeit mancher Eltern könnte ein Grund sein, weshalb sie ihren Kindern zu selten vorlesen. Zwar ist Vorlesen eigentlich nicht mit einem großen Aufwand verbunden – schließlich genügt es, ein geeignetes Buch auszuwählen und sich gemeinsam mit dem Kind auf das Sofa zu setzen oder es sich im Bett gemütlich zu machen –, aber es erfordert von den Eltern eine intensive Beschäftigung mit dem Kind. Man muss sich als Elternteil beispielsweise auf die Geschichte einlassen und bei der Sache sein, den Text ansprechend vortragen und natürlich auch auf Zwischenfragen des Kindes eingehen. Manchen Eltern ist es nach einem langen Arbeitstag einfach zu anstrengend, sich auch noch zum Vorlesen aufzuraffen.

Grund 3: Zeitmangel

Der Hauptgrund, weshalb viele Eltern ihren Kindern zu selten oder nie vorlesen, ist aber wohl der Zeitmangel im Alltag. Die meisten Eltern sind heutzutage beide voll berufstätig und kommen erst am Abend nach Hause. Dann sind oft noch viele Dinge zu erledigen, z. B. im Haushalt, oder die Eltern müssen ihren Kindern bei den Schularbeiten helfen, weshalb gemeinsame

„freie“ Zeit, die man zum Vorlesen nutzen könnte, knapp ist. Manchmal ist es für die Familien einfach schwierig, noch einen weiteren „Programmpunkt“ in den Tag zu integrieren, weshalb – wenn überhaupt – nur hin und wieder vorgelesen wird.

Würden einige Eltern umdenken, wenn die vielen positiven Aspekte des Vorlesens, sowohl für Kinder als auch für Eltern, besser bekannt wären? Im Folgenden sollen die wichtigsten Vorteile des Vorlesens genannt werden.

Überleitung zu Vorteilen

Anknüpfend an den letzten genannten Grund, weshalb Eltern selten vorlesen, nämlich Zeitmangel und Stress, passt ein positiver Aspekt besonders gut: Vorlesen bedeutet nämlich auch für die Eltern Entspannung, wie eine kürzlich veröffentliche Studie nahelegt (vgl. M 1, Z. 17). Zum einen wirkt Vorlesen wie eine Reise in die eigene Kindheit, wenn man Geschichten vorliest, die man selbst als Kind gehört hat – das „wärmt die Seele“ wie es im Text heißt (M 1, Z. 6). Zum anderen wird durch Vorlesen die Hektik des Alltags einfach ausgeblendet, denn man ist in dieser Zeit ganz auf die Geschichte konzentriert und befasst sich dabei beispielsweise nicht mit dem nächsten Meeting, das am folgenden Tag auf einen wartet.

Vorteil 1: Entspannung für die Eltern

Der nächste Vorteil, der mit dem Ritual des Vorlesens verknüpft ist, ist die positive Auswirkung auf die Eltern-Kind-Beziehung. Sich gemeinsam auf das Sofa zu kuscheln und eine Geschichte zu lesen, vertieft die Bindung zueinander (vgl. M 1, Z. 29–32). Vor allem die „Komplizenschaft“ (Z. 7), die beim gemeinsamen Lesen von Büchern entstehen kann, also zusammen in eine Erzählung einzutauchen, die Spannung zu erleben oder sich von lustigen Episoden mitreißen zu lassen, bis man hysterisch kichert (vgl. Z. 10–12), ist förderlich für die Beziehung. Man schafft gemeinsame Erlebnisse und kann sich später immer wieder an lustige oder besondere Momente erinnern. Darauf, wie der Vater beim Lesen von „Räuber Hotzenplotz“ immer die Stimme verstellte und man sich den Bauch hielt vor Lachen, wenn der Räuber den Namen des Zauberers Petrosilius Zwackelmann verhunzte, freut man sich nicht nur als Kind, die Erinnerung daran wird auch noch im Erwachsenenalter für schöne Momente sorgen.

Vorteil 2: positive Auswirkungen auf das Eltern-Kind-Verhältnis

Die positiven Auswirkungen auf die kognitiven Fähigkeiten der Kinder sollen als letzter und wichtigster Vorteil des Vorlesens genannt werden. Mehrere Studien haben gezeigt, dass Kinder, denen regelmäßig vorgelesen wurde, schneller lesen lernen und

Vorteil 3: förderlich für die kognitiven Fähigkeiten der Kinder einen größeren Wortschatz haben. Außerdem gelinge es ihnen besser, sich zu konzentrieren und ihre Emotionen zu regulieren (vgl. M 1, Z. 40–43). In der Vorlesestudie 2018 wurde detailliert abgefragt, wie leicht Kindern das Lesenlernen in der Schule fällt. 58 % der Kinder, denen täglich vorgelesen wurde, fiel das Lesenlernen „sehr leicht“, aber nur 32 % der Kinder, denen nie vorgelesen wurde (vgl. M 2). Eindrucksvoll ist auch folgende Zahl aus der Erhebung: Nur 2 % der Vorlesekinder fiel das Lesenlernen „schwer“, aber 27 % der Kinder ohne Vorleseerfahrung (vgl. M 2).

Schluss

Fazit: Aufklärung nötig: Vorlesen geht auch ohne Bücher

Angesichts dieser Studienergebnisse sollte meiner Meinung nach die Motivation der Eltern gestärkt werden, ihren Kindern regelmäßig vorzulesen. Die positiven Auswirkungen auf den Schulerfolg der Kinder dürfte den meisten Eltern ja bekannt sein; deshalb plädiere ich dafür, die Eltern verstärkt darüber zu informieren, was alles mit „Vorlesen“ gemeint sein kann. Denn nicht nur das „klassische“ Vorlesen aus Büchern zählt dazu, sondern auch das Erzählen von Geschichten oder Märchen, das Betrachten von Bilder- oder Wimmelbüchern, die Beschäftigung mit Bilderbuch-Apps, Fotobüchern oder Katalogen etc. All das gibt Kindern wichtige Sprachanregungen. Vielleicht macht dieses Wissen einigen Eltern den Einstieg leichter. Außerdem genügen schon 15 Minuten pro Tag – die Beschäftigung mit Büchern muss also nicht stundenlang dauern, um positiv zu wirken. Ein Blick in die Regale einer Buchhandlung beweist es: Bücher, gerade für Kinder und Jugendliche, bieten heutzutage viel mehr, als man es von „klassischen“ Vorlesebüchern kennt. Da lassen sich Klappen öffnen und Elemente verschieben, man kann Geräusche erzeugen oder etwas erfühlen – all das macht Kinder neugierig auf Bücher und weckt die Lesefreude. Es ist zu hoffen, dass sich auch die „Vorlese-Verweigerer“ unter den Eltern davon anstecken lassen.

Textbeschreibung Lyrik

TIPP **Hinweis zur Lösung**

Bei diesem lyrischen Text handelt es sich um einen Liedtext. Du kannst dir das Lied auch im Internet anhören, z. B. auf YouTube. Bei der Textbeschreibung eines lyrischen Textes sollst du ein vorliegendes Gedicht oder wie in diesem Fall einen Liedtext eingehend untersuchen. In der Aufgabenstellung sind Aspekte vorgegeben, auf die du in deiner Analyse eingehen sollst, z. B. auf die Form des lyrischen Textes (Strophen, Reime) oder die Sprache (sprachliche Mittel, Satzbau). Gliedere deinen Aufsatz folgendermaßen:

- Einleitung mit Kern-/Basissatz und kurzer Inhaltsbeschreibung;
- Hauptteil, in dem du die gewonnenen Erkenntnisse deiner Untersuchung vorstellst, also die in der Aufgabenstellung geforderten Aspekte beschreibst und deutest;
- Schluss, in dem du die Übertragbarkeit der Gedichtaussage auf die heutige Zeit oder dein persönliches Leben erläuterst und kurz dazu Stellung nimmst.

Lies das Gedicht zunächst mehrmals genau durch. Markiere auffällige Stellen und Schlüsselbegriffe und notiere erste Stichpunkte deiner Analyse. Ordne deine Notizen anschließend und erstelle einen Schreibplan, bevor du mit der Ausformulierung deines Aufsatzes beginnst.

Aufsatzbeispiel

Das Gedicht bzw. der Liedtext der zeitgenössischen Autorin Julia Engelmann trägt die Überschrift „Kleiner Walzer“ und erschien im Jahr 2018 im Band „Keine Ahnung, ob das Liebe ist“. Das lyrische Ich zweifelt darin an sich selbst und ist unglücklich darüber, dass es noch nicht den richtigen Lebensweg für sich gefunden hat.

Einleitung
Information zum Text mit Kern-/Basissatz

In den ersten Versen des Gedichts vergleicht sich das lyrische Ich mit einem Gegenüber, das offenbar sein oder ihr Glück bereits gefunden hat. Man erfährt nicht, ob es sich dabei um eine berufliche oder private Situation handelt. Das lyrische Ich zweifelt an sich selbst und kann sich nicht entscheiden, was das Richtige für es ist. Es hat anscheinend schon vieles ausprobiert, war aber nie richtig zufrieden damit. Es vergleicht sich mit anderen und findet, dass es nirgends dazugehört oder hineinpasst und es zu oft allein ist. In der letzten Strophe wendet es sich wieder an sein Gegenüber, freut sich für ihn oder sie und wünscht sich, selbst bald zu wissen, was das Richtige ist.

kurze Zusammenfassung des Inhalts

Diese Unentschlossenheit und Unsicherheit des lyrischen Ichs spiegelt sich auch auf formaler Ebene wider, da weder Strophenaufbau noch Reimschema einer klaren Struktur folgen: Das Gedicht besteht aus sieben Strophen, wobei die erste, dritte, vierte und fünfte Strophe jeweils vier Verse aufweist, die zweite und sechste Strophe drei Verse und die letzte Strophe sieben Verse. Vor und nach den ersten beiden Strophen, nach Strophe drei und vier sowie nach Strophe fünf und sechs folgt der Refrain „Dam da dam da dam da dam" (V. 1, 9, 18, 26). Auch ein durchgängiges Reimschema gibt es nicht. Es finden sich lediglich vereinzelte Reime, die teilweise unrein sind: Kreuzreim „Sonnenlicht – ich, bist – ist" (V. 1–4), Paarreim „zurück – Glück" (V. 12/13) und nochmals Kreuzreim (V. 30–34).

Hauptteil

Aufbau und Form

Inhaltlich ist das Gedicht in mehrere Abschnitte unterteilt: Es beginnt in der ersten Strophe mit dem Gespräch zwischen dem lyrischen Ich und einem „Du". Dieses Gespräch wird in der letzten Strophe wieder aufgenommen. In den anderen Strophen charakterisiert sich das lyrische Ich selbst und beschreibt, wie es sich verhält und warum es nicht an das gewünschte Ziel gelangt. Nach jeweils zwei Strophen bzw. jeweils vor dem Refrain werden die Überlegungen des lyrischen Ichs mit dem Vers „und ich weiß nicht, wohin ich gehör" (V. 8, 17, 25) zusammengefasst und abgeschlossen.

sprachliche Mittel und ihre Wirkung

Metapher

Bereits am Anfang des Gedichts finden sich erste sprachliche Mittel: Die erste Strophe beginnt mit der Metapher „Aus deinem Gesicht scheint Sonnenlicht" (V. 2). Diese beschreibt das vor Glück „strahlende" Gesicht des Gegenübers, während das lyrische Ich davon nur „beschienen" wird. Gegen Ende des Gedichts, in Vers 30, taucht die Metapher in abgewandelter Form nochmals auf, wobei nun das erste Wort „aus" in den vorhergehenden Vers gezogen und durch einen Gedankenstrich abgetrennt ist („[…] aus –/deinem Gesicht scheint Sonnenlicht", V. 29/30), womit sich die Bedeutung ein wenig verschiebt: Durch das entfallene „aus" und dadurch, dass „deinem Gesicht" am Versanfang steht und betont wird, scheint es fast so, als hätte das „Du" zusätzlich noch das besondere Glück, von der Sonne beschienen zu werden, also in dem Sinne, dass ihm oder ihr das Glück ohne eigenes Zutun zufällt.

Wiederholungen

Die Unschlüssigkeit und das Sich-nicht-entscheiden-Können des lyrischen Ichs wird besonders durch die Wiederholung des

Verses „und ich weiß nicht, wohin ich gehör" (V. 8, 17, 25) ausgedrückt. Auch der Vers „es freut mich für dich, wie glücklich du bist" (V. 3, 31) wird wiederholt und dadurch betont; allerdings ist zweifelhaft, ob dies auch so gemeint ist, denn in der siebten Strophe steht vor dieser Wiederholung der Satz „[...] ich halt dich nicht aus" (V. 29). Das letzte Wort („aus") könnte zwar, wie oben genannt, zur Metapher „aus deinem Gesicht scheint Sonnenlicht" gehören, jedoch ist es auch vorstellbar, dass die Zufriedenheit des Gegenübers mit seiner Situation oder seinem Leben für das Ich unangenehm ist und es etwas neidisch ist. Die ersten drei Verse der letzten Strophe sind außerdem fast gleichlautend, nur das letzte Wort wird abgewandelt, wobei sich der Sinn in jedem Vers ändert, weil die Autorin mit unterschiedlichen Bedeutungen von „halten" spielt: „ich halt dich nicht ... oh" in Vers 27 nimmt durch die Interjektion vielleicht das Gesangliche und Liedhafte des „Walzers" auf und meint wohl „halten" im Sinne von „im Arm halten" oder „umarmen"; der nächste Vers beschreibt, dass das Ich das Gegenüber nicht aufhalten will, da dieses ja bereits weiß, wo es in seinem Leben hin will und sich weiterentwickelt, während das Ich noch an sich zweifelt und zunächst „stehen bleibt". Vers 29 zeigt, dass dem lyrischen Ich die Selbstgewissheit des Du unangenehm ist.

Hyperbeln

Die Hyperbel „Ich mag alle anderen, nur nicht mich selbst" (V. 6) – selbstverständlich mag das lyrische Ich nicht tatsächlich „alle anderen" – zeigt dieses Gefühl des Ichs eindrücklich. Die Übertreibung beschreibt gut, wie sehr das lyrische Ich an sich selbst zweifelt und wie wenig es sich selbst leiden kann. Es hat das Gefühl, auf seiner Suche nach einem erfüllten Leben „[einen] Schritt nach vorne und dreißig zurück" (V. 12) zu gehen. Es tritt also nicht nur auf der Stelle, sondern kommt überhaupt nicht voran.

Antithesen

Des Weiteren finden sich im Gedicht einige Antithesen, die die Unentschlossenheit des lyrischen Ichs und Unzufriedenheit mit sich selbst versinnbildlichen, z. B. „Die einen sind jünger und schöner als ich,/die anderen älter und weiser" (V. 19/20) oder „ist nichts wirklich richtig, nichts wirklich falsch" (V. 24).

Parallelismen

Auffällig sind außerdem einige ähnlich oder parallel gebaute Verse, die wie eine Aufzählung dessen wirken, was das lyrische Ich bereits ausprobiert, aber nicht für endgültig gut befunden hat, z. B. Vers 14/15 oder Vers 23/24.

Die Inversion in Vers 7 – „ist jeden Tag anders, was mir gefällt" – bringt die Situation des lyrischen Ichs auf den Punkt. Vorstellbar ist für das Ich wohl vieles, aber die Gewissheit, auf dem richtigen Weg zu sein, fehlt ihm bisher noch.

Inversion

In diesem Zusammenhang wird auch klar, welche Funktion der Refrain im Gedicht einnimmt. Wie beim Tanzen eines Walzers (vgl. Titel des Gedichts) dreht sich das lyrische Ich (gedanklich) im Kreis und findet keine Richtung, in die es gehen möchte. Es zweifelt an sich selbst, ist unsicher und schwankt angesichts der vielen Möglichkeiten, die sich ihm für sein Leben bieten.

Bedeutung des Titels und Funktion des Refrains

Darüber hinaus nimmt die Lautmalerei des „Dam da dam da dam da dam" den Rhythmus eines Walzers auf und gibt dem Gedicht einen tänzerischen Charakter.

Diese Leichtigkeit des Walzers passt eigentlich gar nicht zu den grüblerischen Gedanken, die das lyrische Ich in seiner derzeitigen Lebenssituation umtreiben. Nicht nur, dass es im Gegensatz zu dem angesprochenen „Du" sein Glück noch nicht gefunden hat, es ist auch noch voller Selbstzweifel und hadert mit sich. Es mag sich nicht (vgl. V. 6) und gibt sich vielleicht selbst die Schuld daran, denn ihm ist offenbar nie etwas gut genug (vgl. V. 10). Es „macht alles ein bisschen, alles vielleicht" (V. 23), aber „nichts wirklich richtig" (V. 24). Es ist sich also bewusst, dass es sich mit seinen Selbstzweifeln und dem ständigen Ausprobieren der Möglichkeiten selbst im Wege steht. Darüber hinaus fühlt es sich sehr allein, obwohl es anscheinend in irgendeinem Bereich Erfolg hat und von anderen Menschen Anerkennung bekommt („viel Applaus", V. 16). Es spürt „so wenig Nähe" (V. 16) und ist „eigentlich zu oft alleine" (V. 22), d. h. es ist vielleicht unter Menschen, aber nicht im Sinne einer echten Zugehörigkeit oder Freundschaft/Liebe, in der es sich in seiner Persönlichkeit angenommen fühlt. Es sehnt sich danach, irgendwo dazuzugehören und endlich seinen Platz im Leben zu finden. Dass es sich ständig mit anderen vergleicht, trägt ebenfalls zur Unsicherheit des lyrischen Ichs bei (vgl. V. 19/20). Dabei weiß das lyrische Ich selbst, dass es die Selbstzweifel nicht weiterbringen und die aktuelle Lebensphase – vermutlich die des jungen Erwachsenenalters – normalerweise von Lebensfreude und Hoffnung auf das Kommende geprägt sein sollte. Der Vers „Ich bin doch zu jung für mein ernstes Gesicht" (V. 21) zeigt dies. Das „Du" ist hingegen sicher, „das Richtige" (V. 5, 33) gefunden zu haben, und ist voller Freude darüber.

Vergleich Ich – Du

Vielen Jugendlichen und jungen Erwachsenen geht es wahrscheinlich so wie dem lyrischen Ich im Gedicht „Kleiner Walzer“: Die Schule ist beendet, man ist „frei“ und die Möglichkeiten, die einem das Leben bietet, sind scheinbar unendlich. Aber genau das ist häufig das Problem. Wie soll man sich für eine Möglichkeit entscheiden, also beispielsweise einen Beruf auswählen, der dann auch noch das ganze Leben lang Spaß machen soll? Was tun, wenn man nicht schon von Kindesbeinen an einen Traumberuf hat, sondern sich vieles vorstellen kann? Aber selbst wenn man sich bereits einen Plan für sein Leben zurechtgelegt hat, kann es sein, dass man sich von den vielen Möglichkeiten verführen lässt und alles Erdenkliche ausprobiert – was nicht schlecht sein muss, denn vielleicht findet der ein oder andere gerade dadurch sein Glück.

Schluss
Transfer

Schwierig wird es allerdings dann, wenn die Selbstzweifel überhandnehmen und man sich gar nicht mehr zu etwas entschließen kann. Meiner Ansicht nach sind Unsicherheit und Zweifel, die hin und wieder auftreten, etwas ganz Normales und an sich durchaus sinnvoll. Um sich nicht selbst zu blockieren, ist es allerdings wichtig, sich immer wieder darauf zu besinnen, was man gut kann, was andere an einem schätzen, und sich auch Fehler zuzugestehen. Vor allem sollte man sich nicht mit anderen vergleichen, denn das führt nur zu mehr Verunsicherung. Schließlich ist jeder Mensch einzigartig und eine eigenständige Persönlichkeit.

Stellungnahme

Auch wenn sich das lyrische Ich momentan noch „im Kreis dreht“, ist zu hoffen, dass es sich bald aus diesem Zustand befreien und das Richtige für sich finden wird. Schließlich gelingt es den meisten Menschen früher oder später, sich nicht „fehl am Platz“ zu fühlen und ein erfülltes Leben zu führen.

Abrundung

Textbeschreibung Prosa

TIPP **Hinweis zur Lösung**

Bei der Textbeschreibung eines Prosatextes sollst du eine vorliegende Kurzgeschichte eingehend untersuchen. In der Aufgabenstellung sind Aspekte vorgegeben, auf die du in deiner Analyse eingehen sollst, z. B. auf den Aufbau, die Sprache (sprachliche Mittel, Satzbau) oder auf die Figurenkonstellation.
Gliedere deinen Aufsatz folgendermaßen:

- Einleitung mit Kern-/Basissatz und kurzer Inhaltszusammenfassung;
- Hauptteil, in dem du die gewonnenen Erkenntnisse deiner Untersuchung vorstellst, also die in der Aufgabenstellung geforderten Aspekte beschreibst und deutest;
- Schluss, in dem du deinen Text abrundest und die Übertragbarkeit der Textaussage auf die heutige Zeit oder dein persönliches Leben erläuterst und dazu Stellung nimmst.

Lies die Kurzgeschichte zunächst mehrmals genau durch. Markiere auffällige Stellen und Schlüsselbegriffe und notiere erste Stichpunkte deiner Analyse. Ordne deine Notizen anschließend und erstelle einen Schreibplan, bevor du mit der Ausformulierung deines Aufsatzes beginnst.

Aufsatzbeispiel

Einleitung

Information zum Text mit Kern-/Basissatz

Die kurze Erzählung „Die Tätowierung“ von Pedro Lenz wurde im Jahr 2016 im Band „113 Einseitige Geschichten“ veröffentlicht. Sie berichtet von dem missglückten Versuch des Erzählers, während einer Bahnfahrt mit seinem Mitreisenden ins Gespräch zu kommen.

kurze Zusammenfassung des Inhalts

Während einer langen Bahnfahrt bemerkt der Erzähler auf dem Unterarm seines Gegenübers eine Tätowierung, deren Schriftzug er nach eingehender Betrachtung als „Hamburg“ identifiziert. Dies nimmt er zum Anlass, mit dem Mann ins Gespräch zu kommen. Dieser reagiert jedoch verärgert und klärt ihn auf, dass dort „Homburg“ stehe. Der Erzähler ist zwar immer noch der Meinung, dass es sich um „Hamburg“ handle, sagt jedoch lieber nichts mehr, sodass die beiden ihre Fahrt schweigend fortsetzen.

Hauptteil

Charakterisierung der Hauptfiguren

Erzähler

In der Geschichte spielen nur zwei Personen eine Rolle: der Erzähler und ein Mitreisender während einer Bahnfahrt. Die beiden sitzen sich schon „stundenlang“ (Z. 1) gegenüber und der Erzähler hat sein Gegenüber bereits eingehend betrachtet, weshalb ihm dessen Tätowierung auffällt. Vielleicht beobachtet er gerne „unauffällig“ (Z. 4) die Mitreisenden in der Bahn oder hat nichts zu lesen oder keine andere Ablenkung dabei. Er ist wohl neugierig, denn er gibt sich nicht mit einem kurzen Blick zufrieden, sondern versucht „[l]ange“ (Z. 5), den Schriftzug auf der Tätowierung zu entziffern. Als er glaubt, „Hamburg“ darauf zu lesen, nimmt er dies sofort zum Anlass, mit dem Mann ein Gespräch zu beginnen. Er ist Fremden gegenüber offenbar recht aufgeschlossen und hat nur eine Gelegenheit gesucht, um Kontakt aufzunehmen. Dass er den abweisenden Tonfall des Mannes sofort bemerkt, zeigt, dass er wohl sensibel für seine Mitmenschen ist und ihre Stimmungen gut einschätzen kann. Er kann es jedoch nicht lassen, den Mitfahrer „fast [...] entschuldigend“ (Z. 12) darauf hinzuweisen, dass seiner Auffassung nach „Hamburg“ auf dessen Tätowierung stehe, obwohl dieser es ja besser wissen muss. Nachdem sich der Mann erneut verärgert äußert, schweigt der Erzähler. Die Überlegung, was der Schriftzug bedeutet, lässt ihn jedoch nicht los, da er weiterhin „mehrmals“ (Z. 17) die Tätowierung studiert und sich immer noch im Recht fühlt. Um den Mann nicht weiter zu verärgern, sagt er aber nichts mehr und zieht für sich den Schluss, dass es manchmal besser ist, zu schweigen, wenn man friedlich mit seinen Mitmenschen auskommen will (vgl. Z. 21).

Mann mit Tätowierung

Über den Mann mit der Tätowierung erfährt man einige Äußerlichkeiten: Er ist ungefähr im gleichen Alter wie der Erzähler, trägt ein kurzärmeliges Hemd und hat auf seinem rechten Unterarm eine Tätowierung, bestehend aus einem Kreuz, einem Lorbeerkranz und einem schwer entzifferbaren Schriftzug. Vom Erzähler angesprochen, antwortet der Mann sofort in einem Tonfall, der deutlich macht, dass er kein Gespräch beginnen möchte (vgl. Z. 10/11), was bedeuten könnte, dass er während der Fahrt einfach seine Ruhe haben möchte. Dass er auf die zweite Äußerung des Erzählers jedoch „verärgert“ (Z. 14) reagiert, lässt verschiedene Schlüsse zu: Es könnte sein, dass er schon öfter auf die Tätowierung angesprochen wurde, also auch andere Leute diese falsch gelesen haben, weshalb er sofort klarstellt: „Das ist kein ‚A‘, das ist ein ‚O‘!“ (Z. 15) Möglicherweise ist Homburg aber auch seine Heimatstadt, auf die er besonders stolz ist, und ist deshalb über die Verwechslung verärgert. Möglich wäre auch, dass ihm die Tätowierung – vielleicht eine Jugendsünde? – an sich peinlich ist, evtl. gerade wegen der im Vergleich zur Großstadt Hamburg relativ unbedeutenden Stadt Homburg. Seinem Gegenüber erklärt er dies aber nicht, sondern hüllt sich für die weitere Reise in Schweigen. Er scheint kein besonders angenehmer Zeitgenosse zu sein, denn jede der genannten Möglichkeiten hätte er, mit ein bisschen Humor, leicht erklären und danach mit seinem Mitreisenden eine angeregte Unterhaltung führen können.

Erzähl-perspektive
Ich-Erzähler

Da die kurze Erzählung aus der Perspektive des Ich-Erzählers geschrieben ist, erfährt man über den Mann mit der Tätowierung nur das, was der Erzähler an diesem beobachtet bzw. was dieser in wörtlicher Rede zu ihm sagt. Weil der Erzähler von einem Ereignis aus seiner eigenen Vergangenheit berichtet, kann er dieses kommentieren und werten, wie er dies beispielsweise beim Tonfall, den der Mitreisende anschlägt, tut (vgl. Z. 10/11). Ob diese Interpretation jedoch zuverlässig ist, bleibt fraglich, da die Leser*innen von der Begebenheit nur aus einer Perspektive erfahren. Der Erzähler könnte auch unvollständig erzählen oder etwas bewusst anders darstellen, als es tatsächlich gewesen ist. Möglich wäre z. B. auch, dass der Mann mit der Tätowierung das vermeintlich unauffällige Hinschauen des Erzählers mitbekommen und ihn als aufdringlich empfunden hat. Es ist Aufgabe der Leser*innen, zu entscheiden, inwieweit sie dem Erzähler seine Geschichte abnehmen.

sprachlich-stilistische Gestaltung

Im Hinblick auf die sprachlich-stilistische Gestaltung des Textes fällt auf, dass er von vielen kurzen Hauptsätzen (vgl. z. B. Z. 1–3) und einfachen Satzgefügen (vgl. z. B. Z. 17–19) geprägt ist. Lediglich in der Mitte des Textes, während des kurzen Gesprächs zwischen den Reisenden, ist der Satzbau etwas komplexer und nimmt dadurch Bezug auf den Inhalt, da an dieser Stelle auch für den Erzähler alles ein wenig kompliziert zu werden scheint. Völlig unbeabsichtigt gerät er hier in eine schwierige Gesprächssituation. Die Sprache in der Erzählung ist sachlich und nüchtern und enthält keine sprachlichen Bilder oder rhetorischen Stilmittel. Lediglich die Städtenamen Hamburg und Homburg werden sehr oft wiederholt, was diesen eine besondere Bedeutung beimisst. Der Autor spielt hier mit den verwechselten Vokalen „A“ und „O“ (vgl. Z. 7–15). An zwei Stellen werden Sätze nach dem Schlusspunkt mit „und“ angeschlossen (vgl. Z. 17–19, Z. 21), sie erscheinen dadurch nachgeschoben, wodurch die Gedanken des Erzählers fast ein wenig ironisch wirken, aber bei den Leserinnen und Lesern besonderen Eindruck hinterlassen. Nicht umsonst handelt es sich bei dem zweiten dieser Sätze („Und manchmal ist Schweigen das A und O einer friedlichen Bahnfahrt.“, Z. 21) um die Pointe der Geschichte.

Der Schluss des Textes und die Pointe beziehen sich auf die Redewendung „das A und O von etwas sein“, womit die Hauptsache oder das Wesentliche von etwas gemeint ist. Hier zieht der Erzähler den Schluss, dass Schweigen manchmal das „A und O“, also das Wichtigste für eine friedliche Bahnfahrt ist. Damit wird zum einen ganz allgemein ausgedrückt, dass es während einer Bahnreise manchmal besser ist, nicht mit den anderen Mitreisenden zu sprechen, um nicht in Gefahr zu geraten, diese aus irgendeinem Grund zu verärgern. Zum anderen besteht der besondere Witz des Textes darin, dass die genannte Redewendung genau zu den verwechselten Vokalen der beiden Städtenamen, also zum Grund der Verärgerung des Mitreisenden passt. Pointe

Die Situation kennt wahrscheinlich jeder: Im Zug, im Restaurant, beim Sport etc. möchte man mit einer Person ein wenig Small Talk machen, sucht sich ein vermeintlich harmloses Thema – und sticht in ein Wespennest. Beispielsweise könnte die Frage, ob die andere Person Geschwister habe, bei dieser eine negative Reaktion auslösen, wenn sie sich kürzlich mit Bruder oder Schwester zerstritten hat. Statt der normalen Antwort, an die man im Gespräch anknüpfen könnte, erwartet den Fragesteller vielleicht nur ein ruppiges „Nein!“ oder „Ich möchte nicht darüber reden“. Es folgt eine peinliche Gesprächspause, die für beide Gesprächspartner unangenehm ist. **Schluss** Transfer

Dieses Risiko muss man meiner Meinung nach jedoch auf sich nehmen, wenn man unbekannte Menschen kennenlernen will. In den meisten Fällen ergeben sich über harmlose Themen – zum Glück – angenehme und interessante Gespräche oder mit der Zeit sogar neue Freundschaften. Falls ein Gespräch doch einmal ins Stocken gerät und man das Gefühl hat, sich in schwierigem Fahrwasser zu befinden, sollte man den Fehler des Erzählers in der Geschichte „Die Tätowierung“ lieber vermeiden: Dieser hätte sich nämlich besser mit der ersten schroffen Abfuhr zufriedengeben und nicht weiter nachbohren sollen, auch wenn er sich ungerecht behandelt fühlte. Stellungnahme

Die Grenzen des anderen zu respektieren, auch wenn sie für einen selbst nicht immer sofort ersichtlich oder nachvollziehbar sind, ist wohl immer ein guter Ratschlag. Manchmal hilft auch Humor oder ein wenig Schlagfertigkeit, z. B. ein „Na, dann lassen Sie uns über etwas anderes reden – mögen Sie Fußball?“, um die Peinlichkeit mit einem Schmunzeln wettzumachen. Abrundung

PFLICHTTEIL A 1

25

Text Nachhaltiges Reisen – Overtourism: Was man jetzt tun kann

In beliebten Reiseländern regt sich immer mehr Protest gegen aufkommende Touristenströme. Overtourism ist aktueller denn je. […]

Die Proteste gegen anhaltende Touristenströme aus dem vergangenen Jahr in beliebten Reisezielen wie Venedig, Palma de Mallorca und Barcelona haben die Schattenseiten des (Massen-)Tourismus aufgezeigt. In Island, wo aufs Jahr hochgerechnet mittlerweile sieben Reisende auf einen Einheimischen kommen, wächst die Unzufriedenheit und auch hierzulande regt sich in beliebten Städten wie Berlin und Hamburg die Kritik an den ankommenden Touristenmassen.

Tourismuskritik gibt es seit jeher

Dabei sind Proteste gegen den Massentourismus nichts Neues. Seit Anbeginn des Tourismus gibt es auch Tourismuskritik. […]

Heute spricht man von Overtourism. Gemeint ist damit die regelrechte Überflutung von Städten und Regionen mit Touristen. Gelegentlich wird auch von „Touristifizierung“ gesprochen. Gemein haben sie allesamt, dass vor allem die dort lebende Bevölkerung die negativen Auswirkungen des Tourismus zu spüren bekommt: Menschenmassen, Enge, Lärm, Müll, unangemessenes Verhalten der Touristen und Preissteigerungen.

Man liest Sprüche wie „Tourist go home!“

In Städten, in denen die Wohnungsnot eh schon groß ist, tragen Anbieter wie Airbnb[1] dazu bei, die Mieten weiter zu erhöhen und die Bevölkerung weiter an den Stadtrand oder gar ganz zu verdrängen. Nicht umsonst gibt es in Berlin seit einigen Jahren das Zweckentfremdungsgesetz, dass das bloße Kaufen von Wohnungen, um sie ausschließlich auf Airbnb zu vermieten, verbietet.

In anderen Städten wie Venedig gibt es solche Gesetze (noch) nicht. Zahlreiche Dokumentationen über den Massentourismus in Venedig führen einem drastisch vor Augen, wie die kleine Stadt mit den täglich ankommenden Touristenmassen zu kämpfen hat. Doppelt tragisch: die meisten von ihnen kommen über Kreuzfahrtschiffe in die Stadt. Nicht nur ein Problem für die Umwelt, auch die dortige

Bevölkerung hat von den sonst positiven Effekten des Tourismus wenig. Die Kreuzfahrtgäste geben in der Regel wenig Geld in den Städten aus, essen und schlafen auf dem Schiff. [...]

Ein Wachstumssektor und kein Ende in Sicht

Aber auch das große Angebot von Billigfliegern bringt mehr und mehr Menschen in die Städte. Zum Shopping für ein Wochenende nach Barcelona – noch nie war es so leicht und günstig zu reisen wie heute. Die Zahl der Reisenden steigt seit Jahren kontinuierlich und es ist kein Ende in Sicht. Das ist zum einen schön. Denn das heißt, dass es sich mehr Menschen leisten können zu reisen. Doch das bringt auch ernst zu nehmende Probleme für die Umwelt und für die ortsansässige Bevölkerung mit sich wie beispielsweise mehr Müll, Lärm und Enge durch die ankommenden Menschenmassen.

Die Proteste spiegeln aber auch ganz allgemein die Ungerechtigkeiten des Sektors wider: unfaire Löhne und wenig Teilhabe der Bevölkerung bei der Stadtentwicklung. Dabei ist nichts wichtiger, als die Ortsansässigen in die Tourismusplanung mit einzubeziehen und sie am Erfolg teilhaben zu lassen. So wird zum einen sichergestellt, dass alle zu jedem Zeitpunkt über die zukünftigen Schritte informiert sind, zum anderen fühlen sie sich nicht vernachlässigt oder abgedrängt, wenn man sie am Erfolg teilhaben lässt.

Dass der Tourismus auch viele positive Seiten hat, vergisst man bei den Protesten leicht. So stellt der Sektor einen Großteil an nicht verlagerbaren Arbeitsplätzen und kann so auch ländliche oder strukturschwache Regionen stark machen. Darüber hinaus werden kulturelle Sehenswürdigkeiten instand gehalten. Auch das umliegende Landschaftsbild spielt für den Tourismus eine zentrale Rolle und es liegt in seinem Interesse, dieses aufrechtzuerhalten. Und schließlich kann Reisen positiv dazu beitragen, den eigenen Horizont zu erweitern. Es wird daher keine Option sein, nicht mehr zu reisen. Vielmehr müssen sich verträglichere Tourismusformen etablieren. Solche, die sowohl für die Einheimischen als auch für die Reisenden ein Zugewinn sind.

Nachhaltiger Tourismus setzt sich mit den Problemen auseinander

Schön also, wenn sich aus dem Protest heraus Vereine wie „Venezia Autentica“ bilden. Die Gründer Valeria und Sebastian haben es sich zum Ziel gemacht, Venedig vor der „Plage des Massentourismus zu retten“. Auf ihrer Plattform kann man individuelle Aktivitäten in Venedig buchen, die dem Reisenden das wahre Venedig zeigen. [...]

Staatliche Regulierungen können ebenfalls helfen, das Problem des Overtourism zu entschärfen. Gesetze wie das Zweckentfremdungsgesetz, aber auch Abgaben wie die Betten- oder Touristensteuer können dabei Lösungsansätze sein. Man könnte, ähnlich wie schon in manchen Nationalparks, auch Besucherbegrenzungen für Sehenswürdigkeiten festlegen. Anmeldesysteme für Sehenswürdigkeiten oder Besucherlenkungen können die Nachfrage regulieren und helfen, die Reisenden besser zu verteilen. […]

Quelle: Lisa Klakow: Overtourism: Was man jetzt tun kann. Im Internet unter: https://enorm-magazin.de/lebensstil/nachhaltiger-tourismus/tourismus-auswirkungen/overtourism-was-man-jetzt-tun-kann (erschienen am 3. 05. 2019) © Lisa Klakow/Good Travel

Anmerkung

1 Airbnb: Internet-Plattform, auf der man private Unterkünfte vermieten und buchen kann

Textverständnis

1 Im Text wird in einem Satz erklärt, was mit dem Begriff „Overtourism" gemeint ist. Schreibe das Zitat heraus und gib die Zeilennummer an. (1)

2 Prüfe, welche der folgenden Aussagen mit dem Sachtext übereinstimmen. Notiere entsprechend „trifft zu", „trifft nicht zu" oder „nicht genannt". (3)

a Jeder Isländer nimmt mittlerweile im Jahr sieben Reisende bei sich auf.

b Der Massentourismus sorgt schon so lange für Missfallen, wie Menschen an andere Orte verreisen.

c Für die Bewohner beliebter Städte ist es vorteilhafter, wenn Touristen in Unterkünften vor Ort übernachten.

d In puncto Umweltschutz hat sich bei Kreuzfahrten in letzter Zeit einiges verbessert.

e Damit sich der Tourismus in beliebten Regionen und Orten nicht weiterhin negativ auswirkt, müssen neue Formen des Tourismus gefunden werden.

f Die einzige Option, um sehenswerte Orte zu schützen, ist es, sie nicht mehr zu bereisen.

3 Ein bekanntes Zitat lautet: „Der Tourist zerstört, was er sucht, indem er es findet." Erkläre mithilfe des Textes in zwei bis drei Sätzen, was mit diesem Zitat gemeint ist. (2)

4 Welche der aufgeführten Maßnahmen wird im Text genannt, damit die Proteste der einheimischen Bevölkerung gegen Touristen aufhören? Antworte in einem ganzen Satz. (1)

a Man muss den Einheimischen deutlich machen, dass Reisen den eigenen Horizont erweitert.

b Es muss sichergestellt werden, dass die einheimische Bevölkerung bei der Tourismusplanung miteinbezogen wird und am Erfolg teilhaben kann.

c Ein Zweckentfremdungsgesetz nach Berliner Vorbild muss weltweit eingeführt werden.

d Die Preise für Flugreisen und Kreuzfahrten müssen drastisch angehoben werden, damit weniger Menschen an beliebte Orte verreisen.

Sprachgebrauch

1 Finde für die unterstrichenen Wörter oder Ausdrücke aus dem Text jeweils einen Ausdruck mit gleicher oder ähnlicher Bedeutung, den man stattdessen einsetzen könnte, und schreibe ihn auf. (4)

a „Nicht umsonst gibt es in Berlin seit einigen Jahren das Zweckentfremdungsgesetz […].“ (Z. 21/22)

b „Zahlreiche Dokumentationen über den Massentourismus in Venedig führen einem drastisch vor Augen […].“ (Z. 24–26)

c „Die Zahl der Reisenden steigt seit Jahren kontinuierlich […].“ (Z. 35/36)

d „Es wird daher keine Option sein, nicht mehr zu reisen.“ (Z. 54/55)

2 Schreibe aus dem Text jeweils zwei Beispiele für folgende Wortarten heraus: Verben, Konjunktionen, Adverbien, Pronomen. Übertrage dazu nachfolgende Tabelle auf ein separates Blatt. Trage anschließend alle Wörter in der Grundform in die richtige Spalte der Tabelle ein und füge die Zeilennummer hinzu. Bestimme außerdem die Wortart der Wörter in der fünften Spalte und ergänze den lateinischen Fachbegriff im Kopf der Tabelle. (4

Verben	Subjunktionen	Adverbien	Pronomen	
				in (Z. 1)
				seit (Z. 10)

3 Bestimme Person, Numerus, Tempus und Modus des Verbs im folgenden Satz. Nenne auch, ob es sich um einen Aktiv- oder Passivsatz handelt. (2,5)

„Gelegentlich wird auch von ‚Touristifizierung' gesprochen." (Z. 13/14)

4 Schreibe jeweils alle Wörter heraus, die in den folgenden Sätzen im Vorfeld stehen. (1,5)

a Die Stadt Venedig, die besonders unter dem großen Touristenansturm leidet, hat wirklich beeindruckende Sehenswürdigkeiten zu bieten.

b Warum sollte man Venedig besser nicht mit dem Kreuzfahrtschiff besuchen?

c Mit etwas gutem Willen, der Neugier auf das „wahre" Venedig und einer kurzen Internetrecherche lassen sich für Mensch und Natur verträglichere Reiseangebote finden.

5 Nenne stichpunktartig die Bedeutung der folgenden unterstrichenen Wörter. (3)

a „<u>Schattenseiten</u> des (Massen-)Tourismus" (Z. 5)

b „eigener <u>Horizont</u>" (Z. 54)

c „<u>Nachfrage</u> regulieren" (Z. 69)

6 Notiere zu jedem der folgenden Wörter ein Antonym, also ein Wort mit gegenteiliger Bedeutung. Achte darauf, in welchem Zusammenhang die Wörter vorkommen. (2,5)

a Kritik (Z. 8)

b gelegentlich (Z. 13)

c erhöhen (Z. 20)

d einbeziehen (Z. 44)

e ähnlich (Z. 67)

Sarah Jäger: Nach vorn, nach Süden

1 Nenne drei Situationen, in denen deutlich wird, dass Lena in der Hinterhof-Clique eine Außenseiterin ist. (3)

2 „‚Seine Hände', sage ich, weil mir die Mullbinden einfallen, die ständig um Jos Hand gewickelt waren. [...] So langsam begreife ich, dass es auf dieser Reise um viel mehr geht als um den Liegestuhl oder irgendwelche Abenteuer." (S. 55) (2)

Lege zwei Gedanken dar, die Lena hier durch den Kopf gehen könnten.

3 „Ich will, dass wir Jo finden, dass sich Marie und Jo in die Arme fallen, aber ich möchte am Ende nicht wieder der letzte Mensch sein, und ich wünsche mir, dass Jo für immer verschwunden bleibt, damit ich die Geschichte hinterm X einfach vergessen kann." (S. 101) (4)

Erkläre, welche widerstreitenden Gefühle von Lena in diesem Zitat deutlich werden.

4 „Reden, das ist [Cans] Überlebensstrategie." (S. 96) (3)

Erläutere, in welcher Situation Can diese Strategie entwickelt hat und ob sie ihm zu dieser Zeit geholfen hat. Nenne anschließend zwei Beispiele dafür, wo Cans Redekünste auf der Reise hilfreich sind.

5 „Wir wollen am Mittwoch um 9 Uhr los. [...] Geht in Ordnung? [...] (1
Alles Fidschi bei dir?
Ich schicke keinen Daumen hoch zurück. Keine Sonnenblume. Kein Pandagesicht. Ich lasse die Geschichte einfach zu Ende sein." (S. 113/114)

Als sich Lena auf Maries und Cans Nachrichten nicht meldet, überlegen die beiden, was mit ihr los sein könnte. Außerdem sprechen sie über den ersten Teil ihrer Reise, den sie zusammen mit Lena gemacht haben, und was sie von ihr halten.

Schreibe dieses Gespräch (mindestens 250 Wörter).

Friedrich Dürrenmatt: Die Physiker

1 Nenne zwei Veränderungen, die nach dem dritten Mord in der Anstalt bei der Unterbringung der Physiker vorgenommen werden. (2)

2 Fasse zusammen, weshalb Frau Rose nicht mehr für den Aufenthalt ihres Ex-Mannes zahlen will, was sie in Bezug auf dessen Zukunft befürchtet und wie Dr. von Zahnd auf diese Sorge reagiert. (3)

3 „FRL. DOKTOR Entschuldigen Sie, Voß. Meine Nerven. […] So eine Anstalt reibt auf. […] Ich ziehe mich zurück. […] Versichern Sie [dem Staatsanwalt], es sei nun alles in Ordnung.“ (S. 58/59) (2)

Lege zwei Gedanken dar, die Mathilde von Zahnd nach dem Mord an Schwester Monika durch den Kopf gehen könnten.

4 „MÖBIUS Wir sind wilde Tiere. Man darf uns nicht auf die Menschheit loslassen.“ (S. 76) (2)

Erkläre, welche beiden Gründe Newton und Einstein letztendlich dazu bewegen, mit Möbius im Irrenhaus zu bleiben.

5 Analysiere, ob die Charakterisierung von Dr. Mathilde von Zahnd als „Menschenfreund und Psychiater […] von Weltruf“ (S. 12) zutreffend ist (zwei Aspekte). (4)

6 „INSPEKTOR […] Ich war nun zweimal in ‚Les Cerisiers‘, Fräulein Doktor von Zahnd. Ich hoffe nicht, noch einmal aufzutauchen.“ (S. 29) (12)

Auf dem Heimweg denkt der Inspektor über seinen zweiten Fall in der Heilanstalt nach. Außerdem lässt er die Begegnungen mit Newton und Dr. Mathilde von Zahnd Revue passieren und überlegt, wie die Zukunft der Physiker aussehen könnte.

Schreibe diesen inneren Monolog (mindestens 250 Wörter).

Bearbeite eine der drei folgenden Aufgaben.

Erörterung

Welche Gründe gibt es für das Phänomen des „Overtourism" und welche Maßnahmen könnten ergriffen werden, um die negativen Auswirkungen einzudämmen? Verwende die folgenden Materialien für deine Argumentation. Begründe deine Meinung.

Material 1 Overtourism in den Alpen: Massenhafter Besucherandrang dank Instagram

Hütte unter Felswand, Kapelle im Abendrot, glasklarer Bergsee: Bilder von beliebten Fotospots im Gebirge erreichen über Instagram und Co. ein riesiges Publikum. Doch jeder Post lockt weitere Besucher an. Quer durch die Alpen erleben Orte einen Massenansturm, deren Folgen vor Ort kaum noch zu bewältigen sind.

Ein Wasserfall wie gemalt. Das Wasser stürzt über Klippen und sammelt sich in einem „natural infinity pool", wie die Badegumpe im Instagram-Deutsch heißt. Man kann darin baden und gleichzeitig auf den Königssee schauen, wo sich die Schiffe vor der berühmten Echowand in Stellung bringen.

Der perfekte Platz für einen Heiratsantrag, zum Nachdenken über das Leben – oder wenn man einfach mal in Ruhe schauen will. Wären da nicht diese vielen Leute. Denn die Gumpen am Königsbachfall, früher ein Geheimtipp, werden heute regelrecht überrannt. Ein Ortsbesuch in dieser Woche: Ein Dutzend Leute sind da. Verhältnismäßig wenig. […]

Einen offiziellen Weg zu den Gumpen am Königsbachfall gibt es nicht, das Gelände ist steil und ausgesetzt. Und auch das Baden selbst ist gefährlich: Erst im April sind zwei junge Männer dabei gestorben. Eine ziemlich neue Entwicklung, sagt Carolin Scheiter vom Nationalpark Berchtesgaden:

„Im letzten Sommer ist dieser Spot über die Sozialen Medien massiv beworben worden. Da sind Gäste aus aller Welt. Die Bilder, die sehen so aus, als wäre man dort ganz alleine auf weiter Flur. Aber würde man die Kamera mal um 180 Grad drehen, dann sieht man, dass da an starken Tagen im Sommer eine Schlange ist an Leuten, die warten, weil das da einfach unfassbar voll ist und das Naturerlebnis da nicht mehr möglich ist."

Influencer und Hashtags als Reiseführer

Probleme wie die am Königssee sind kein Einzelfall. Viele fotogene Plätze in den Alpen werden durch die Bilder einiger „Influencer", also Meinungsmacher mit großer Reichweite, zu Instagram-Hotspots. Sie erleben einen massenhaften Besucheransturm. Mit Folgen, die vor Ort kaum noch zu bewältigen sind. Am Schrecksee im Naturschutzgebiet Allgäuer Hochalpen gibt es seit Jahren Probleme mit Leuten, die dort verbotenerweise campen, feiern und Müll hinterlassen. Und das, obwohl die Polizei Strafzettel verteilt. […]

Manche Hütten-Pächter sind überfordert

Komplett aufgegeben haben die langjährigen Pächter des weltberühmten Gasthauses Aescher-Wildkirchli im Appenzeller Land. Der Grund: In den letzten Jahren explodierten die Besucherzahlen auf der Hütte. Sogar Wasser und Strom wurden knapp. Am Ende waren die Betreiber komplett überfordert. Neue Pächter wollen jetzt mit frischer Energie starten.

Nicht aufgeben will dagegen Gerhard Runggatscher vom Ranuihof im Südtiroler Villnösstal. Auf seiner Viehweide steht die Kapelle St. Johann in Ranui aus dem Jahr 1744. Dahinter ragen die Geislerspitzen in den Himmel. Der perfekte Fotospot. Bis zu 300 Leute zertrampeln täglich das Futter für die Tiere, Drohnen fliegen durch die Luft, Autos verstopfen die Straße, es ist laut. Schilder und eine eigens gebaute Fotoplattform helfen nichts, Runggatscher baut jetzt einen Zaun.

[…] Auf die Probleme mit den vielen Besuchern im Talschluss des Villnösstals angesprochen, hat diese Dame aus New York nur eine Idee parat: Abkassieren. „Er sollte Parkgebühren verlangen und Eintritt kassieren. Um einen Ausgleich dafür zu schaffen, dass die Leute das Gras für die Kühe zertrampeln. Es ist doch ganz einfach: Ein Wirtschaftszweig unterstützt einen anderen." Ein schwacher Trost für jemanden, der die Kontrolle über sein Eigentum verliert.

„Instagramability" bestimmt das Urlaubsziel

All diese Orte haben eines gemeinsam: Sie geben das perfekte Instagram-Motiv ab. Und genau das wollen alle haben. Auch wenn die Fotos oft gleich aussehen. Und auch wenn man dafür sogar anstehen muss. Dass der Foto-Faktor beim Reisen immer wichtiger wird, ist belegt: In der Studie eines britischen Ferienhaus-Versicherers von 2017 gaben Menschen zwischen 18 und 33 Jahren an, ihre Urlaubslocation zuerst nach deren „Instagramability" auszusuchen. Billiger Alkohol, lokale Küche oder gar Sightseeing lagen abgeschlagen dahinter. Schöne neue Like-Welt: Vor lauter Geltungsbedürfnis lassen sich freie Menschen die Ferienziele von einem Algorithmus diktieren. Der weiß dank Belohnungssystem und Interaktionsrate genau, was die Leute mögen. Und ist am Ende einzig und allein dazu da, die Kassen von Mark Zuckerbergs Facebook-Konzern zu füllen.

Quelle: Sebastian Nachbar: Overtourism in den Alpen: Massenhafter Besucherandrang dank Instagram. BR vom 1. 7. 2019.Im Internet unter: www.br.de/berge/bergtour/alpiner-overtourism-massenansturm-instagram-hot-spots-gebirge100.html

Material 2 **Schaubild**

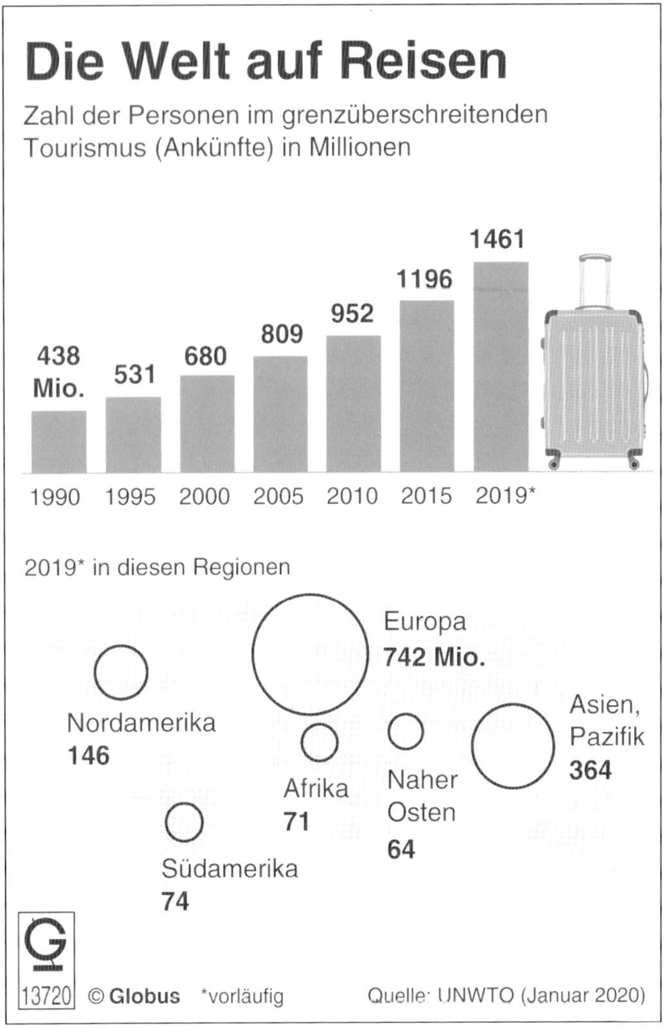

Quelle: © picture alliance/dpa/dpa-infografik GmbH

Text und Musik

Keno Langbein, Dominik Giesriegl (*1986): Was ist deine Geschichte?

Worüber hast du zuletzt gelacht?
Über was zu lange nachgedacht?
Was ist das Dümmste, das du je getan hast?
Was ist deine Superkraft?
Wonach roch deine Kindheit?
Wie lange dauert's noch?
Worauf kannst du unmöglich verzichten?
Und für wen tust du's doch?

(Refrain:)
Was ist deine Geschichte?
Was hast du erlebt?
Was zählt?
Was möchtest du ändern?
Was hat dich wirklich bewegt?
Wie's auch gewesen,
was auch geworden ist:
das Ergebnis sind wir – hier.
Erzähl mir von dir.

Wofür nimmst du dir Zeit?
Tut es dir gut?
Wovon hast du zu viel?
Was willst du teilen?
Sind wir genug?
Wessen Hand hältst du
und welche Versprechen?
Wovon handelt dein Lieblingslied?
Hab ich nicht irgendwas vergessen?

(Refrain:)
Was ist deine Geschichte? …
…
Erzähl mir von dir.

Wie sieht diese Welt aus,
wenn du sie beschreibst?
Was sehe ich anders,
wenn du es mir zeigst?
Komm wir machen
einen Anfang.
Erzähl mir.
Erzähl mir.
Erzähl mir von dir.

(Refrain:)
Was ist deine Geschichte? …

Quelle: Keno Langbein, Dominik Giesriegl: Was ist deine Geschichte? © Kobrow Musikverlag GmbH, Frauenneuharting. Im Internet unter: www.daserste.de/unterhaltung/weihnachten/weihnachten-2019/song/lyrics-leadsheet-100.pdf

Anmerkung

Das Lied „Was ist deine Geschichte?" wurde im Rahmen der ARD-Weihnachtskampagne 2019 im TV ausgestrahlt und online veröffentlicht. Es wurde von 300 Menschen aus ganz Deutschland eingesungen.

Aufgabenstellung

Fertige zu diesem Liedtext eine Textbeschreibung an. Bearbeite im Hauptteil folgende Schwerpunkte:

- Aufbau und Form
- Sprachliche Mittel und deren Wirkung
- Bedeutung des Titels
- Die Funktion der vielen Fragesätze

Bewertet werden in deinem Aufsatz neben Inhalt, Aufbau und Form der Textbeschreibung auch Sprache und Rechtschreibung.

Text Larissa Boehning (*1971): Seerose

Anja stieg aus dem Auto ihrer Tante, stand auf dem Vorplatz der Bungalowvilla und trug noch das Namensschild für die Zugfahrt um den Hals. Ihre Cousine Liv erschien in der Tür der Villa. „Sie freut sich riesig, daß du den ganzen Sommer bleibst", rief die Tante. Liv drehte sich gelangweilt ohne Gruß zurück ins Haus. Anja hatte nicht im Weg sein sollen, während ihre Eltern mit der scheidungsbedingten Teilung des Reihenhauses beschäftigt waren. Daher war sie hier.

Ihre Tante trug lange Tunikakleider und rauchte Zigaretten durch eine Spitze. Man sagte, sie sei mal Sängerin gewesen. Jedes der drei Wohnzimmer zierte ein Flügel. Es gab einen Atomschutzkeller, sechs Bäder, und Anja verbrachte Tage damit, unauffällig alle Räume zu erkunden. Sie saß allein auf dem Gästebett, neben Billardtisch und Schränken, die, wie alles im Haus, übervoll waren mit wundersamem Tand. Liv lag jeden Tag mit halb geschlossenen Augen auf der Hollywoodschaukel, stand nur auf, wenn die Tante rief: „Schatz, dein Lieblingssandwich." Anja wagte nicht, die Weltabgewandtheit zu stören, die Liv umgab. In ehrfürchtiger Entfernung setzte sie sich auf eine der Terrassen, webte aus Bambusrohren und Wollresten Venusaugen. Malte mit der Billardkreide den Vorplatz aus. Bastelte aus Klopapierrollen Girlanden. Und hörte, wie Liv auf die Frage, was ihr Besuch den ganzen Tag mache, sagte: „Beschäftigt sich mit Müll."

Eines Nachmittags lag Liv auf der Schaukel und ließ die Papiertüten knallen, in die ihre Mutter jedes Sandwich verpackte. Anja fischte Ahornblätter aus dem Pool, hängte die Beine ins Wasser. Unauffällig setzte auch sie eine Tüte an die Lippen, zwirbelte das Ende, platzierte den Ballon auf einem Blatt und sah zu, wie beides übers Wasser trieb. „Was ist das?" Liv plötzlich direkt neben ihr. Zum ersten Mal sprach sie mit ihr. Erstarrt sagte Anja: „Müll." Liv setzte sich, betrachtete sie und sagte dann: „Nein, es ist eine Seerose. Laß uns noch eine machen."

Quelle: Larissa Boehning: Seerose. Im Internet unter: www.lesefutter.org/images/_pdfs_DE/literatur/larissa-boehning/seerose.pdf

Anmerkung
Der Text ist wie im Original in alter Rechtschreibung abgedruckt.

Aufgabenstellung

Fertige zu diesem Text eine Textbeschreibung an. Bearbeite im Hauptteil folgende Schwerpunkte:

- Ort und Zeit des Geschehens
- Charakterisierung der Hauptfiguren Anja und Liv
- Die sprachlich-stilistische Gestaltung
- Den Satzbau

Bewertet werden in deinem Aufsatz neben Inhalt, Aufbau und Form der Textbeschreibung auch Sprache und Rechtschreibung.

Lösungsvorschlag

PFLICHTTEIL A 1

Textverständnis

1 TIPP **Hinweis zur Lösung**

Suche im Text nach dem Schlagwort „Overtourism“ und analysiere diese Textstellen dahingehend, ob dort das Phänomen kurz und knapp erklärt wird. Wenn ja, hast du das richtige Zitat gefunden. Vergiss nicht, die Zeilennummer korrekt anzugeben.

„Gemeint ist damit die regelrechte Überflutung von Städten und Regionen mit Touristen.“ (Z. 12/13)

2 TIPP **Hinweis zur Lösung**

Lies den Text nochmals genau durch und prüfe jede der angegebenen Aussagen einzeln, ob sie mit dem Inhalt übereinstimmt. Denke daran, dass einige Informationen nicht im Text enthalten sind; notiere dann „nicht genannt“.

a trifft nicht zu

b trifft zu

c trifft zu

d nicht genannt

e trifft zu

f trifft nicht zu

3 TIPP **Hinweis zur Lösung**

Überlege zunächst, was das Zitat bedeutet. Setze es anschließend in Zusammenhang mit dem Inhalt des Textes und erkläre die Aussage des Zitats, indem du auch auf Textstellen verweist.

Wenn Touristen an Orte reisen, sind damit negative Auswirkungen verbunden, z. B. Lärm, Umweltverschmutzung, Müll, Menschenmassen auf den Straßen oder das Verdrängen der einheimischen Bevölkerung (vgl. Z. 14–17). Dadurch verändert sich der Ort oder die Stadt und ist nicht mehr das, was der Tourist eigentlich sehen wollte.

4 **TIPP** **Hinweis zur Lösung**

Prüfe jede der Aussagen dahingehend, ob sie so im Text steht und ob sie in Bezug auf die erwünschte Wirkung überhaupt Sinn ergibt. Entscheide dich anschließend für die richtige Aussage und nenne sie in einem Antwortsatz.

Die in Aussage **b** beschriebene Maßnahme wird im Text genannt.

Sprachgebrauch

1 **TIPP** **Hinweis zur Lösung**

Überlege, was die unterstrichenen Wörter im Satzzusammenhang aussagen und durch welche Ausdrücke du sie ersetzen könntest. Setze sie zur Probe in die Sätze ein. Die Aussage des jeweiligen Satzes darf sich dadurch nicht verändern.

a nicht umsonst: aus gutem Grund, berechtigterweise, mit/zu Recht

b drastisch: anschaulich, (sehr) deutlich, unmissverständlich, einprägsam

c kontinuierlich: stetig, ununterbrochen, fortlaufend

d Option: Alternative, Möglichkeit, ggf.: (kein) Weg

2

Verben	***Subjunktionen***	***Adverbien***	***Pronomen***	**Präpositionen**
aufzeigen (Z. 5)	dass (Z. 14)	hierzulande (Z. 7)	sie (Z. 23)	*in (Z. 1)*
regen (Z. 1)	wenn (Z. 59)	heute (Z. 12)	das (Z. 36)	*seit (Z. 10)*
weitere Möglichkeiten: kommen (Z. 6), wachsen (Z. 6), sprechen (Z. 14), spüren (Z. 15), erhöhen (Z. 20), verdrängen (Z. 21), informieren (Z. 45) etc.	*weitere Möglichkeiten:* als (Z. 43), etc.	*weitere Möglichkeiten:* damit (Z. 12), dort (Z. 14), schon (Z. 19), nur (Z. 28) etc.	*weitere Möglichkeiten:* man (Z. 18), alle (Z. 45), sein (Z. 53), dieses (Z. 53), solche (Z. 56), die (Z. 56) etc.	

3 3. Person, Singular, Präsens, Indikativ, Passiv

4 **TIPP** **Hinweis zur Lösung**

Erinnere dich: Das Vorfeld ist der Satzabschnitt vor der linken Satzklammer, die durch das finite Verb gebildet wird.

a Die Stadt Venedig, die besonders unter dem großen Touristenansturm leidet

b Warum

c Mit etwas gutem Willen, der Neugier auf das „wahre" Venedig und einer kurzen Internetrecherche

5 **a** „Schattenseiten des (Massen-)Tourismus" (Z. 5): die negativen Aspekte einer eigentlich positiven Sache, die Nachteile oder auch der Haken an einer Sache

b „eigener Horizont" (Z. 54): das eigene Denkvermögen; das, was ich verstehe, was mir vertraut und bekannt ist

c „Nachfrage regulieren" (Z. 69): das Interesse an etwas, der Bedarf

6 **a** Kritik (Z. 8): Lob, Zustimmung, Anerkennung

b gelegentlich (Z. 13): immer, häufig, oft

c erhöhen (Z. 20): (ab)senken, verringern, vermindern

d einbeziehen (Z. 44): ausschließen, ggf. im Kontext auch: ignorieren, ausklammern

e ähnlich (Z. 67): verschieden, unterschiedlich, anders

PFLICHTTEIL A 2

Sarah Jäger: Nach vorn, nach Süden

1 **TIPP** **Hinweis zur Lösung**

Aufgaben mit dem Operator „nennen“ kannst du in aller Kürze beantworten. Erinnere dich an drei Begebenheiten aus der Handlung des Romans, in denen Lena sich von den anderen aus der Clique zurückgesetzt bzw. nicht zugehörig fühlt. Schreibe diese in wenigen Sätzen in deiner Lösung auf.

Mögliche Lösungen (nur drei erforderlich):

- Als Lena zu Maries Feier kommt, begrüßt sie niemand, es hebt nicht einmal jemand den Kopf (vgl. S. 9).
- Sie ist lange nicht in der Messenger-Gruppe des Hinterhofs (vgl. S. 49), weil niemand daran denkt, sie hinzuzufügen. Sie wird erst während der Reise auf Maries Initiative hin zur Nachrichtengruppe hinzugefügt.
- Nach dem ersten Teil ihrer Reise wird sie bei ihrer Rückkehr nicht wie alle anderen stürmisch begrüßt, sondern einfach ignoriert. Es scheint sich trotz der gemeinsamen Zeit mit Can und Marie nichts an ihrer Außenseiterstellung in der Hinterhof-Gruppe geändert zu haben. Keiner von den anderen hält sie auf, als sie einfach nach Hause geht. Sie fühlt sich „im Abseits“ (vgl. S. 110–112).
- Marie sagt ihr auf dem Festival, dass sie es nicht verstanden hat, dass Lena im Hinterhof abhing, obwohl sie „keiner so richtig mochte“ (S. 187).

2 **TIPP** **Hinweis zur Lösung**

Lies die angegebene Textstelle noch einmal nach bzw. überfliege das gesamte Gespräch zwischen Marie und Lena, das sie an dem Abend am See in Münster führen (vgl. S. 54–57). Versetze dich in Lena hinein und überlege, was sie in dieser Situation denken könnte. Im Zitat aus der Aufgabenstellung wird deutlich, dass ihre Gedanken wohl hauptsächlich um Jos psychische Verfassung kreisen. Du könntest außerdem darüber nachdenken, welche Ängste Marie diesbezüglich umtreiben und weshalb Can Marie unbedingt auf dieser Reise begleiten wollte.

Mögliche Lösungen (nur zwei erforderlich):

- Lena wird wohl darüber nachdenken, dass Jo sich seit einem Monat nicht mehr bei Marie gemeldet hat, weshalb diese befürchtet, dass er sich etwas angetan hat. Lena wird jetzt erst richtig bewusst, dass sich Jo selbst verletzt hat und er psychisch labil ist.

- Sie versteht plötzlich, weshalb Marie so getrieben wirkt und versucht, Jo zu finden. Marie hat Angst, dass ihnen die Zeit davonrennt und Jo Selbstmord begangen haben könnte.
- Lena wird nun vermutlich auch klar, dass Can nicht aus reiner Abenteuerlust, oder weil er in Marie verliebt ist und in ihrer Nähe sein will, mitgekommen ist. Er begleitet Marie vor allem deswegen, damit sie nicht allein ist, falls sie etwas Schlimmes über Jo herausfinden.

3 **TIPP** **Hinweis zur Lösung**

Bei dieser Aufgabe sollst du den Zwiespalt, in dem sich Lena befindet, verdeutlichen. Einerseits möchte sie, dass sie Jo finden, andererseits hat sie auch in gewisser Weise Angst davor. Du musst also darlegen, wie sich aus Lenas Sicht die beiden möglichen „Ergebnisse" der Suche nach Jo auf ihre Zugehörigkeit zur Clique, auf ihre wachsende Freundschaft zu Marie und auf ihre Chancen bei Can auswirken könnten. Das Hin- und Hergerissensein von Lena in ihren Gefühlen kannst du auch durch eine Zweiteilung deines Textes und durch bestimmte Formulierungen deutlich machen, z. B. mit „Einerseits … andererseits", „Zum einen … zum anderen …", „Auf der einen Seite … auf der anderen Seite …".

Einerseits würde sich Lena freuen, wenn Jo und Marie wieder zueinander finden, denn sie weiß, dass Marie Jo sehr vermisst und gerne wieder mit ihm zusammen wäre. Sie mag Marie und würde ihr dieses Glück sicher gönnen. Außerdem ist ihr bewusst, dass sie einen Fehler gemacht hat, als sie Marie von Jos Fehltritt erzählt hat. Indem sie bei der Suche nach Jo behilflich ist, könnte sie ihren Fehler teilweise wiedergutmachen. Ein weiterer Vorteil, wenn sie Jo finden würden und er und Marie wieder zusammenkämen, wäre, dass Can dann „frei" für sie wäre. Lena geht davon aus, dass Can etwas für Marie empfindet, er aber eigentlich keine Chance bei ihr hat. Solange sie jedoch nicht mit jemandem zusammen ist, macht er sich möglicherweise Hoffnungen. Insofern könnte es für Lena von Vorteil sein, wenn Jo und Marie wieder zusammenfinden.

Andererseits weiß Lena, dass sie immer die Schuldige sein wird, die für die Trennung von Marie und Jo sowie dessen Verschwinden verantwortlich war, wenn Jo wieder auftaucht. Es wird herauskommen, dass sie Marie nur deshalb von Jos Fehltritt erzählt hat, weil sie sich an ihm für den Spitznamen „Entenarsch" rächen wollte. Lena wusste, dass Jo es Marie selbst beichten wollte, und hat in Kauf genommen, dass Marie nach dieser Enthüllung eine schlechte Note in einer wichtigen Mathearbeit schreibt. Lena befürchtet, wieder die Außenseiterin zu sein bzw. nie die Chance zu bekommen, ein anerkanntes Mitglied der Clique zu werden.

4 **TIPP** **Hinweis zur Lösung**

Die angegebene Textstelle verweist auf das Gespräch zwischen Lena und Can über dessen verstorbenen Bruder (vgl. S. 93–97). Damit ist klar, in welchem Zusammenhang das vermehrte Reden bei Can entstanden ist. Beschreibe ausführlich, wie Can zu dieser Strategie gekommen ist und was er damit bezwecken wollte. Den zweiten Teil der Aufgabe kannst du aufgrund des Operators „nennen" knapp beantworten; schreibe zwei Situationen aus der Handlung des Romans auf, in denen Can jemanden zu ihrem Vorteil „bequatscht".

Can hat nach dem Tod seines Bruders angefangen, vermehrt zu reden, um die Stille zu übertönen, die sich nach dem Verlust des Bruders in der Familie ausbreitete. Obwohl sein Bruder eher schweigsam war, wurde die plötzlich veränderte Stille für Cans Eltern fast unerträglich. Can hat versucht, seinen Eltern mit seinen Redekünsten zu helfen, mit der Trauer umzugehen und auch selbst den Tod des Bruders zu verarbeiten. Er musste jedoch einsehen, dass dies nicht erfolgreich war. Mit der Zeit wurde ihm bewusst, dass er nie der älteste Sohn seiner Eltern sein würde und immer ein Familienmitglied fehlen und vermisst werden wird.

Die Redekünste, die Can nach dem Tod seines Bruders entwickelt hat, sind z. B. auf der Reise hilfreich, als er den Schlafplatz bei Matthes organisiert. Can spricht Matthes einfach „von Aushilfe zu Aushilfe" im Penny-Markt an und lässt ihm praktisch keine Wahl, sodass dieser einwilligt, die drei zu sich nach Hause mitzunehmen (vgl. S. 46/47). In Fulda bezirzt Can außerdem die Bäckereiverkäuferin Inga und erreicht, dass sie die Personaltoilette benutzen und sich waschen dürfen (vgl. S. 80/81).

5 **TIPP** **Hinweis zur Lösung**

Bei dieser Aufgabe ist es wichtig, in deinem Lösungstext den mündlichen Sprachstil eines „echten" Gesprächs nachzuahmen. Sieh dir noch einmal kurz an, wie Marie und Can im Roman miteinander reden, und versuche, dies in deinem Text ebenso umzusetzen. Vielleicht kannst du auch gemachte Aussagen oder sprachliche Eigenheiten der beiden in dein Gespräch einarbeiten. Inhaltlich bezieht sich die Aufgabe auf den ersten Teil der Reise, also darauf, was Lena, Can und Marie in Münster (Begegnung mit Matthes, Abend am See, Besuch bei Jos Mutter) und in Fulda (Gespräch über Cans verstorbenen Bruder, Suche nach Urs, Party bei Bjarne) erleben. Überlege, welche Erlebnisse auf der Reise etwas über Lena aussagen und wie Can und Marie im Nachhinein darüber sprechen würden. Vergiss nicht, dass die beiden Gesprächspartner Lena „bewerten" sollen („was mit ihr los sein könnte"/„was sie von ihr halten").

CAN: Sag mal, hast du mittlerweile was von Entenarsch gehört?

MARIE: Du sollst nicht immer diesen blöden Namen sagen! Das hab ich dir schon gesagt, bevor wir nach Münster gefahren sind! Sie heißt Lena.

CAN: Jaja, schon gut … Aber was ist? Hat sie sich bei dir gemeldet?

MARIE: Nee. Keine Ahnung, was los ist. Vielleicht hat sie gerade einfach zu tun, mit ihrem Studium oder so. Oder sie muss noch die Party bei Bjarne verdauen –

CAN *(fällt ihr lachend ins Wort)*: Oh ja, da ist sie ganz schön eskaliert mit ihrer Badekappe! Hätte ich ihr gar nicht zugetraut.

MARIE *(leicht genervt)*: Du hast ihr auch nicht zugetraut, dass sie uns nach Münster fährt und so …

CAN *(verdreht die Augen)*: Naja, nach Münster „kriechen" würd's besser treffen.

MARIE: Ach komm, sie brauchte halt ein bisschen Übung. Es lief doch dann ganz gut … Du hättest ruhig ein bisschen netter zu ihr sein können.

CAN *(mit gespielter Empörung)*: Also bitte, liebster Marienkäfer! Ich war die Nettigkeit in Person! *(plötzlich ernst)* In Fulda haben wir tatsächlich echt lange geredet, als du Urs gesucht hast. Über meinen Bruder … Sie kann echt gut zuhören …

MARIE: Du hast ihr davon erzählt?! Cannyboy, ich sag dir jetzt mal was. Ich glaube, Lena steht auf dich. Und wenn ich nicht total daneben liege, dann bist du auch nicht ganz abgeneigt … Du müsstest es dir nur mal eingestehen.

CAN *(verdreht die Augen)*: Über Nacht Psychologin geworden, oder was?

MARIE *(verärgert)*: Blödmann. Wenn Lena jetzt wegen dir abspringt und uns nicht mehr fährt, kriege ich die Krise. Dann bist du mir mehr schuldig als nur deine Fingernägel!

CAN: Jaja, schon gut. Ich versuche es nachher nochmal bei ihr. Soo kacke, wie ich anfangs dachte, ist sie gar nicht, das stimmt schon … Aber schlau werde ich nicht aus ihr. Wieso hilft sie uns eigentlich dabei, Jo zu suchen? Sie konnte ihn doch nie leiden … und er sie auch nicht.

MARIE *(zuckt mit den Schultern)*: Vielleicht hat sie einfach nichts Besseres zu tun? Egal jetzt. Bemüh dich mal und versuch, sie zu erreichen … Am Mittwoch will ich los. (345 Wörter)

Friedrich Dürrenmatt: Die Physiker

1 **TIPP** **Hinweis zur Lösung**

Aufgaben mit dem Operator „nennen“ begegnen dir oft als Einstieg und können relativ knapp beantwortet werden. Beschränke dich in deiner Lösung auf die geforderten Aspekte, formuliere aber ganze Sätze.

- Die Physiker werden von nun an von riesenhaften, männlichen Pflegern und nicht mehr von Krankenschwestern betreut.
- Die Fenster sind plötzlich vergittert und die Türen abgeschlossen.

2 **TIPP** **Hinweis zur Lösung**

Der Arbeitsauftrag „fasse zusammen“ bedeutet, dass du Inhalte aus dem Text auf das Wesentliche beschränkt wiedergeben sollst. In der Aufgabenstellung sind drei Aspekte genannt, auf die du in deiner Lösung eingehen musst, um die volle Punktzahl zu erhalten. Suche die Textstelle, in der Frau Rose über ihre Gründe für den Besuch bei ihrem Ex-Mann spricht, und markiere dort die in der Aufgabe geforderten Aspekte. Formuliere anschließend deine Lösung aus.

Frau Rose hat jahrelang für den Aufenthalt ihres Ex-Mannes Möbius in der Klinik bezahlt, nun sind ihre finanziellen Mittel offenbar erschöpft. Nachdem die Ehe mit Möbius vor einiger Zeit geschieden wurde, hat sie vor Kurzem den Missionar Rose geheiratet, der sechs Kinder mit in die Ehe bringt und weder über ein gutes Gehalt verfügt noch vermögend ist.
Sie befürchtet, dass Möbius in eine staatliche Heilanstalt verlegt wird, wenn sie die Kosten für die Klinik nicht mehr bezahlen kann.
Fräulein Dr. von Zahnd sichert ihr jedoch zu, dass Möbius bleiben kann. Sie wird die Kosten anderweitig auftreiben, z. B., indem sie dem Patienten Geld aus Stiftungen „zuschaufeln“ wird (vgl. S. 35).

3 **TIPP** **Hinweis zur Lösung**

Überfliege noch einmal die Textstelle, in der Möbius mit Schwester Monika spricht und sie ermordet (vgl. S. 49–53), und lies dann die Passage genauer, in der sich die Ärztin mit dem Inspektor und Möbius über das Ereignis unterhält (vgl. S. 55/56, 58/59). Versuche, dich in die Gedankenwelt der Ärztin hineinzuversetzen, und schreibe auf, was in ihr vorgehen könnte.

Mögliche Lösungen (nur <u>zwei</u> erforderlich):

- Sie verspürt vielleicht Trauer über den Verlust ihrer, wie sie sagt, „besten, sanftesten, süßesten" (S. 58) Krankenschwester.
- Möglicherweise hat sie ein schlechtes Gewissen, weil sie Monika ihre Erlaubnis gab, mit Möbius über eine gemeinsame Zukunft außerhalb der Anstalt zu sprechen. Denn sie musste davon ausgehen, dass Möbius Monika daraufhin ermordet.
- Eventuell ist sie verwirrt oder verunsichert, weil Möbius behauptet, König Salomo habe ihm den Auftrag für den Mord erteilt. Sie glaubt, König Salomo habe sich von Möbius abgewendet, weil dieser ihn verraten habe. Dass Salomo Möbius erscheint, verwirrt sie, weil sie sich für dessen Auserwählte hält.

4 **TIPP** **Hinweis zur Lösung**

Bei dieser Aufgabe hilft es dir vielleicht, dir einerseits zu überlegen, welchen persönlichen Vorteil die Geheimagenten dadurch haben, wenn sie in der Anstalt bleiben, und andererseits, was die Allgemeinheit davon hat.

Solange sie in der Anstalt bleiben, gelten sie als psychisch krank und werden für die Morde, die sie begangen haben, nicht zur Rechenschaft gezogen. Sollten sie in die reale Welt zurückkehren, würden sie als Mörder gelten und entsprechend bestraft werden.
Wenn Newton und Einstein mit Möbius in der Anstalt bleiben, können zudem dessen Erkenntnisse geheim bleiben, da außer den Physikern vermeintlich niemand von diesen weiß. Auf diese Weise können sie die Menschheit vor den Auswirkungen dieser Erkenntnisse bewahren und müssen nicht befürchten, an der Vernichtung der Menschen mitschuldig zu werden.

5 **TIPP** **Hinweis zur Lösung**

Diese Aufgabe ist etwas anspruchsvoller, da du die gesamte Handlung im Blick haben musst. Rufe dir in Erinnerung, was Mathilde von Zahnd mit Möbius' Erkenntnissen plant. Überlege aber auch, was im Drama darüber steht, wie sie als Ärztin mit ihren Patienten umgeht. Gehe in deiner Lösung also auf beide Aspekte der genannten Charakterisierung („Menschenfreund" – „Psychiater von Weltruf") ein.

Mögliche Lösungen (nur zwei erforderlich):

- Da am Ende der Handlung deutlich wird, dass Dr. Mathilde von Zahnd die Weltherrschaft an sich reißen und damit die Menschheit unterdrücken möchte (vgl. S. 82–85), kann sie nicht als „Menschenfreund“ bezeichnet werden.
- Auch ihr Verhalten als Klinikleiterin und Ärztin widerspricht der genannten Charakterisierung: Sie lässt die Patientinnen und Patienten mit Medikamenten ruhigstellen (vgl. S. 30) oder betäubt sie (vgl. S. 82), was keine angemessene ärztliche Behandlung darstellt.
- Außerdem hat sie die Krankenschwestern auf die Physiker angesetzt, um Informationen zu gewinnen, wobei sie die Morde an ihnen bewusst in Kauf nimmt (vgl. S. 84).
- Zudem sieht sie ihre Patientinnen und Patienten offenbar nicht als Individuen und geht auch nicht auf ihre individuellen Bedürfnisse ein, was weder für eine gute Psychiaterin noch für eine Menschenfreundin spricht. Das zeigt sich beispielsweise darin, dass sie die Patientinnen und Patienten wie Gegenstände sortiert („Ich sortiere. Die Schriftsteller zu den Schriftstellern […] und die Physiker zu den Physikern.“, S. 29) und sogar darüber bestimmt, für wen sie sich halten (vgl. S. 25).

6 **TIPP** **Hinweis zur Lösung**

Erinnere dich, wie der Inspektor zu Beginn des Stücks auf die Ereignisse und Personen reagiert und welche Gefühle bei ihm deutlich werden (vgl. S. 15–29). Versetze dich dann in den Inspektor hinein und schreibe den inneren Monolog aus seiner Sicht. Denke daran, die in der Aufgabenstellung genannten Aspekte einzuarbeiten und die Merkmale der Textsorte „innerer Monolog“ umzusetzen (z. B. Ich-Perspektive, Alltags-/Umgangssprache, Formulierungen/Aussagen der Figur aus der Lektüre, evtl. Auslassungszeichen oder Gedankenstriche, Fragen der Figur an sich selbst oder andere).

Was ist das nur für eine Anstalt?! Wieder ein Mord! Wieder war es ein Physiker! Und wieder trifft es eine Krankenschwester – Moment, von „Mord“ darf man ja nicht sprechen. Es handelt sich um „Unglücksfälle“. Und die Mörder sind keine Mörder, sondern bedauernswerte Irre, mit denen man Schach oder Geige spielen muss, damit sie sich nach ihren Taten beruhigen – während vor der Tür noch die Leiche liegt! Hinter Gitter gehören die! Oder zumindest bewacht von Pflegern, damit so etwas nicht noch einmal vorkommt. Fräulein Doktor hat jetzt wohl auch eingesehen, dass man Sicherheitsmaßnahmen ergreifen muss.

Das ist aber auch eine seltsame Person, diese Mathilde von Zahnd … Angeblich kennt sie ihre Patienten besser als diese sich selbst, aber die Morde waren nicht vorauszusehen? Dabei hat sie sogar eine Erklärung dafür, dass ihre Physiker plötzlich gemeingefährlich werden … Veränderung des Gehirns durch Radioaktivität … mag sein, aber den Krankenschwestern hilft das auch nicht mehr. – Und dieser Newton … oder doch Einstein? Ein seltsamer Typ. Erst tut er so, als wüsste er nicht mehr, dass er selbst eine Krankenschwester ermordet hat, und dann fällt es ihm doch noch ein: Sie musste sterben, weil das „Dilemma" nicht anders zu lösen war. Er muss nämlich über die Gravitation nachdenken, da hat er keine Zeit, eine Frau zu lieben. Oder so ähnlich. Verrückt! Wobei … Was er zur Wissenschaft gesagt hat, das hatte schon Hand und Fuß, und richtig verrückt wirkte er auch nicht. Genauso wie dieser Einstein … Kaum vorstellbar, dass dieser hagere Mann solche Kräfte entwickeln und jemanden erdrosseln kann. Ich bin ja gespannt, ob der dritte Physiker auch noch auffällig wird. Angeblich ist er ja „harmlos". Das hat Fräulein Doktor über die anderen beiden allerdings auch gedacht … Nun ja, die neuen Maßnahmen werden hoffentlich ihre Wirkung zeigen. Ich möchte eigentlich nicht noch einmal in diese Anstalt gerufen werden … Man wird dort selbst ganz verrückt … (305 Wörter)

WAHLTEIL B

Erörterung

TIPP **Hinweis zur Lösung**

Verlangt ist hier eine dialektische Erörterung; du sollst zum einen Argumente dafür finden, welche Gründe es für das Phänomen des „Overtourism" gibt, zum anderen Maßnahmen erörtern, wie sich negative Auswirkungen begrenzen lassen. Für deine Erörterung sind zwei Materialien vorgegeben, denen du Argumente entnehmen kannst. Untersuche sie zunächst gründlich und notiere dir, auf welche Inhalte du in deinem Aufsatz Bezug nehmen kannst. Überlege dir dann zusätzlich eigene Argumente.
Gliedere deinen Text folgendermaßen:
- Einleitung, in der du kurz zum Thema hinführst und zur Themenfrage überleitest (Nennung von Textsorte, Titel, Autor*in, Quelle und Erscheinungsdatum des vorgegebenen Textes);
- Hauptteil, in dem du eigene Argumente ausarbeitest und auf die Materialien Bezug nimmst;
- Schluss, in dem du ein abschließendes Fazit ziehst und deine eigene Meinung begründet darstellst.

Achte im Hauptteil darauf, dass deine Argumente vollständig sind, sie also Behauptung, Begründung und Beispiel/Beleg enthalten. Denke auch daran, dass du die Quelle nennst, wenn du etwas aus den Materialien direkt oder indirekt zitierst. Verwende eine sachliche Sprache und verknüpfe die Argumente abwechslungsreich miteinander.

Aufsatzbeispiel

Einleitung

Riesige Kreuzfahrtschiffe, die direkt an der historischen Altstadt von Venedig anlegen, Menschenmassen, die sich an einem Strand in Thailand wegen eines bestimmten Fotomotivs drängeln, oder viel zu viele Bergsteiger auf dem Mount Everest – die neuen Auswüchse des Massentourismus haben bereits einen treffenden Namen bekommen: „Overtourism". Der Autor Sebastian Nachbar zeigt in seinem Artikel „Massenhafter Besucherandrang dank Instagram" (M 1) vom 1. 7. 2019 auf, dass Tourismus in heutiger Zeit oft mehr Fluch als Segen ist. Sowohl die einheimische Bevölkerung als auch Natur und Umwelt der viel bereisten Ziele leiden unter dem Besucheransturm. Mittlerweile ist nämlich „Die Welt auf Reisen", wie das gleichnamige Schaubild von Picture Alliance aus dem Jahr 2020 (M 2) darstellt. Ausgehend von diesen Materialien stellen sich die Fragen, welche Gründe es für dieses Phänomen des „Overtourism" gibt

Themenfrage

und welche Maßnahmen die negativen Auswirkungen eindämmen könnten.

Hauptteil

Grund 1: mehr Menschen auf Reisen

Ein erster Grund für den sogenannten Overtourism ist, dass heutzutage viel mehr Menschen auf Reisen sind, als dies noch vor einigen Jahren der Fall war (vgl. M 2). Die gute wirtschaftliche Entwicklung in vielen Ländern und der damit einhergehende größere Wohlstand der Bürger*innen erlaubt es ihnen, öfter oder an weiter entfernte Orte zu verreisen. Ein gutes Beispiel dafür ist China. Chinesische Touristen zählen erst seit einigen Jahren zum Straßenbild in vielen Tourismus-Orten in Europa, da es ihnen vorher finanziell oder aus politischen Gründen nicht möglich war, fremde Länder zu entdecken. Heute steht Europa auf der Wunschliste viele chinesischer Reisender weit oben, wobei z. B. das Schloss Neuschwanstein zu den Hauptattraktionen zählt und regelrecht von Touristen überschwemmt wird.

Grund 2: verändertes Reiseverhalten

Aber nicht nur die größere Anzahl an Touristen ist für das Phänomen des Overtourism verantwortlich, sondern auch die Veränderung im Reiseverhalten der Menschen, die in den vergangenen Jahrzehnten stattgefunden hat. Aufgrund der größeren Konkurrenz zwischen den Reiseanbietern sind die Preise gesunken, was dazu geführt hat, dass viele Menschen nicht nur einmal im Jahr einen längeren Urlaub machen, sondern zusätzlich noch weitere Kurztrips. Sogenannte Billigflieger haben zum Beispiel dazu beigetragen, dass sich vor allem Städtereisen über das Wochenende einer großen Beliebtheit erfreuen. Dabei konzentrieren sich die Touristen vor allem auf besonders sehenswerte Städte, wie Venedig, Barcelona, Rom etc., was dort zu den negativen Auswirkungen führt, die unter dem Schlagwort „Overtourism" zusammengefasst werden.

Grund 3: Social Media

Der Hauptgrund für den massenhaften Besucherandrang an bestimmten Orten ist aber wohl im Aufkommen von Social Media zu sehen. Über Facebook, Instagram oder andere digitale Kanäle werden Reiseziele öffentlich gemacht, die früher als Geheimtipps galten, und die bei vielen Menschen Interesse wecken. Häufig werden sie nur deshalb besucht, um selbst Klicks und Likes zu erhalten. Viele Menschen suchen ihre Reiseziele heutzutage sogar nach deren „Instagramability" aus, wie eine Studie kürzlich ergeben hat (vgl. M 1, Z. 52–56). Bei diesen Hotspots, wie im Text M 1 beschrieben, handelt es sich mitunter auch um unberührte Orte in der Natur, z. B. in den Alpen (vgl. M 1, Z. 1–4), oder um kleinere Städte und Ortschaften. Diese sind

könnten Touristen ihre Reiseerlebnisse genießen, wobei die Belastungen für Natur und Umwelt möglichst klein blieben. Hier gilt es, den gegenwärtigen Trend zu dieser nachhaltigen Form des Reisens zu nutzen.

Aus meiner Sicht kann das Angebot des „sanften Tourismus" auch dazu beitragen, die Menschen dafür zu sensibilisieren, welche negativen Auswirkungen mit Massentourismus verbunden sind. Indem der ein oder andere bei der Reiseplanung vermehrt auf nachhaltige Angebote stößt, könnte er sich fragen, weshalb es diese neuen Formen des Verreisens gibt und welche Notwendigkeit dahintersteckt. Vielleicht werden dadurch mehr Menschen zum Umdenken angeregt und entscheiden sich bei der nächsten Urlaubsplanung für ein nachhaltiges Angebot. Stellungnahme

Angesichts des Erfolgs der „Fridays for Future"-Bewegung stehen die Chancen gut, dass sich in der Gesellschaft ein grundlegender Bewusstseinswandel auch in Bezug auf das Reiseverhalten ergibt. Indem bei der Reiseplanung die ökologischen Auswirkungen mitberücksichtigt werden, könnte sich dabei mehr oder weniger „automatisch" auch die Situation für die einheimische Bevölkerung am Urlaubsort verbessern. Abrundung

Textbeschreibung Lyrik

TIPP **Hinweis zur Lösung**

Bei der Textbeschreibung eines lyrischen Textes sollst du ein vorliegendes Gedicht oder wie in diesem Fall ein Lied eingehend untersuchen. In der Aufgabenstellung sind Aspekte vorgegeben, auf die du in der Analyse eingehen sollst, z. B. auf die Form des lyrischen Textes (Strophen, Reime) oder die Sprache (sprachliche Mittel, Satzbau).
Gliedere deinen Aufsatz folgendermaßen:
- Einleitung mit Kern-/Basissatz und kurzer Inhaltsbeschreibung;
- Hauptteil, in dem du die gewonnenen Erkenntnisse deiner Untersuchung vorstellst, also die in der Aufgabenstellung geforderten Aspekte beschreibst und deutest;
- Schluss, in dem du die Übertragbarkeit der Gedichtaussage auf die heutige Zeit oder dein persönliches Leben erläuterst und kurz dazu Stellung nimmst.

Lies das Gedicht zunächst mehrmals genau durch. Markiere auffällige Stellen und Schlüsselbegriffe und notiere erste Stichpunkte deiner Analyse. Ordne deine Notizen anschließend und erstelle einen Schreibplan, bevor du mit der Ausformulierung deines Aufsatzes beginnst.

Aufsatzbeispiel

Einleitung
Information zum Text mit Kern-/Basissatz

Der Liedtext „Was ist deine Geschichte?“ wurde im Jahr 2019 im Rahmen der ARD-Weihnachtskampagne im Fernsehen ausgestrahlt und auf der Internetseite www.daserste.de veröffentlicht. Der Text stammt von Keno Langbein und Dominik Giesriegl. Darin wird die Leserin oder der Leser mittels detaillierter Fragen nach Vorlieben, Wünschen, Erlebnissen und weiteren persönlichen Dingen gefragt und aufgefordert, dies alles dem lyrischen Ich zu erzählen.

kurze Zusammenfassung des Inhalts

Das lyrische Ich möchte im vorliegenden Text, wie im Titel angekündigt, die „Geschichte“ seines Gegenübers erfahren und stellt dafür fast ununterbrochen Fragen. Zum Teil sind diese relativ einfach zu beantworten, über andere muss der Gefragte vermutlich ein bisschen länger nachdenken. Unterbrochen wird dieser Fragenkatalog nur durch den Refrain und die wiederholte Aufforderung, dem lyrischen Ich von sich zu erzählen. Abschließend möchte das lyrische Ich wissen, wie die Welt aus Sicht der anderen Person aussieht und was das lyrische Ich möglicherweise durch diese Auskünfte anders sehen würde.

Betrachtet man den Liedtext genauer, fällt auf, dass er drei Strophen, die jeweils neun bzw. in Strophe 1 acht Verse aufweisen, enthält. Diese sind jeweils durch den Refrain, der ebenfalls aus neun Versen besteht, voneinander getrennt. Der Refrain scheint in zwei Teile untergliedert zu sein: Während die ersten fünf Verse Fragen enthalten, wird in den folgenden drei Versen festgestellt, dass man sich gemeinsam im Hier und Jetzt befindet (vgl. V. 14–16) und der Weg dorthin oder die Vergangenheit wohl zunächst keine Rolle spielt. Abgeschlossen wird der Refrain durch die Aufforderung „Erzähl mir von dir" (V. 17) und nimmt dadurch Bezug auf die vielen Fragen, die das lyrische Ich in den Strophen stellt.

Hauptteil

Aufbau und Form

Refrain

Strophe 1 und 2 bestehen ausschließlich aus Fragesätzen, in denen nach persönlichen Dingen gefragt wird und über die das lyrische Ich von seinem Gegenüber bzw. der Leserin oder dem Leser gerne Auskunft hätte. In Strophe 3 stehen lediglich in den ersten vier Versen zwei weitere Fragen; die restlichen Verse nehmen die Aufforderung, den Anfang zu machen (vgl. V. 34/35), und der wiederholte Appell ein, von sich zu erzählen (vgl. V. 36–38), und leiten dadurch zum letzten Mal zum Refrain über.

Reim

Ein durchgängiges Reimschema gibt es im Liedtext nicht. Ein Paarreim zu Beginn (V. 1/2) dient vielleicht dem besseren Einstieg in den Song, der Binnenreim in Vers 16 (wir – hier) betont das „Wir" derjenigen, die sich gegenseitig etwas erzählen. Zudem reimen sich einzelne Verse, die unterschiedliche Abstände zueinander haben, z. B. Vers 6/8, 10/13, 19/22 etc., es lässt sich jedoch keine Regelmäßigkeit erkennen. Dennoch ist der Liedtext von einem gewissen Rhythmus getragen, der auf die unterschiedliche Länge der Verse zurückgeht und vermutlich auch von der Melodie aufgenommen wird.

Rhythmus

sprachliche Mittel und ihre Wirkung

Wiederholungen

Der Rhythmus des Textes entsteht unter anderem durch die vielen Wiederholungen, die bei der Untersuchung der sprachlichen Mittel besonders auffallen. Wie es für einen Refrain in einem Lied üblich ist, sind die Verse 11 bis 17 jeweils nach den Strophen erneut zu finden. Der Refrain enthält die Kernaussage des Liedes und wird durch das mehrmalige Vorkommen betont. Die Aufforderung „Erzähl mir von dir" (V. 17), ebenfalls Teil des Refrains, ist zusätzlich noch in Strophe 3 zu lesen (V. 38). Durch die Stellung am Ende des Refrains bzw. der Strophe setzt die Aufforderung eine Art Schlusspunkt nach den Fragen. Es wirkt, als würde das lyrische Ich nun die Geschichte des Gegenübers hören wollen und das Wort an sie oder ihn übergeben.

Ellipsen

Die Ellipsen „Erzähl mir“ (V. 36/37) kurz zuvor lassen diese Aufforderung besonders nachdrücklich, fast drängend, erscheinen, so als würde das lyrische Ich es kaum mehr erwarten können, die Geschichte des oder der anderen zu hören.

Anaphern

Einen ähnlichen Effekt lösen auch die Anaphern in Strophe 1 (vgl. V. 3/4) und im Refrain (vgl. V. 9–13) aus. Durch die ständige Wiederholung des Fragewortes „Was?“ wirkt es, als würde das lyrische Ich möglichst alles von seinem Gegenüber erfahren wollen.

Enjambements

Zudem kommen im Liedtext einige Enjambements vor, wobei es sich bei den meisten um „schwache“ Zeilensprünge handelt, die lediglich Satzteile voneinander trennen (vgl. V. 14/15, V. 30–33) und unter anderem als kurze Atempause dienen. In Strophe 3 lenkt der Zeilensprung die Aufmerksamkeit explizit auf die Ansichten des Gegenübers („wenn du sie beschreibst“/ „wenn du es mir zeigst“, V. 31/33). Echte Enjambements finden sich in den Versen 23/24 und 34/35, wobei es sich im ersten Fall um eine nachgeschobene Frage handelt, als wäre sie dem lyrischen Ich in diesem Moment des Gesprächs erst eingefallen. Im zweiten Fall wird das Wort „Anfang“ besonders betont, womit vielleicht ausgesagt werden soll, dass das Erzählen der „Geschichte“ nur der Beginn eines ausführlichen Kennenlernens sein soll.

Bedeutung des Titels

Diese „Geschichte“ ist der Kern des gesamten Liedtextes. Nicht nur im Titel wird danach gefragt, sondern auch jeweils zu Beginn des Refrains; es ist für das lyrische Ich von großer Wichtigkeit, diese zu erfahren. Man kann also voraussetzen, dass dem Erzähler der Geschichte zugehört wird und seine Ausführungen auf Interesse stoßen.

Die Überschrift „Was ist deine Geschichte?“ lässt offen, wie lang oder kurz die „Geschichte“ sein oder welchen Inhalt sie haben soll. Die vielen Fragen, die das lyrische Ich stellt, bieten zwar Anhaltspunkte, was evtl. von Interesse sein könnte, aber was das Gegenüber schließlich erzählt, bleibt ihm oder ihr überlassen. Ganz nach dem Motto „[D]as Ergebnis sind wir – hier“ (V. 16) wird nicht erwartet, die vollständige Lebensgeschichte zu erfahren, sondern nur die Erlebnisse oder Eindrücke, die den anderen geprägt und zu dem gemacht haben, was er heute ist.

Das Kennenlernen des Anderen steht also im Mittelpunkt des Gedichts. Die vielen Fragen dienen dazu, das Gespräch bzw. die Erzählung in Gang zu bringen. Das lyrische Ich fragt zum Teil nach scheinbar banalen Dingen, z. B. danach, wovon das Lieblingslied handelt (vgl. V. 25) oder wie die Kindheit roch (vgl. V. 5). Solche Fragen können jedoch viel über einen Menschen aussagen und zu einer ausführlicheren Erzählung führen. Über andere der gestellten Fragen muss man vermutlich ein bisschen länger nachdenken, z. B. was man ändern möchte (vgl. V. 12) oder was einen wirklich bewegt (vgl. V. 13). Interessant ist, dass im Liedtext keine Fragen nach Herkunft, Ausbildung, Beruf, Wohnsituation etc. gestellt werden. Es geht dem lyrischen Ich offenbar nicht darum, „was" jemand ist, sondern „wer" der- oder diejenige ist – die Fragen zielen auf den Charakter des Gegenübers ab. Das Ich möchte den anderen Menschen unvoreingenommen kennenlernen. Unabhängig davon, wie die Antworten lauten, bringt einen ein solches Gespräch sicherlich einander näher. Funktion der Fragesätze

In unserer schnelllebigen Zeit ist es leider häufig der Fall, dass man zu wenig Zeit hat, anderen wirklich zuzuhören. Selbst mit Freunden kommuniziert man oftmals nur noch per Messenger – was den anderen gerade bewegt, erfährt man so meistens nicht. Verstärkt wird dies noch bei Menschen, die einem in irgendeiner Form fremd sind. Hier nimmt sich kaum jemand die Zeit, den anderen näher kennenzulernen. Stattdessen geht man einfach davon aus, dass man sich sowieso nicht verstehen würde. Deshalb appelliert der Liedtext an jeden von uns, andere Menschen nicht vorschnell zu beurteilen, sondern ihnen zunächst zuzuhören. **Schluss** Transfer

Meiner Ansicht nach kann die eigentlich einfache Frage des Textes „Was ist deine Geschichte?" zu mancher Überraschung führen. Wenn man sich auf ein Gespräch mit jemandem einlässt, der einem eigentlich fremd ist, kann man sich näher kennenlernen. Dies führt dazu, dass man zumindest verstehen kann, weshalb der oder die andere unterschiedliche Vorstellungen und Ansichten hat, was ihn oder sie umtreibt, aufgrund welcher „Geschichte" er oder sie denkt und handelt. Gemeinsam hat man mit den anderen Menschen ja zunächst eines: „das Ergebnis sind wir – hier" (V. 16) Wir leben zusammen, wir sind aufeinander angewiesen und wir können uns das Leben gegenseitig schwer ma- Stellungnahme chen, indem wir Hass verbreiten, oder freundlich und respektvoll zueinander sind und versuchen, den anderen in seinen Eigenarten zu verstehen.

Ein bekanntes Sprichwort lautet: „Gehe hundert Schritte in den Schuhen eines anderen, wenn du ihn verstehen willst.“ Dieses Sprichwort passt gut zur Kernaussage des Liedtextes. Um einen anderen Menschen verstehen zu können, muss man sich dessen „Schuhe anziehen“, sich also in seine Situation hineinversetzen und sich auf ihn einlassen. Interesse am anderen und ein Gespräch sind für diesen Perspektivenwechsel auf jeden Fall ein guter Anfang. Abrundung

Textbeschreibung Prosa

TIPP **Hinweis zur Lösung**

Bei der Textbeschreibung eines Prosatextes sollst du eine vorliegende Kurzgeschichte eingehend untersuchen. In der Aufgabenstellung sind Aspekte vorgegeben, auf die du in deiner Analyse eingehen sollst, z. B. auf den Aufbau, die Sprache (sprachliche Mittel, Satzbau) oder auf die Figurenkonstellation.
Gliedere deinen Aufsatz folgendermaßen:

- Einleitung mit Kern-/Basissatz und kurzer Inhaltszusammenfassung;
- Hauptteil, in dem du die gewonnenen Erkenntnisse deiner Untersuchung vorstellst, also die in der Aufgabenstellung geforderten Aspekte beschreibst und deutest;
- Schluss, in dem du deinen Text abrundest und die Übertragbarkeit der Textaussage auf die heutige Zeit oder dein persönliches Leben erläuterst und dazu Stellung nimmst.

Lies die Kurzgeschichte zunächst mehrmals genau durch. Markiere auffällige Stellen und Schlüsselbegriffe und notiere erste Stichpunkte deiner Analyse. Ordne deine Notizen anschließend und erstelle einen Schreibplan, bevor du mit der Ausformulierung deines Aufsatzes beginnst.

Aufsatzbeispiel

Einleitung
Information zum Text mit Kern-/Basissatz

Die Kurzgeschichte „Seerose" wurde von Larissa Boehning verfasst und ist im Internet auf der Seite www.lesefutter.org erschienen. Darin geht es um das Mädchen Anja, das den Sommer bei ihrer Tante und ihrer Cousine Liv, von der sie zunächst ignoriert wird, verbringt. Schließlich weckt Anja unerwartet Livs Interesse und Fantasie.

kurze Zusammenfassung des Inhalts

Anjas Eltern wollen sich scheiden lassen und haben deshalb keine Zeit für sie. Daher soll sie den Sommer bei ihrer Tante verbringen. Als Anja dort ankommt, wirft ihre Cousine Liv nur einen kurzen, gelangweilten Blick aus der Tür. Auch in den folgenden Tagen nimmt Liv keine Notiz von ihr. Daher beschäftigt sich Anja die ersten Tage damit, die Villa der Tante zu erkunden, und vertreibt sich die Zeit mit Bastelarbeiten. Anja traut sich nicht, auf ihre Cousine zuzugehen, erst recht nicht, als sie hört, dass Liv ihre Bastelarbeiten als „Müll" bezeichnet. Eines Nachmittags bastelt Anja etwas aus einer Papiertüte und einem Ahornblatt, das sie auf dem Wasser des Pools schwimmen lässt. Liv spricht sie daraufhin zum ersten Mal an, erkennt in dem schwimmenden Objekt eine Seerose und fordert Anja auf, zusammen mit ihr eine weitere zu basteln.

Hauptteil

Ort und Zeit des Geschehens

Die Handlung der Geschichte spielt an einem unbekannten Ort in der Bungalowvilla von Anjas Tante. Anja soll dort „den Sommer", also vermutlich die Sommerferien verbringen. Die erzählte Zeit erstreckt sich über einige Tage (vgl. „verbrachte Tage damit", Z. 9) nach Anjas Ankunft. Wie viele Tage genau, bleibt unklar, ebenso wie das konkrete Datum, an dem Anja dort zu Besuch ist. Die Villa der Tante wird als sehr groß und extravagant beschrieben: Sie verfügt über „drei Wohnzimmer" (Z. 8), in denen jeweils ein Flügel steht, außerdem „einen Atomschutzkeller, sechs Bäder" (Z. 9), mehrere Terrassen (vgl. Z. 15) und einen Pool (vgl. Z. 20). Der Bungalow bildet dadurch einen deutlichen Gegensatz zu dem Reihenhaus (vgl. Z. 6), also einem „normalen", einfachen Haus, in dem Anja bisher gelebt hat. Hinzu kommt noch, dass alle Räume der Villa – passend zum extravaganten Auftreten und Lebensstil der Tante – „übervoll [...] mit wundersamem Tand" (Z. 11/12) sind.

Charakterisierung der Hauptfiguren

Anja

Dies alles erkundet Anja in den ersten Tagen ihres Besuchs mit Neugier und Faszination. Von ihren Eltern wurde sie in gewisser Weise zu ihrer Tante „abgeschoben", sie „hatte nicht im Weg sein sollen" (Z. 5), da diese mit ihrer Scheidung beschäftigt sind. Sie haben offenbar nicht einmal Zeit, ihr Kind zur Tante zu bringen, denn als Anja dort ankommt, hat sie noch das „Namensschild für die Zugfahrt um den Hals" (Z. 2). Anja ist demnach zu jung, um allein Zug zu fahren, weshalb sie während der Fahrt vom Bahnpersonal beaufsichtigt wurde. Da sie sich jedoch in den ersten Tagen bei ihrer Tante gut allein beschäftigt, könnte man vermuten, dass sie ungefähr 10–12 Jahre alt ist. Ihre Eltern lassen sich scheiden, weshalb man schließen könnte, dass Anja keine besonders glückliche Zeit hinter sich hat. Vielleicht wirkt sie deshalb in den ersten Tagen ihres Besuchs etwas unsicher. Sie versucht, sich unauffällig zu verhalten (vgl. Z. 10, 21), und vermeidet es, sich an ihre Tante oder Cousine zu wenden. Eventuell ist sie auch eingeschüchtert von dem ungewöhnlichen Lebensstil der Tante, von der sie anscheinend wenig weiß (vgl. „man sagte, sie sei mal", Z. 7/8) und bei der sie offenbar noch nie zu Besuch war, da sie das Haus erst erkunden muss (vgl. Z. 9/10). Weder ihre Tante noch ihre Cousine kümmern sich um Anja, denn sie sitzt anfangs „allein auf dem Gästebett" (Z. 10). Sie wagt nicht, zu stören (vgl. Z. 13/14), und setzt sich nur in „ehrfürchtiger Entfernung" (Z. 14/15) zu ihrer Cousine nach draußen. Nach einiger Zeit beschäftigt sich Anja mit Bastelarbeiten und malt (vgl. Z. 14–17). Dabei scheint sie ebenfalls keine Anleitung oder Hilfe zu haben. Sie verwendet Materialien, die sie im Haus oder in der Natur findet: Bambusrohr, Wollreste, Billardkreide und Klopapierrollen. Darin zeigt sich eine gewisse Kreativität – mit der sie letztendlich auch das Interesse ihrer Cousine weckt. Wie sehr Anja von Liv eingeschüchtert ist, erkennt man daran, dass sie „erstarrt" (Z. 24), als Liv plötzlich zu ihr spricht. Ihre spontane, einsilbige Antwort („Müll", Z. 24) deutet darauf hin, dass sie selbst Livs Ansicht über ihre Basteleien übernommen hat oder sich gar nicht auf eine Diskussion mit Liv darüber einlassen mag.

Dass sich Anja nicht traut, auf Liv zuzugehen, könnte daran liegen, dass die Cousine etwas älter ist als sie. Diese Vermutung liegt nahe, da Liv nicht spielt und bastelt, sondern nur „mit halb geschlossenen Augen auf der Hollywoodschaukel" (Z. 12/13) liegt – vielleicht ein Zeichen, dass sie in der Pubertät ist. Auch Livs abschätzige „Begrüßung", als Anja bei der Tante ankommt, könnte man so deuten, dass sie Anja kurz in Augenschein nimmt, aber nicht als ihresgleichen ansieht, sondern noch für ein Kind hält. Livs „Weltabgewandtheit" (Z. 14) könnte ebenfalls dafür sprechen, dass sie sich in der schwierigen Phase der Pubertät befindet, oder aber das Ergebnis ihrer Kindheit in einem Künstlerhaushalt sein. Vielleicht hat sie auf ihre Mutter, die anscheinend Sängerin gewesen war (vgl. Z. 8), häufig verzichten müssen und war viel allein. Ihre Mutter kümmert sich zwar um sie und macht ihr ihr Lieblingssandwich, aber die beiden haben sich offenbar nicht viel zu sagen (vgl. Z. 13). Obwohl der Eindruck entsteht, als wäre Liv gedanklich abwesend, beobachtet sie Anja und ihr Tun scheinbar genau. Denn auf die Frage, was Anja den ganzen Tag mache, hat sie sofort eine passende – und boshafte – Antwort parat: „Beschäftigt sich mit Müll." (Z. 18) Dass sie am Schluss der Geschichte doch Interesse an Anja zeigt, kommt nicht nur für Anja, sondern auch für die Leser*innen überraschend. Es könnte sein, dass Liv langweilig geworden ist und sie daher versucht, Kontakt zu Anja aufzunehmen, um sich gemeinsam mit ihr die Zeit zu vertreiben. Vielleicht findet sie aber auch interessant, was Anja macht, oder fühlt sich speziell von dem „Kunstwerk" im Pool angesprochen. Liv kann darin jedenfalls so etwas Schönes wie eine Seerose erkennen, was der verschüchterten Anja selbst vielleicht verborgen bleibt. Liv

Liv

fordert Anja im Folgenden auf, gemeinsam eine zweite Seerose zu basteln – möglicherweise der Beginn weiterer gemeinsamer Aktivitäten.

Die Unterschiedlichkeit der beiden Hauptfiguren wird auch durch die Namen der Mädchen deutlich – ein erster Punkt, der bei der Untersuchung der sprachlich-stilistischen Gestaltung auffällt. Während der Name „Anja" eher brav und traditionell wirkt, hat „Liv" einen modernen, weltgewandten Klang, was angesichts der unterschiedlichen Lebenssituationen passend erscheint.

sprachlich-stilistische Gestaltung

Namen

Des Weiteren fällt auf, dass die insgesamt einfache Sprache immer wieder durch gehobene, nicht alltägliche Ausdrücke unterbrochen wird. Diese vermitteln mehr, als durch die knappen Formulierungen zunächst anzunehmen ist. Anjas Eltern sind beispielsweise mit der „scheidungsbedingten Teilung" (Z. 5/6) des Hauses beschäftigt, was vermutlich bedeutet, dass die Eltern einen Rosenkrieg führen. Die Wohnzimmer „zier[t]" (Z. 8) jeweils ein Flügel. Diese werden also nicht (mehr) gespielt, sondern sind nur Dekoration. Die Räume sind angefüllt „mit wundersamem Tand" (Z. 11/12), was neben dem Kleidungsstil und der Art, zu rauchen (vgl. Z. 7), auf die Schrulligkeit der Tante schließen lässt. Liv umgibt eine „Weltabgewandtheit" (Z. 14), was vielleicht bedeutet, dass ihr alles und jeder auf die Nerven geht und sie sich für etwas Besseres hält. Anja nähert sich ihrer Cousine dementsprechend nur „ehrfürchti[g]" (Z. 14), als sei diese eine besonders erhabene, Respekt einflößende Person.

gehobene/nicht alltägliche Ausdrücke

Neben diesen gehobenen Formulierungen sind im Text außerdem zwei Sätze in indirekter Rede auffällig. Die Aussage „Man sagte, sie sei mal Sängerin gewesen" (Z. 7/8) vermittelt den Leserinnen und Lesern, dass wohl niemand etwas Genaues über die Vergangenheit der Tante weiß. Sie ist offenbar zu großem Wohlstand gelangt, aber wie sie diesen erreicht hat und was sie beruflich und privat getan und erlebt hat, ist nicht bekannt. Der zweite Satz in indirekter Rede, „[…] wie Liv auf die Frage, was ihr Besuch den ganzen Tag mache […]" (Z. 17/18), lässt offen, wer diese Frage stellt: Die Tante? Oder ein Besucher? Für den Fortgang der Handlung ist dies nicht entscheidend, aber man könnte daraus schließen, dass im Haus vielleicht mehr passiert, als in den knappen Beschreibungen vermittelt wird. Am wahrscheinlichsten ist, dass die Frage von der Tante stammt. Interessant ist in diesem Zusammenhang, dass die Frage erst durch die

indirekte Rede

Formulierung in indirekter Rede mehrdeutig wird. Die ursprüngliche Aussage hätte „Was macht unser/euer/dein Besuch den ganzen Tag?" lauten können. Im letzten Fall ließe sich daraus ablesen, dass sich die Tante für Anja nicht zuständig fühlt, weshalb sie sich auch nicht um sie kümmert.

Satzbau

Diese verkürzte Art der Darstellung spiegelt sich auch im Satzbau der Geschichte wider, die zumeist aus kurzen Hauptsätzen (z. B. Z. 2/3, 4, 6/7) und übersichtlichen Satzgefügen (z. B. Z. 1/2, 13/14, 19–21) besteht.

Ellipsen

Die Beschreibung von Anjas Beschäftigungen erfolgt in Form von Ellipsen: „Malte mit der Billardkreide den Vorplatz aus. Bastelte aus Klopapierrollen Girlanden." (Z. 16) Aus dieser verkürzten Form könnte man schließen, dass sie sogar noch einiges mehr unternimmt, und es sich bei den Ellipsen nur um ausgewählte Beispiele handelt. In jedem Fall wird deutlich, wie sehr Anja bemüht ist, sich allein die Zeit zu vertreiben, und wie langweilig die Tage für sie sind, weil sich niemand um sie kümmert. Gegen Ende der Geschichte findet sich noch eine weitere Ellipse („Liv plötzlich direkt neben ihr", Z. 23), wodurch das Überraschungsmoment und Anjas Erschrecken darüber, dass Liv unerwartet mit ihr spricht, anschaulich eingefangen werden.

Schluss

Transfer

Solche Überraschungen passieren bei Begegnungen mit anderen Menschen hin und wieder, mitunter auch bei denjenigen, die man schon länger zu kennen glaubt, beispielsweise bei Mitschülerinnen und Mitschülern. Plötzlich entdeckt man eine Gemeinsamkeit, ein gemeinsames Hobby oder ähnliche Lebenssituationen und auf einmal sieht man eine Person mit anderen Augen.

Stellungnahme

Mir ist das auch schon passiert, dass ich jemanden zuerst langweilig fand, aber dann bei einer gemeinsamen Projektarbeit festgestellt habe, dass diejenige nur ein wenig schüchtern ist und eigentlich einen guten Humor hat. Mittlerweile ist sie eine meiner besten Freundinnen und es macht Spaß, etwas mit ihr zu unternehmen. Oft ist es auch so, dass man von einem bestimmten Hobby eines anderen Menschen erfährt und ihn oder sie daraufhin in eine „Schublade" steckt. Dass dies jedoch immer nur ein kleiner Einblick in die Persönlichkeit eines anderen Menschen ist und dieser noch viele andere Seiten hat, vergisst man oft – und verpasst dadurch die Chance, einen interessanten Menschen kennenzulernen. Dieses Schubladendenken wirkt leider auch bei einem selbst, schließlich versucht man viel zu häufig, den Erwartungen der Umwelt gerecht zu werden und in die richtige Schublade zu passen. Dadurch bleibt die eigene Persönlichkeit auf der Strecke. Es wäre viel besser – bei anderen wie bei sich selbst –, nicht so sehr in Klischees zu denken. Anderen Menschen sollte man unvoreingenommen begegnen und sich etwas Zeit nehmen, sie kennenzulernen.

In der Kurzgeschichte „Seerose" hat Liv offenbar das Künstlerische an Anjas Tätigkeiten entdeckt – nachdem sie diese zuvor als „Müll" abgetan hat – und fühlt sich nun davon angesprochen. Anja könnte durch dieses Erlebnis möglicherweise bewusst werden, über welche verborgenen Talente sie verfügt. In jedem Fall sieht es so aus, als hätten die beiden Mädchen nun einen Draht zueinander gefunden. Abrundung

PFLICHTTEIL A 1

Text „Smombies“ – die unterschätzte Gefahr

Ablenkung durch das Smartphone kann fatal enden – auch für Fußgänger. Weltweit sollen Maßnahmen dafür sensibilisieren. Viele sind leider zu absurd, um hilfreich zu sein.

Auf dem Ohr die Musik der Lieblingsband, auf dem Smartphone-Display die aktuellen News, ein Chat im Messenger – und dabei zu Fuß unterwegs: Die „Generation Kopf unten“ ist ein weltweites Phänomen. Und wenn sie auf den Straßenverkehr trifft, auch ein gefährliches.

Denn Fußgänger sind völlig ungeschützt und daher besonders gefährdete Verkehrsteilnehmer.

Daher gibt es vielerorts Ideen und Maßnahmen, um solche Smartphone-Zombies, kurz „Smombies“, dazu zu bringen, sich auf den Straßenverkehr zu konzentrieren. Sich selbst und allen anderen Verkehrsteilnehmern zuliebe. Doch letztlich erfüllen die meisten ihren Zweck nicht.

Auf der Strecke bleiben: „Smombie“-Spuren in Belgien, China, Litauen und den USA
Zum Beispiel diese: Wenn es für jeden Verkehrsteilnehmer eigene Wege gibt, warum dann nicht auch für „Smombies“? Das dachten sich findige Menschen in Belgien, China, Litauen und den USA.

Ihre Idee: Wer zombiehaft abgeschottet von der Umwelt geradeaus laufen will und Augen und Ohren nur den Inhalten seines Smartphones widmet, der bekommt einfach seine eigene Spur. Und so entstanden mehrere auf den Boden gemalte „Smombie“-Gehwege.

Eine Idee, die Aufmerksamkeit garantiert. Kein Wunder also, dass alle Versuche in diesen Ländern auf Unternehmen zurückgingen, die sich in sozialen Netzwerken inszenieren wollten.

Aber: Einfach eine eigene Spur anzulegen und so in den Straßenverkehr einzugreifen, ist ohne behördliche Genehmigung natürlich nicht erlaubt.

Und vor allem: Wirklichen Schutz bieten die auf den Boden gemalten Wege ohnehin nicht. Schlimmstenfalls wiegen sich deren Benutzer sogar in falscher Sicherheit. Solche „Smombie"-Gehwege sind keine Lösung, sondern allenfalls eine Spaß-Aktion.

Der letzte Schrei: Sprechende Busse in den USA
Eine andere Maßnahme aus den USA: Da nicht an jeder Kreuzung Aufpasser stehen können, um abgelenkte Fußgänger vor abbiegenden Fahrzeugen zu warnen, lassen verschiedene Verkehrsgesellschaften in Städten wie Cleveland, Baltimore oder Portland Busse sprechen.

Dafür werden die Fahrzeuge mit großen Sensoren an der Vorderseite ausgestattet. Sie registrieren Personen im Risikobereich und warnen mit einer schlichten Botschaft: „Fußgänger: Der Bus biegt ab." Die automatische Lautsprecherdurchsage soll vor Zusammenstößen schützen.

Ganz ausgereift war die Technik bei ihrer Einführung 2009 allerdings nicht. Zu oft ertönte die Stimme einfach so. Und zwar so laut, dass viele es als Lärmbelästigung empfanden. Einige Busbetreiber installierten daraufhin eine sanftere Stimme.

Trotzdem: Durchgesetzt hat sich die Technik bislang nicht. In Portland wurden die Busse nach drei Jahren sogar wieder gänzlich zum Schweigen gebracht. Zudem bleibt das Risiko durch andere abbiegende Fahrzeuge bestehen. Die Fußgänger müssen also immer aufmerksam bleiben – nicht nur bei akustischen Warnungen.

Tödliche Unfälle: Fußgänger sind am häufigsten betroffen
23 Prozent aller Verkehrstoten weltweit sind Fußgänger. Das hat die Weltgesundheitsorganisation (WHO) in ihrer aktuellen Verkehrsstatistik ermittelt. In Europa sieht es ähnlich aus: 2017 waren 21 Prozent der im Straßenverkehr tödlich Verunglückten zu Fuß unterwegs.

Wie viele „Smombies" unter diesen Verkehrstoten waren, lässt sich den Statistiken nicht entnehmen. Doch sicher ist: Ablenkung ist eine der größten Gefahren im Straßenverkehr.

Gleiches mit Gleichem vergelten: Smartphone-Apps aus den USA und Korea
Eine andere Idee: Den Smartphone-Nutzer dort gedanklich abholen, wo er gerade ist – tief versunken in der virtuellen Welt seines Mobiltelefons.

So entstanden zwei Forschungsprojekte in den USA. Entwickelt wurden Smartphone-Apps, mit deren Hilfe Fußgänger sicherer unterwegs sein sollen.

Beide Applikationen sollen „Smombies“ wachrütteln und senden dazu Warnhinweise auf die Mobiltelefone, wenn ein Unfall droht. Während das System der einen App die Standorte von Smart Cars erfasst und so Risiken im direkten Umfeld erkennen soll, arbeitet die andere Anwendung mit Bilderkennungssoftware: Die Frontkamera des Smartphones registriert potenzielle Gefahrenquellen in Echtzeit. Der kleine Helfer rüttelt aber nur kurzfristig wach, nachhaltig ist das nicht.

Ohnehin haben beide Konzepte ihre Schwächen in der Identifikation aller potenziellen Gefahren.

Einfacher und wirkungsvoller ist eine App aus Korea: Das Mobiltelefon schaltet sich ab, sobald Sensoren bemerkten, dass sich der Nutzer bewegt.

Unerkannte Gefahr

Viele Fußgänger in Deutschland sind sich der Gefahr, der sie sich mit dem Smartphone im Straßenverkehr aussetzen, nicht bewusst. Mehr als die Hälfte von ihnen hält Ablenkung durch Mobiltelefone für gänzlich ungefährlich.

Das ergab eine repräsentative Umfrage im Auftrag der Verkehrssicherheitskampagne „Runter vom Gas“.

Unten durch: Bodenampeln in Deutschland und den Niederlanden

Wenn ohnehin schon alle nach unten schauen, dann kann man doch auch einfach Ampeln am Boden anbringen. Dann sehen auch „Smombies“, wenn an der Kreuzung die Ampel rot leuchtet.

Das zumindest haben sich Verkehrsverbünde in verschiedenen Städten gedacht. In Frankfurt, Köln und Augsburg wurden bereits Bodenampeln getestet. Beispiele, die auch in den Niederlanden Schule machten.

Ob die „Bompeln“, wie sie liebevoll genannt werden, eine große Zukunft haben, ist dennoch fraglich. 20 000 Euro hat beispielsweise die Stadt Augsburg für die Bodensignale an zwei Straßenbahnhaltestellen ausgegeben.

Der Test in Köln wiederum zeigte, dass sich das Problem dort so nicht lösen ließ. Im Gegenteil: Im Testzeitraum erhöhte sich die Zahl der Rotsünder sogar.

Und noch viel schlimmer: Diese Tests bestärken das Fehlverhalten und damit auch die Unaufmerksamkeit der Fußgänger. So gewöhnen sie sich noch mehr daran, sich nicht auf das Verkehrsgeschehen zu konzentrieren. Müssen sie dann zum Beispiel plötzlich einmal ohne Bodenampeln auskommen, ist die Unfallgefahr noch höher.

Wer nicht hören will, muss zahlen: Smombie-Bußgeld in China und den USA
Wenn all die Aufklärung nicht hilft, dann tun es vielleicht empfindliche Geldstrafen, findet man auf Hawaii.

„Distracted Walking“ – also Gehen und gleichzeitige Ablenkung durch Smartphone-Nutzung – bestrafen die Behörden auf der US-amerikanischen Insel mit einer Gebühr von 75 bis 99 US-Dollar. Wiederholungstäter müssen gar 200 bis 500 Dollar zahlen. Andere Städte in den USA und China haben bereits mit ähnlichen Strafen nachgezogen.

Die beste Lösung ist und bleibt, unterwegs das Handy nicht mitten auf der Straße zu nutzen. Wer kurz sein Smartphone checken möchte, sucht sich eine Bank, einen Hauseingang oder eine Haltestelle. Wer ausgiebig telefonieren, recherchieren oder texten will, legt besser gleich eine längere Pause ein.

So senkt jeder Fußgänger sein eigenes Risiko für einen Verkehrsunfall und gefährdet auch keine anderen Menschen im Straßenverkehr. […]

Quelle: „Smombies“ – die unterschätzte Gefahr. Runter vom Gas vom 30. 01. 2019. Im Internet unter: www.runtervomgas.de/unterwegs/artikel/smombies-die-unterschaetzte-gefahr.html (gekürzt)

Textverständnis

1 Erkläre, was man laut Text unter „Smombies“ versteht. (2)

2 Nenne stichpunktartig alle im Text aufgeführten Maßnahmen, die man in den USA gegen das Phänomen „Smombies“ ausprobiert hat. (2)

3 Erläutere, warum sich in Deutschland im Zeitraum der Erprobung von Bodenampeln die Zahl der Rotsünder sogar noch erhöht hat und welche Schlussfolgerungen man daraus ziehen kann. (3)

Sprachgebrauch

1 Erkläre, weshalb das unterstrichene Wort nicht nominalisiert wird. (2)

„Die ‚Generation Kopf unten‘ ist ein weltweites Phänomen. Und wenn sie auf den Straßenverkehr trifft, auch ein <u>gefährliches</u>.“ (Z. 5–7)

2 Im Textabschnitt „Der letzte Schrei: Sprechende Busse in den USA“ (Z. 32–48) findet sich ein Beispiel für eine Nominalisierung. Nenne die Nominalisierung, die Zeile, in der sie steht, und begründe, weshalb das Wort nominalisiert wurde. (2)

3 Erkläre, warum das Wort „ihrer“ im folgenden Satz nicht großgeschrieben wird. (1)

„Ganz ausgereift war die Technik bei ihrer Einführung 2009 allerdings nicht.“ (Z. 41)

4 Verbinde jeweils die beiden Hauptsätze mittels einer passenden Subjunktion, sodass ein sinnvolles Satzgefüge entsteht. (3)

a Mehr als die Hälfte der Fußgänger in Deutschland hält Ablenkung durch Mobiltelefone für gänzlich ungefährlich. Sie müssen dringend über die Gefahr durch Smartphone-Nutzung im Straßenverkehr informiert werden.

b Die Frontkamera des Smartphones registriert potenzielle Gefahrenquellen. Die App schickt einen Warnhinweis.

5 Bestimme jeweils die Satzglieder der folgenden Sätze. Nutze die Umstell- oder Vorfeldprobe. (4)

a „Die Fußgänger müssen also immer aufmerksam bleiben […].“ (Z. 47/48)

b „Andere Städte in den USA und China haben bereits mit ähnlichen Strafen nachgezogen.“ (Z. 101/102)

6 Suche aus dem Textabschnitt von Zeile 1–13 jeweils ein Beispiel für nachfolgende Wortarten heraus und schreibe sie auf. Gib auch die Zeile an, in der sie stehen: Verb, Adjektiv, Possessivpronomen, Präposition, Adverb, Konjunktion (3)

7 Nenne für die unterstrichenen Begriffe jeweils ein Wort oder eine Formulierung mit gleicher oder ähnlicher Bedeutung. (3)

a „Wenn all die Aufklärung nicht hilft, dann tun es vielleicht empfindliche Geldstrafen […].“ (Z. 96/97)

b „Die Frontkamera des Smartphones registriert potenzielle Gefahrenquellen in Echtzeit.“ (Z. 65/66)

c „Wer ausgiebig telefonieren, recherchieren oder texten will, legt besser gleich eine längere Pause ein.“ (Z. 105/106)

Sarah Jäger: Nach vorn, nach Süden

1 Nenne drei Gründe dafür, dass Can, Lena und Marie am Morgen nach der Party in Fulda nicht direkt zum Festival weiterfahren. (2)

2 „[I]ch sehe meine Eltern vor mir, wie sie sich die Hände vors Gesicht legen und den Kopf schütteln. ‚Nein Papa', müsste ich sagen, ‚[…] sieh es doch endlich ein, wir sind beschissen vorbereitet.'" (S. 79) (3)

Belege anhand von drei Beispielen, dass Can, Marie und Lena für die erste Etappe der Suche nach Jo schlecht vorbereitet sind.

3 „‚Ja, ich bin eine Rebellin. Schon irgendwie, oder?' (2)
‚Die Langstrumpf und ihren Affen steckst du locker in die Tasche.'" (S. 91)

Erkläre, was Lena meint, wenn sie sich hier als „Rebellin" bezeichnet.

4 „In meiner Wohnung ziehe ich mir die Badekappe über. Und dann fange ich an zu heulen." (S. 112) (2)

Begründe, warum sich Lena in dieser Situation so verhält.

5 Lege dar, inwiefern Jos Mutter dazu beiträgt, dass Lena Jo am Ende tatsächlich findet. (2)

6 „‚Nichts Wildes', sagt Can, und ich warte darauf, dass er drum rumredet, aber das tut er nicht. ‚In der ersten Nacht in Münster.' Jetzt ist es tatsächlich raus. Das mit Can und mir." (S. 165) (14)

„Der nächste Morgen, der ist schwierig, alles wieder hell und alles wieder wach." (S. 166)

Von der gemeinsamen Nacht in Münster, in der sich Can und Lena geküsst haben, erfahren die anderen aus der Hinterhof-Clique erst auf dem FWWF. Am Morgen nach dem Ereignis mit Can denkt Lena beim Frühstück an das Geschehene, beobachtet Cans Reaktion und überlegt, wie sie die Situation einschätzen soll.

Schreibe Lenas inneren Monolog in dieser Situation (mindestens 250 Wörter).

1 Nenne zwei wesentliche Charaktereigenschaften von Möbius und belege diese anhand von Beispielen. (2)

2 Beschreibe Möbius' Lebenssituation. (3 Aspekte) (3)

3 „MÖBIUS [...] In der Freiheit sind unsere Gedanken Sprengstoff." (2)

Erkläre, was Möbius damit meint.

4 „SCHWESTER MONIKA Du hast Tränen in den Augen. (3)
MÖBIUS Du auch.
SCHWESTER MONIKA Vor Glück." (S. 53)

Kurz bevor Möbius Schwester Monika erdrosselt, sind sich beide noch einmal nahe und Möbius hat Tränen in den Augen.

Lege dar, welche Gedanken ihm in den letzten Augenblicken, bevor er sie tötet, durch den Kopf gehen könnten. (3 Aspekte)

5 Einstein berichtet über seine Beziehung zu Schwester Irene und seinen Mord an ihr (vgl. S. 48). (15)
Diesem Mord dürfte – ähnlich wie bei Möbius und Monika – ein Gespräch zwischen den beiden Beteiligten vorangegangen sein. Wie könnte die Szene ausgesehen haben?

Schreibe den Dialog zwischen Einstein und Schwester Irene kurz vor dem Mord (mindestens 250 Wörter).

Bearbeite eine der drei folgenden Aufgaben.

Erörterung

Erörtere, aus welchen Gründen sich Menschen für ein Leben in einem „Tiny House“ entscheiden könnten und welche Probleme damit verbunden sein können. Verwende den folgenden Text für deine Argumentation. Begründe deine Meinung.

Text Aus dem Häuschen

Lisa Santos und Mirjam Ratmann

„Das hier ist mein kleines Reich.“ Madeleine Krenzlin zeigt stolz auf ein schlichtes Holzhaus mit grauem Dach. Das Auffällige daran: Es steht auf Rädern und ist deutlich kleiner als die anderen Häuser auf dem Wochenendplatz, der etwa 20 Kilometer südlich von Bonn liegt. Krenzlins Haus ist ein sogenanntes Tiny House, auf Deutsch: ein „winziges Haus“.

Auf insgesamt 25 Quadratmetern hat die 36-Jährige alles, was sie braucht: eine Küche, ein Bad, eine Schlafecke und einen Wohnbereich mit Sofa und Tisch. Für das Leben auf engstem Raum hat sie sich bewusst entschieden. Vor zweieinhalb Jahren kündigte die Energiemanagerin dafür ihren Job und fing an, sich selbst – ohne jegliche Vorkenntnisse – ein eigenes Tiny House zu bauen. Über ein Jahr hat sie dafür gebraucht. Inzwischen berät Krenzlin andere, die ein Tiny House bauen oder kaufen möchten. Ursprünglich stammt das alternative Wohnkonzept aus den USA. Mittlerweile sind die kleinen Häuser auch in Deutschland im Trend. Besonders junge Menschen sehen darin die Möglichkeit, einen minimalistischeren Lebensstil pflegen zu können.

Auch tiny: der ökologische Fußabdruck

Diese Erfahrung hat auch Krenzlin gemacht: „Bei dem wenigen Stauraum bin ich gezwungen, mich einzuschränken. Ich habe nur drei Hosen, mehr brauche ich nicht, und für mehr ist kein Platz.“ Für viele, die ein Tiny House besitzen, bedeutet der Minimalismus gleichzeitig auch ökologische Nachhaltigkeit. Wer wenig Raum bewohnt, verbraucht nicht nur weniger Rohstoffe beim Bauen, sondern muss auch weniger heizen und benötigt weniger Strom. In Deutschland entfallen etwa 35 Prozent des Energieverbrauchs der privaten Haushalte auf den Lebensbereich Wohnen. Beinahe gleich stark ist der Prozentsatz an CO_2-Emissionen – der Großteil davon entsteht beim Heizen.

Sind Tiny Houses also die Lösung für umweltbewusstes Wohnen? Dieser Frage ist die US-Forscherin Maria Saxton nachgegangen und hat dafür 80 Personen befragt, die seit mindestens zwölf Monaten ein Tiny House bewohnen. Das Ergebnis: Das Leben im kleinen Haus verringerte den ökologischen Fußabdruck der Befragten im Durchschnitt um 45 Prozent. „Ich habe festgestellt, dass die Menschen nach der Verkleinerung dazu neigen, weniger energieintensive Nahrungsmittel zu essen und umweltbewusstere Essgewohnheiten anzunehmen", so die Wissenschaftlerin. Zudem fuhren die Teilnehmenden weniger Auto und produzierten weniger Müll.

Trotzdem sind nicht zwangsläufig alle kleinen Häuser nachhaltig. Werden sie etwa mit schlechter Dämmung gebaut, können auch sie viel Energie verbrauchen. Und dennoch regen Tiny Houses zum Nachdenken über umweltfreundliches Wohnen an. „Die kritische Auseinandersetzung damit, wie viel Fläche zum Wohnen überhaupt notwendig ist, ist wichtig und richtig", sagt Christine Lemaitre von der Deutschen Gesellschaft für Nachhaltiges Bauen (DGNB).

Für Familien oder Menschen in Rente ist das Leben auf engstem Raum eher keine Option. Tiny Houses seien somit nur ein Baustein von vielen, um nachhaltiges Wohnen zu gestalten. „Sie eignen sich zur Aufstockung oder in Bereichen, wo aktuell keine Wohnungen existieren", ergänzt Lemaitre. Derzeit erschweren baurechtliche Regelungen, dass jemand dauerhaft in einem Tiny House leben darf. Auch Madeleine Krenzlin darf nicht permanent in ihrem Haus wohnen. Für sie eine unbefriedigende Situation.

„Leben im Tiny House heißt: Mehr Zeit und Geld für Menschen und Erlebnisse, die mir wichtiger sind als Wohnfläche"

[...] Madeleine Krenzlin hat es nicht bereut, sich ihren Traum vom Tiny House ermöglicht zu haben: „Für mich bedeutet wenig Wohnraum auch die Freiheit, mehr Zeit und Geld für Menschen und Erlebnisse zu haben, die mir wichtiger sind als Wohnfläche." Als Nächstes plant sie, eine Terrasse für ihr Zuhause zu bauen.

Quelle: Lisa Santos, Mirjam Ratmann: Aus dem Häuschen. Fluter vom 23. 03. 2020. Im Internet unter: www.fluter.de/tiny-houses-wie-viel-platz-brauchen-wir-zum-wohnen (gekürzt)

Text Alfred Wolfenstein (1883–1945): Städter

Dicht wie Löcher eines Siebes stehn
Fenster beieinander, drängend fassen
Häuser sich so dicht an, daß die Straßen
Grau geschwollen wie Gewürgte sehn.

Ineinander dicht hineingehakt
Sitzen in den Trams die zwei Fassaden
Leute, ihre nahen Blicke baden
Ineinander, ohne Scheu befragt.

Unsre Wände sind so dünn wie Haut,
Daß ein jeder teilnimmt, wenn ich weine,
Unser Flüstern, Denken … wird Gegröle …

– Und wie still in dick verschloßner Höhle
Ganz unangerührt und ungeschaut
Steht ein jeder fern und fühlt: alleine.

Quelle: Alfred Wolfenstein: Städter. In: Die gottlosen Jahre. Gedichte. Hrsg. von Günter Holtz. Mainz: v. Hase & Koehler Verlag GmbH 1982. (Erstveröffentlichung 1914)

Anmerkungen
Trams (V. 6): Straßenbahnen; Scheu (V. 8): Zurückhaltung
Der Text ist wie im Original in alter Rechtschreibung abgedruckt.

Aufgabenstellung

Fertige zum vorliegenden Gedicht eine Textbeschreibung an. Bearbeite im Hauptteil folgende Schwerpunkte:

- Aufbau und Reimschema
- Bezug zum Titel
- Zusammenhang zwischen Handlung, Sprache und Stil

Bewertet werden in deinem Aufsatz neben Inhalt, Aufbau und Form der Textbeschreibung auch Sprache und Rechtschreibung.

Text Pea Fröhlich (*1943): Der Busfahrer

Er wusste, dass sie an der nächsten Station einsteigen würde und freute sich. Wenn Platz war, saß sie immer so, dass er sie im Rückspiegel sehen konnte. Meist las sie, manchmal schaute sie auch auf die Straße. Er konnte an ihrem Gesicht ablesen, ob es ihr gut ging. Im Winter trug sie einen braunen Pelz mit einem passenden Käppchen und im Sommer weiße oder blaue Kleider. Einmal hatte sie die Haare aufgesteckt, das stand ihr nicht, und jemand musste es ihr gesagt haben, denn am nächsten Tag sah sie wieder aus wie sonst. Sie war ihm sehr vertraut und er hätte sie gerne angesprochen, doch er wagte es nicht. Er fürchtete sich nur davor, dass sie einmal nicht mehr einsteigen würde. Vielleicht, dass sie die Arbeitsstelle wechselte. Für ihn war das die schönste Zeit am Tag, die fünf Stationen, die sie immer mit ihm fuhr. Diesmal sah er sie schon von Weitem. Sie stand da und lachte einen Mann an, der seinen Arm um sie gelegt hatte. Sie verpasste das Einsteigen, weil der Mann sie küsste.

Quelle: Pea Fröhlich: Der Busfahrer. In: Zwei Frauen auf dem Weg zum Bäcker. Köln: Du Mont Buchverlag, 1987, S. 42.

Aufgabenstellung

Fertige zum vorliegenden Text eine Textbeschreibung an. Bearbeite im Hauptteil folgende Schwerpunkte:

- Aufbau des Textes
- erkennbare Merkmale der Textsorte
- Figuren sowie deren Beziehung zueinander unter Berücksichtigung der Erzählperspektive

Bewertet werden in deinem Aufsatz neben Inhalt, Aufbau und Form der Textbeschreibung auch Sprache und Rechtschreibung.

Lösungsvorschlag

PFLICHTTEIL A 1

Textverständnis

TIPP Hinweis zur Lösung

Es ist sinnvoll, sich den Text zunächst gründlich durchzulesen, damit du einen ersten Überblick über dessen Inhalt und Thema bekommst. Anschließend solltest du die Aufgaben zum Textverständnis durchgehen, um zu erfahren, welche Aspekte du beim zweiten Lesen besonders in den Blick nehmen musst. Markiere dabei die Passagen, in denen der jeweils erwähnte Aspekt vorkommt.

1 Das Wort „Smombies" setzt sich aus den Begriffen „Smartphone" und „Zombies" zusammen und meint Fußgänger*innen, die während der Verkehrsteilnahme auf ihr Handy schauen und deshalb nicht auf den Verkehr achten.

2
- auf den Boden gemalte „Smombie"-Gehwege, die den Smombies ihre eigene Spur bieten
- „sprechende Busse" mit automatischer Lautsprecherdurchsage als Schutz vor Zusammenstößen
- Smartphone-Apps, die „Smombies" wachrütteln und Warnhinweise auf die Mobiltelefone senden, wenn ein Unfall droht
- Strafen von 75 bis 99 US-Dollar für „Distracted Walking" – also Gehen und gleichzeitige Ablenkung durch Smartphone-Nutzung – von den Behörden auf der US-amerikanischen Insel Hawaii

3 In Deutschland hat man sogenannte Bodenampeln getestet, das waren z. B. Bodensignale an Straßenbahnhaltestellen. Die Bodenampeln, so das Ergebnis, bestärken das Fehlverhalten der Fußgänger*innen und deren Unaufmerksamkeit im Straßenverkehr. Sie gewöhnen sich dadurch daran, sich nicht auf das Verkehrsgeschehen zu konzentrieren. Wenn die Smombies dann aber einmal ohne Bodenampeln auskommen müssen, ist die Unfallgefahr noch höher. Die beste Lösung ist nach wie vor, das Smartphone nicht während des Gehens zu nutzen. Wer kurz eine Nachricht lesen oder schreiben möchte, sollte sich eine Stelle suchen, an der sie/er niemanden behindert und ihre/seine Ruhe hat, z. B. eine Bank, einen Hauseingang oder eine Haltestelle. Wenn man länger telefonieren, recherchieren oder schreiben will, sollte man besser gleich eine längere Pause machen. Auf diese Weise können alle Fußgänger*innen ihr Risiko für einen Verkehrsunfall reduzieren und gefährden auch andere nicht im Straßenverkehr.

Sprachgebrauch

TIPP **Hinweis zur Lösung**

Begegnet dir in einer Aufgabenstellung ein Begriff, den du nicht kennst, kannst du ihn im Wörterbuch nachschlagen. Darin findest du aber nicht nur Worterklärungen, sondern auch Rechtschreibregeln und Regeln zur Kommasetzung.

1 Das kleingeschriebene Adjektiv „gefährliches“ bezieht sich auf das Nomen „Phänomen“ aus dem vorangegangenen Satz und wird deshalb nicht nominalisiert. Eigentlich müsste der Satz folgendermaßen lauten: „Und wenn sie auf den Straßenverkehr trifft, auch ein gefährliches Phänomen.“ Das dazugehörige Nomen „Phänomen“ wurde jedoch elliptisch weggelassen.

2 „[…] zum Schweigen gebracht.“ (Z. 46)

Begründung: Das Verb „schweigen“ wird nominalisiert, weil es sich auf den Artikel „dem“, der im vorangestellten Wort „zum“ (= zu dem) steckt, bezieht.

3 Aus dem Textzusammenhang ist erkennbar, dass es sich hier um ein Possessivpronomen und nicht um ein Anredepronomen der höflichen Anrede handelt. Darum wird es kleingeschrieben.

4 **TIPP** **Hinweis zur Lösung**

Eine Subjunktion ist eine unterordnende Konjunktion und leitet einen Nebensatz ein. Achte also darauf, dass deine Satzverbindung wirklich aus einem Haupt- und einem Nebensatz besteht. Nebensätze erkennst du z. B. daran, dass das finite Verb am Ende des Satzes steht.

a Weil/Da mehr als die Hälfte der Fußgänger in Deutschland Ablenkung durch Mobiltelefone für gänzlich ungefährlich hält, müssen sie dringend über die Gefahr durch Smartphone-Nutzung im Straßenverkehr informiert werden.

b Sobald/Wenn die Frontkamera des Smartphones potenzielle Gefahrenquellen registriert, schickt die App einen Warnhinweis.

5 **TIPP** **Hinweis zur Lösung**

Bei der Bestimmung von Satzgliedern kann dir das Feldermodell helfen. Orientiere dich beim Ausfüllen der Feldertabelle immer an den finiten Verben und trage diese zuerst in die linke und ggf. die rechte Satzklammer ein. Alle Satzbausteine, die allein im Vorfeld stehen können, sind eigenständige Satzglieder. Eine Ausnahme bildet hierbei das Prädikat, das nicht im Vorfeld stehen kann und daher in manchen Grammatiken gar nicht als eigenes Satzglied benannt wird. Du musst es aber in jedem Fall benennen.

a Die Fußgänger = Subjekt
müssen bleiben = Prädikat
also = Adverbiale Bestimmung des Grundes/Kausaladverbiale
immer aufmerksam = Adverbiale Bestimmung der Art und Weise/Modaladverbiale

b Andere Städte in den USA und China = Subjekt
haben nachgezogen = Prädikat
bereits = Adverbiale Bestimmung der Zeit/Temporaladverbiale
mit ähnlichen Strafen = Präpositionalobjekt

6 **TIPP** **Hinweis zur Lösung**

Der Rechtschreibrahmen unterscheidet zwischen Konjunktion und Subjunktion, viele Schulbücher tun dies jedoch nicht. Falls du bei dieser Aufgabe unterordnende Konjunktionen (= Subjunktion) auflistest, ist das zwar nicht ganz korrekt, aber auch nicht falsch. Am besten klärst du vor der Prüfung mit deiner Lehrerin oder deinem Lehrer ab, ob ihr zwischen Subjunktionen und Konjunktionen unterscheidet.

Mögliche Lösungen (jeweils nur eine erforderlich):

- Verb: z. B. „enden“ (Z. 1), „sensibilisieren“ (Z. 2), „ist“ (Z. 6), „trifft“ (Z. 7), „gibt“ (Z. 10)
- Adjektiv: z. B. „aktuellen“ (Z. 4/5), „weltweites“ (Z. 6), „gefährliches“ (Z. 7)
- Possessivpronomen: „ihren“ (Z. 13)
- Präposition: z. B. „auf“ (Z. 4), „im“ (Z. 5)
- Adverb: z. B. „auch“ (Z. 1), „leider“ (Z. 2), „dabei“ (Z. 5), „unterwegs“ (Z. 4), „letztlich“ (Z. 12)
- Konjunktion (nebenordnend): z. B. „und“ (Z. 5), „doch“ (Z. 12)

7 **TIPP** **Hinweis zur Lösung**

Die Bedeutung eines Wortes ist immer vom Kontext abhängig, in dem es verwendet wird. Achte daher auf den jeweiligen Satzzusammenhang. Überprüfe deine Lösung, indem du die Wörter jeweils in Gedanken in den entsprechenden Satz einsetzt. Der Sinn des Satzes darf sich dabei nicht verändern.

Mögliche Lösungen (jeweils nur eine erforderlich):

a vielleicht: möglicherweise, eventuell, gegebenenfalls …

b potenzielle: mögliche, eventuelle, etwaige, infrage kommende …

c ausgiebig: lange, viel …

PFLICHTTEIL A 2

Sarah Jäger: Nach vorn, nach Süden

1 **TIPP** **Hinweis zur Lösung**

Hier ist es sinnvoll, sich zuerst die Textstelle, auf die sich die Aufgabe bezieht, nochmals durchzulesen. Du musst also die Stelle im Buch finden, in der der Morgen nach der Party in Fulda beschrieben wird (ab S. 107).

Mögliche Lösungen (nur vier erforderlich):

- Ein Grund ist, dass Lena offensichtlich noch Restalkohol im Blut hat und sie allein deshalb nicht gleich weiterfahren können.
- Außerdem ist Marie dafür, dass sie noch beim Aufräumen helfen, weil sie nicht möchte, dass das die Putzfrau machen muss. Das liegt vermutlich auch daran, dass Maries Mutter ebenfalls als Reinigungskraft arbeitet.
- Marie möchte nach Hause, um nach Vika, der es nicht gut geht, zu schauen.
- Can hat auch nur noch eine saubere Unterhose im Rucksack und braucht daher frische Wäsche.
- Ein weiterer Grund ist, dass den drei Jugendlichen das Geld ausgegangen ist.
- Außerdem findet das Festival erst in mehreren Tagen statt, sodass sie noch ausreichend Zeit haben, um zuvor nach Hause zu fahren. Sie wollen ihre Suche daher sowieso nicht direkt fortsetzen.

2 **TIPP** **Hinweis zur Lösung**

Achte darauf, dich nur auf Beispiele von der ersten Fahrt nach Münster und Fulda zu beziehen (bis S. 112). Hier gab es hauptsächlich Probleme, weil es an Geld fehlte. Suche daher im Text nach drei Bereichen, für die die Jugendlichen Geld brauchen oder gebraucht hätten. Formuliere anschließend auf Grundlage dieser Beispiele deinen Antworttext.

Mögliche Lösungen:

- Sie haben sich vor der Reise keine Gedanken darüber gemacht, dass sie auch einmal tanken müssen und das natürlich Geld kostet.
- Zudem haben sie sich keine konkreten Gedanken darüber gemacht, wo sie übernachten können und dass z. B. eine Übernachtung in einem Hotel oder einer Jugendherberge ebenfalls Geld kosten würde.
- Außerdem haben sie nicht an Verpflegung gedacht. Sie haben trotz der Sommerhitze z. B. nicht einmal Getränke mitgenommen und haben auch nicht genug Geld dabei, um sich etwas Anständiges zu essen und zu trinken zu kaufen.

3 **TIPP** **Hinweis zur Lösung**

Auch hier ist es ratsam, die Textstelle nochmals zu lesen. Die Seitenangabe macht es in diesem Fall einfach, die entsprechende Stelle im Buch zu finden. Bei genauerer Betrachtung wird deutlich, dass Lena die Aussage eigentlich nicht so meint, wie sie sie sagt. Um die Ironie darin erklären zu können, solltest du etwas über Lenas Herkunft und ihre Familie schreiben.

Lena meint das in dieser Situation ironisch. Sie hat Can zuvor davon berichtet, wie viel Wert ihre Eltern auf Sicherheit legen und dass auch sie bei allem auf Nummer sicher geht. Ihre Eltern sind in der Versicherungsbranche tätig, sie planen alles genau, wägen die Risiken ab und sichern damit auch ihre Tochter ab, so gut sie können. Sie kaufen ihr z. B. Kondome, wenn sie einen Freund hat, oder einen Rollkoffer, falls sie nach dem Abitur verreisen will. Auch ansonsten sind sie auf alles vorbereitet. Lena hat dieses Sicherheitsbewusstsein ebenfalls, z. B. weil sie sicherheitshalber nicht auf die Autobahn fährt. Sie ist also eigentlich das Gegenteil einer Rebellin. Can weiß das und zieht sie damit auf, als er sagt, sie würde sogar Pippi Langstrumpf, die als besonders abenteuerlustig bekannt ist, übertrumpfen.

4 **TIPP** **Hinweis zur Lösung**

Wenn du die Textstelle, aus der das Zitat stammt, liest, wird klar, warum Lena weinen muss. Überlege dir, woher Lena die Badekappe hat und was sie symbolisiert. Formuliere dann einen passenden Antworttext.

Auf der Reise nach Münster und Fulda hat Lena so viel erlebt, dass sie vermutlich gedacht hat, sie hätte ihr altes Leben als Außenseiterin „Entenarsch“ hinter sich gelassen. Sie und Can haben sich geküsst, sie hat wild gefeiert und als Erinnerung an Bjarnes Party hat sie die Badekappe mitgenommen. Sie ist in den letzten Tagen über sich hinausgewachsen, weil sie sich diese Fahrt zugetraut hat, und fühlt sich mehr denn ja als Mitglied der Gruppe.
Zurück im Hinterhof muss sie aber feststellen, dass sie noch immer nicht dazugehört und sich offenbar keiner so richtig um sie schert, und das, obwohl die drei Jugendlichen sogar im Partnerlook auftreten. Darüber ist Lena frustriert und traurig, weshalb sie zu weinen beginnt und sich die Badekappe, das Symbol für ein neues Lebensgefühl, aufsetzt.

5 **TIPP** **Hinweis zur Lösung**

Im Grunde führt kein Weg daran vorbei, im Text die Begegnung zwischen Lena und Jos Mutter nochmals nachzulesen. Damit bist du auf der sicheren Seite. Einen Hinweis gibt Jos Mutter Lena aber auch erst später am Telefon.

Jos Mutter zeigt Lena Fotos von seinen glücklichen Urlauben an der Nordsee. Das trägt dazu bei, dass Lena sich immer sicherer wird, dass Jo die Nordsee meint, als er vom Meer spricht. Außerdem nennt Jos Mutter ihnen bei ihrem Besuch in Münster den Namen von Jos Freund Urs, der mittlerweile in Fulda wohnt. Der Name des zweiten Freundes, der nach Ulm gezogen ist, fällt ihr zwar zunächst nicht ein, aber sie teilt ihn Lena später noch telefonisch mit. Mithilfe dieses Hinweises finden sie dann Fünfzehn Cent in Ulm.

6 **TIPP** **Hinweis zur Lösung**

Auch wenn man auf S. 59 noch nicht erfährt, dass sich Can und Lena in der Nacht geküsst haben, ist das Ereignis dort zeitlich verortet. Die tatsächliche Information über die damaligen Ereignisse erhalten die Leser*innen erst ab S. 165. Lena und Can küssen sich in der Nacht, sind beide betrunken, Marie merkt nichts und am nächsten Morgen verliert Can kein Wort darüber. Frage dich daher: Wie muss das auf Lena, die ohnehin immer Selbstzweifel und Bedenken hat, wirken? Lasse diese Überlegungen dann in den von dir verfassten Text einfließen. Achte auch darauf, die Merkmale der Textsorte „Innerer Monolog“ umzusetzen (z. B. Ich-Perspektive, Alltags-/Umgangssprache, Formulierungen und Aussagen der Figur aus der Lektüre, evtl. Auslassungszeichen und Gedankenstriche).

Er hat kein Wort darüber verloren, keine verschwörerische Geste gemacht, mich nicht angefasst oder wie aus Versehen berührt … Er tut so, als wäre das heute Nacht überhaupt nicht passiert! Ob er sich vielleicht gar nicht daran erinnert? War er wirklich so betrunken? Oder habe ich mir das alles nur eingebildet? Wir haben uns doch geküsst, in der Badewanne … Das war ganz real! Gut, wir waren beide nicht mehr ganz nüchtern, aber auch nicht so betrunken, dass wir nicht wussten, was wir taten. Es hat sich so gut angefühlt, so richtig, so vertraut, obwohl ich Entenarsch bin und er der tolle Can. Auf der Party hat es schon so gewirkt, als hätte er viele Mädels am Start, als wäre er vielleicht nicht so wählerisch … Aber wir kennen uns doch immerhin so gut, dass es etwas anderes wäre als mit einer Fremden auf einer Party. Aber vielleicht liebt er ja doch Marie? Er macht schließlich alles für sie … obwohl sie Jo zurückhaben will. Und wenn Can es ernst mit mir meinen würde, hätte er dann nicht etwas gesagt oder sich gerade irgendwie anders verhalten? Wahrscheinlich ist ihm das heute früh schon wieder peinlich … er und Entenarsch, wo er doch jede haben könnte! Und wie sähe das mit uns auch aus? Einer, der versucht, sein Abitur zu schaffen, und ich …? Was würden meine Eltern da sagen? Das will ich mir gar nicht vorstellen … Und jetzt sitze ich hier in dieser versifften Bude und esse Fladenbrot mit Ketchup … und trinke lauwarme Fanta. Das geht wohl nicht als romantisches Frühstück am Morgen danach durch … Can und ich, das wäre einfach zu schön gewesen … Sei doch mal realistisch, Lena! Es war doch klar, dass das nur aus einer Feierlaune heraus entstanden sein kann! Mehr war das nicht … zumindest für ihn … (294 Wörter)

Friedrich Dürrenmatt: Die Physiker

1 **TIPP** **Hinweis zur Lösung**

Denke an Situationen, in denen Möbius nicht den Verrückten spielt, sondern sein wahres Ich zeigt. Überlege, inwiefern sein Verhalten für ihn typisch ist und auf welche Charaktereigenschaften dies schließen lässt. Formuliere dann deine Antwort, indem du die Charaktereigenschaft nennst und anschließend knapp beschreibst, wie sie sich in dieser konkreten Situation äußert. Belege deine Aussage am besten mit Zitaten oder Seitenverweisen zu den entsprechenden Textstellen, damit sie noch leichter nachvollziehbar sind.

Mögliche Lösungen (nur zwei erforderlich):

- Möbius ist ein sehr intelligenter Mensch und genialer Physiker, der nicht nur einen Doktortitel hat („Er schrieb seine Dissertation […]“, S. 34), sondern auch allein und ohne große Hilfsmittel physikalische Geheimnisse aufgedeckt hat, an denen andere Wissenschaftler*innen trotz bester Ausstattung verzweifelt sind („Da versuchen Horden gut besoldeter Physiker in riesigen staatlichen Laboratorien seit Jahren vergeblich in der Physik weiterzukommen, und Sie erledigen das en passant im Irrenhaus am Schreibtisch.“, S. 69).
- Er ist außerdem sehr verantwortungsbewusst und schiebt die Verantwortung für die Folgen seiner wissenschaftlichen Erkenntnisse nicht anderen zu, so wie es z. B. Newton und Einstein tun („Ich hätte meine Arbeiten veröffentlichen müssen, der Umsturz unserer Wissenschaft und das Zusammenbrechen des wirtschaftlichen Gefüges wären die Folgen gewesen. Die Verantwortung zwang mir einen anderen Weg auf.“, S. 73).
- Zudem ist er selbstlos, denn er nimmt sogar weitreichende negative Folgen, z. B. ein Leben im Irrenhaus, auf sich, um andere vor den Auswirkungen seiner wissenschaftlichen Erkenntnisse zu schützen („Ich ließ meine akademische Karriere fahren, die Industrie fallen […]. Ich wählte die Narrenkappe. Ich gab vor, der König Salomo erscheine mir, und schon sperrte man mich in ein Irrenhaus.“, S. 73/74).

2 **TIPP** **Hinweis zur Lösung**

Überlege zuerst, was mit dem Begriff „Lebenssituation“ gemeint sein könnte, also welche Bereiche des Lebens konkret dazugehören (z. B. Wohnsituation, finanzielle Lage, familiären Verhältnisse, Partnerschaft, Freundschaften). Greife dann drei unterschiedliche Bereiche heraus, zu denen du im Buch Informationen erhältst, und beschreibe jeden der drei Aspekte in wenigen Sätzen.

Mögliche Lösungen (nur drei erforderlich):

- Möbius ist seit 15 Jahren Patient in der teuren und komfortablen Heilanstalt „Les Cerisiers“ und lebt aktuell in einer alten Villa im Zimmer mit der Nummer 1. In dem Gebäude sind auch noch zwei weitere Patienten, die ebenfalls Physiker sind, untergebracht.
- Seine Frau Lina hat sich von ihm scheiden lassen und ist seit drei Wochen mit Missionar Oskar Rose neu verheiratet. Möbius und Krankenschwester Monika haben sich offenbar ineinander verliebt. Sie möchte sich mit ihm ein Leben außerhalb der Anstalt aufbauen, wozu es jedoch aufgrund des Mordes an ihr nicht kommt.
- Möbius ist als Waisenkind aufgewachsen. Er hat also schon seit Langem keine Eltern mehr und offenbar auch keine näheren Verwandten wie Onkel, Tanten oder Geschwister, da er sonst vermutlich als Jugendlicher mit oder bei ihnen gewohnt hätte. Möbius hat mit seiner Exfrau aber drei Söhne, die er jedoch durch seinen langen Aufenthalt in der Anstalt kaum kennt: Adolf-Friedrich (16 Jahre), Wilfried-Kaspar (15 Jahre) und Jörg-Lukas (14 Jahre).
- Möbius ist in großer Armut aufgewachsen und auch später war die finanzielle Lage eher schwierig. Um den Aufenthalt in der teuren Anstalt zu bezahlen, musste seine Exfrau Lina sehr hart und viel arbeiten. Er selbst hat offenbar auch kein Geld. Da Lina neu verheiratet ist und auf die Marianen übersiedelt, kann sie nicht mehr für seinen Aufenthalt im Sanatorium bezahlen, was seine finanzielle Lage weiter verschlechtert.

3 **TIPP** **Hinweis zur Lösung**

Um diese Aufgabe bearbeiten zu können, solltest du dir zunächst folgende Fragen stellen: Von welchen Gedanken spricht Möbius hier? Welche besonderen Eigenschaften hat Sprengstoff und inwiefern treffen diese auch auf die erwähnten Gedanken zu? Was meint Möbius hier mit der „Freiheit"? Was ist die Alternative zur Freiheit? Inwiefern macht es einen Unterschied, ob die Gedanken in Freiheit sind oder nicht?
Formuliere anschließend einen zusammenhängenden Lösungstext, in den du die Antworten auf die aufgelisteten Fragen einbaust.

In Möbius' Augen sind die Gedanken und wissenschaftlichen Erkenntnisse der Physiker offenbar ebenso gefährlich wie Sprengstoff. Beides kann eine verheerende Wirkung haben und sich explosionsartig ausbreiten, wenn man unvorsichtig damit umgeht. In Freiheit, also außerhalb der Heilanstalt, lässt sich diese Gefahr seiner Meinung nach nicht kontrollieren. Er ist der Überzeugung, dass dies nur möglich ist, wenn die Gedanken und die Personen, von denen sie stammen, in der Anstalt bleiben.

4 **TIPP** **Hinweis zur Lösung**

Rufe dir ins Gedächtnis, was in der Szene kurz vor dem Mord an Schwester Monika geschieht, oder überfliege die Textstelle noch einmal (ab S. 43). Es ist naheliegend, dass Möbius Themen und Gedanken, die in dieser Szene erwähnt werden, erneut aufgreift. Beschreibe dann die Gedanken, die Möbius durch den Kopf gehen könnten, in jeweils 1–3 Sätzen.

Mögliche Lösungen (nur vier erforderlich):
- Er ist sicherlich zwiegespalten, denn er liebt Schwester Monika, weiß aber auch, dass er sie töten muss, um sein Geheimnis zu wahren.
- Er verflucht möglicherweise die Tatsache, dass er während der Arbeit an seiner Dissertation diese bahnbrechende wissenschaftliche Entdeckung gemacht hat, weil diese sein Leben und das seiner Liebsten so stark negativ beeinflusst hat.
- Er denkt vielleicht an all die Opfer, die er auch schon in der Vergangenheit erbringen musste, um die Welt vor seinen Erkenntnissen zu schützen.
- Er malt sich eventuell aus, wie die Zukunft mit Monika aussehen könnte.
- Er überlegt möglicherweise, ob es einen anderen Ausweg als den Mord an Schwester Monika gibt und welcher das wäre.
- Er denkt vielleicht daran, welche schlimmen Folgen es für die Menschheit haben könnte, wenn er Monika nicht tötet und damit riskiert, dass seine Erkenntnisse an die Öffentlichkeit gelangen.

5 TIPP **Hinweis zur Lösung**

Lies dir die Textstelle, auf die sich die Aufgabenstellung bezieht, noch einmal genau durch (vgl. S. 48). Darin erfährst du, wie das Gespräch abgelaufen sein muss. Achte aber darauf, nicht nur alle Aspekte, die Einstein auf S. 48 erwähnt, sondern auch Schwester Irenes Verdacht, dass Einstein nicht verrückt ist, in deinen Dialog einzuarbeiten, da dies laut Einstein der wahre Grund ist, warum sie sterben musste (vgl. S. 65). Es bietet sich an, den Dialog zwischen Einstein und Schwester Irene ähnlich wie die Mordszene mit Möbius und Schwester Monika zu gestalten. Fertige am besten einen kurzen Schreibplan an, damit du keinen der vorgegebenen Inhalte vergisst und dein Text logisch aufeinander aufbaut. Berücksichtige bei der Ausgestaltung der produktiven Schreibaufgabe die Merkmale der Textsorte „Dialog", z. B. Namen der Figuren am Zeilenanfang, zu den Figuren passende Ausdrucksweise, Regieanweisungen zur Verdeutlichung der Redeweise, von Handlungen, der Mimik oder der Gestik.

So könnte das Gespräch lauten:

Einstein steht am Fenster des Salons und blickt in den sonnenbeschienenen Park, als Schwester Irene den Raum betritt.

EINSTEIN: Ist heute nicht ein schöner Tag?

SCHWESTER IRENE *(feierlich)*: Heute ist wirklich ein ganz besonderer Tag!

EINSTEIN *(verwundert)*: Tatsächlich?

SCHWESTER IRENE *(lächelnd)*: Nun, heute ist der Tag, an dem Sie die Anstalt verlassen werden.

Einstein scheint noch verwirrter zu sein.

Sie haben richtig gehört.

EINSTEIN: Aber … wie? Warum?

SCHWESTER IRENE: Ich habe das Fräulein Doktor um Erlaubnis gebeten. Wir dürfen heiraten. Sie hält Sie zwar für krank, aber ich werde mich um Sie kümmern, nur um Sie, Tag und Nacht. Ich will alles tun, damit ich bei meinem Geliebten sein kann … bei dir, Ernst Heinrich.

EINSTEIN: Aber … man hält mich doch für verrückt.

SCHWESTER IRENE: Das Fräulein Doktor täuscht sich in dem Fall. Sie kennt dich nicht so gut wie ich. Ich weiß, dass du es nicht bist. Ich fühle es.

Einstein wirkt erschrocken.

EINSTEIN: Und wenn doch?

SCHWESTER IRENE *(nimmt seine Hände)*: Mir ist gleichgültig, ob du Einstein, Ernesti oder sonst wie heißt. Ich liebe dich. Und ich weiß, dass es dir ähnlich geht. Deswegen werden wir noch heute aufs Land fahren, nach Kohlwang. Dort beginnen wir gemeinsam ein neues Leben.

Kurzes Schweigen.

EINSTEIN: Sie zwingen mich, Ihnen nun die Wahrheit zu sagen. Ich liebe Sie ebenfalls, Irene. – Und weil wir uns lieben, bist du in Gefahr. Ich bitte dich, ja, ich flehe dich an, geh allein nach Kohlwang. Fliehe! Denn mich zu lieben, führt ins Verderben.

Er entreißt ihr seine Hände.

SCHWESTER IRENE *(verwirrt)*: Aber … ich dachte, du liebst mich?

EINSTEIN: Und genau deswegen musst du gehen.

SCHWESTER IRENE *(verzweifelt)*: Bitte, mein Geliebter, schick mich nicht fort! Ich werde alles tun, was du von mir verlangst!

Schwester Irene wirft sich flehend auf die Knie.

Bitte! Ich will bei dir bleiben!

EINSTEIN *(mit finsterer Miene)*: Lass dieses Flehen! Es entwürdigt uns beide. Wie eine läufige Hündin läufst du mir nach. Wie einen Hund sollte ich dich also auch behandeln. *(Einstein schreit.)* Verschwinde! Gehorche deinem Herrn!

SCHWESTER IRENE *(rutscht auf den Knien näher an ihn heran)*: Alles werde ich für dich tun, nur das nicht. Ich bleibe bei dir!

Einsteins Blick fällt auf die Stehlampe neben ihm.

EINSTEIN *(entschlossen)*: Dann muss es so sein …

Einstein reißt die Schnur der Stehlampe ab und wirft die Schlinge um Schwester Irenes Hals. Kurzer Kampf, dann Stille. (392 Wörter)

WAHLTEIL B

Erörterung

TIPP **Hinweis zur Lösung**

Verlangt ist hier eine dialektische Erörterung; du sollst zum einen Argumente dafür finden, warum sich Menschen für ein Leben in einem „Tiny House" entscheiden könnten, und zum anderen Argumente, welche Probleme damit verbunden sein können. Für deine Erörterung ist ein Sachtext zu diesem Thema vorgegeben, dem du Argumente entnehmen kannst. Untersuche ihn zunächst gründlich und notiere dir, auf welche Inhalte du in deinem Aufsatz Bezug nehmen kannst. Überlege dir dann zusätzlich eigene Argumente. Denke auch daran, dass du in der Prüfung ein Wörterbuch verwenden darfst, aus dem du auch Begriffserklärungen übernehmen kannst, z. B. bei der Hinführung zum Thema (siehe folgendes Aufsatzbeispiel). Gliedere deinen Text folgendermaßen:

- Einleitung, in der du kurz zum Thema hinführst und zur Themenfrage überleitest (Nennung von Textsorte, Titel, Autor*in, Quelle und Erscheinungsdatum des vorgegebenen Textes);
- Hauptteil, in dem du eigene Argumente ausarbeitest und auf die Materialien Bezug nimmst;
- Schluss, in dem du ein abschließendes Fazit ziehst und deine eigene Meinung begründet darstellst.

Achte im Hauptteil darauf, dass deine Argumente vollständig sind, sie also Behauptung, Begründung und Beispiel/Beleg enthalten. Denke auch daran, dass du die Quelle nennst, wenn du etwas aus dem Text direkt oder indirekt zitierst. Verwende eine sachliche Sprache und verknüpfe die Argumente abwechslungsreich miteinander.

Aufsatzbeispiel

Einleitung

„Weniger ist mehr" – diesen Spruch hat sicherlich jede*r schon einmal gehört. Was viele aber nicht wissen, ist, dass sich damit auch der Lebensstil der sogenannten Minimalistinnen und Minimalisten beschreiben lässt. Aber was ist „Minimalismus" überhaupt? Laut Duden versteht man darunter die „bewusste Beschränkung auf ein Minimum, auf das Nötigste". Dieses Prinzip lässt sich auf verschiedene Lebensbereiche anwenden. So gibt es auch Personen, die sich dazu entschlossen haben, freiwillig auf engstem Raum in einem sogenannten Tiny House zu wohnen, wie die Autorinnen Lisa Santos und Mirjam Ratmann in ihrem Internetartikel „Aus dem Häuschen", der am 23. 03. 2020 im Magazin Fluter veröffentlicht wurde, berichten. Doch warum entscheiden sich Menschen für ein Leben in einem „Tiny

Themenfrage

House“ und welche Probleme können damit verbunden sein? Diesen Fragen soll im Folgenden nachgegangen werden.

Hauptteil

Grund 1: mehr Zeit für das, was einem wichtig ist

Der Hauptgrund könnte für viele Menschen sein, dass sie dadurch mehr Zeit für das haben, was ihnen wirklich wichtig ist. Dies ist nachvollziehbar, denn wer nur wenig Wohnfläche zur Verfügung hat, kann auch nicht so viele Habseligkeiten anhäufen und muss somit weniger Zeit für das Aufräumen und Putzen aufwenden. So sagt Madeleine Krenzlin im Text z. B.: „Für mich bedeutet wenig Wohnraum auch die Freiheit, mehr Zeit und Geld für Menschen und Erlebnisse zu haben, die mir wichtiger sind als Wohnfläche.“ (Z. 50–52)

Grund 2: weniger Kosten

Damit spricht Madeleine Krenzlin auch noch einen weiteren Grund an, der für ein Leben auf kleinem Wohnraum spricht, nämlich die geringeren Kosten. Weniger Wohnraum bedeutet üblicherweise auch weniger Kosten. Nicht nur die Mieten oder Kaufpreise sind günstiger, sondern auch die Nebenkosten, denn „[w]er wenig Raum bewohnt, […] muss auch weniger heizen und benötigt weniger Strom“ (Z. 20–22). Somit bleibt mehr Geld übrig, das man zum Beispiel in schöne Erlebnisse mit Freunden oder der Familie investieren kann.

Grund 3: Beitrag zum Klimaschutz

Ein weiterer Grund, weshalb sich Menschen für so ein Wohnkonzept entscheiden könnten, ist, dass sie auch einen Beitrag zum Klimaschutz leisten. Laut einer Studie der US-Forscherin Maria Saxton verringert das Leben in einem Tiny House den ökologischen Fußabdruck durchschnittlich um 45 Prozent. Dieser Effekt kommt nicht nur durch den geringeren Energieverbrauch zu Hause zustande, sondern auch dadurch, dass die Menschen nach einem Umzug in ein Tiny House insgesamt umweltbewusster leben. So verändern sie Essgewohnheiten, produzieren weniger Müll oder fahren weniger mit dem Auto (vgl. Z. 26–33).

Überleitung zu Problemen

Auch wenn dies nachvollziehbare Gründe sind, weshalb sich Menschen für ein Leben in einem „Tiny House“ entscheiden, so können damit auch einige Probleme verbunden sein.

Problem 1: Notwendigkeit von Einschränkungen

Der Schritt, in ein „Tiny House“ zu ziehen, muss wohlüberlegt sein, da man sich aufgrund des geringen Platzangebots stark einschränken muss, weil es nur wenig Stauraum gibt. Madeleine Krenzlin hat deshalb auch nur drei Hosen, wie sie selbst berichtet (vgl. Z. 18/19). Bei Kleidung mag diese Einschränkung noch relativ leicht möglich sein, da die Kleidungsstücke einzeln nicht viel Platz einnehmen, aber wie sieht es in anderen Bereichen aus? Es wäre z. B. nicht mehr möglich, zu Hause Schlagzeug, Klavier oder Cello zu üben, da der Platz für derartig große Musikinstrumente nicht ausreicht. Deshalb muss sich jede*r Einzelne genau überlegen, ob die eigenen Interessen und Hobbys mit dem Platzangebot vereinbar sind und sie oder er bereit ist, sich entsprechend einzuschränken.

Problem 2: komplizierte gesetzliche Regelungen

Ein Problem besteht auch darin, dass die gesetzlichen Regelungen für „Tiny Houses" offenbar kompliziert sind. Madeleine Krenzlin darf beispielsweise aufgrund aktueller baurechtlicher Regelungen nicht dauerhaft in ihrem „Tiny House" leben (vgl. Z. 43–46). Wer sich für ein Leben im „Tiny House" entscheidet, muss sich also sehr genau über die Gesetzeslage informieren und eventuell ebenso wie Madeleine Krenzlin mit der unbefriedigenden und für manche auch belastenden Situation leben, dort nicht permanent wohnen zu dürfen (vgl. Z. 45/46).

Problem 3: Wohnkonzept eignet sich nur für wenige Personengruppen

Das größte Problem ist wohl, dass sich dieses Wohnkonzept auf engstem Raum nur für bestimmte Personengruppen eignet, nämlich vor allem für junge Menschen wie Madeleine Krenzlin, die allein wohnen. „Für Familien oder Menschen in Rente ist das Leben auf engstem Raum eher keine Option" (Z. 40/41), heißt es dazu im Text. Eine Familie mit Kindern benötigt zwangsläufig mehr Platz, als dies beispielsweise bei Madeleine Krenzlin der Fall ist. Es ist auch nur schwer vorstellbar, dass sich Rentner*innen, die vielleicht nicht mehr so mobil sind und daher mehr Zeit zu Hause verbringen, auf engstem Raum wohlfühlen. Breite Durchgänge und große Räume sind insbesondere dann unerlässlich, wenn sie auf eine Gehhilfe oder einen Rollstuhl angewiesen sind.

Schluss

Fazit

Da unsere Gesellschaft immer älter wird und damit der Anteil an Seniorinnen und Senioren steigt, es aber auch viele Familien gibt, ist das minimalistische Wohnkonzept auf engstem Raum trotz der nachvollziehbaren Vorteile wohl nur für einen kleinen Teil der Bevölkerung interessant.

Wunsch/Appell

Dennoch würde ich mir wünschen, dass sich mehr Menschen Gedanken darüber machen, was sie tatsächlich brauchen und was ihnen wirklich wichtig ist – nicht nur im Hinblick auf den Wohnraum. Vielleicht kommen auch sie dann, ähnlich wie Madeleine Krenzlin, zu der Erkenntnis, dass es nicht auf materiellen Besitz, sondern vor allem auf „Menschen und Erlebnisse" (Z. 51) ankommt.

Textbeschreibung Lyrik

TIPP **Hinweis zur Lösung**

Denke daran, dass du nicht alle Bausteine einer Textbeschreibung in deinem Aufsatz unterbringen musst. Lies die Aufgabenstellung genau und behalte im Hinterkopf, welche Aspekte im Hauptteil von dir verlangt werden und welche Unterpunkte für diese relevant sein könnten. Wichtig ist insbesondere, dass der Bereich „Sprache und Stil" nie unabhängig vom Inhalt betrachtet werden darf. Es reicht also nicht, sprachliche Auffälligkeiten nur aufzulisten. Du musst immer den Bezug zum Inhalt des Textes herstellen und auch die Wirkung der sprachlichen Mittel beschreiben.
Das hier abgedruckte Lösungsbeispiel ist recht umfangreich und in manchen Bereichen sehr ausführlich gestaltet. Es soll dir aber einen Eindruck davon vermitteln, wie die jeweiligen Erkenntnisse in Worte gefasst werden können.

Aufsatzbeispiel

Einleitung
Information zum Text mit Kern-/Basissatz

In dem 1914 erschienenen Gedicht „Städter" von Alfred Wolfenstein, der von 1883 bis 1945 lebte, wird die Enge und Isolation in den Großstädten zur Zeit der Industrialisierung beschrieben. Das Gedicht stammt aus dem Buch „Die gottlosen Jahre. Gedichte", das von Günter Holtz 1982 herausgegeben wurde.

kurze Zusammenfassung des Inhalts

Das Gedicht verweist auf die negativen Seiten des Großstadtlebens und lässt sich der Großstadtlyrik zuordnen. Neben der Beschreibung der beengten Lebensverhältnisse und der Menschenmassen stehen die trotz alledem vorhandene Isolation und Anonymität des Einzelnen im Mittelpunkt.

Hauptteil
Aufbau und Reimschema

Das Gedicht besteht aus insgesamt vier Strophen. Die ersten beiden umfassen vier Verse, die letzten beiden nur jeweils drei. Das Reimschema der ersten beiden Strophen entspricht einem umarmenden Reim (abba). Bei den Strophen drei und vier ist das Reimschema über beide Strophen verteilt und folgt der Ordnung abccab. Hier liegt in gewisser Weise ein Kreuzreim mit eingeschobenem Paarreim vor. Durch dieses Reimschema wird der Eindruck der bedrückenden Enge, das Eingeengtsein der Groß stadtbewohner, das im Gedicht thematisiert wird, noch verstärkt.

Bezug zum Titel

Es geht im Gedicht – wie der Titel bereits ankündigt – um Bewohner der Stadt, also um „Städter". Es wird demnach schon im Titel klar, dass hier z. B. typische Verhaltensweisen von Stadtbewohnerinnen und -bewohnern beschrieben werden oder aber die Situation, in der sie sich befinden. Die Bezeichnung „Städter" wird ähnlich verwendet, wie man vielleicht auch „die Landbevölkerung" oder „die Berufsgruppe XY" sagen würde, was nach einer negativen Pauschalisierung dieser Personengruppe klingt. Zudem wird schon im Titel deutlich, dass die Bewohner*innen der Stadt zunächst nur als Großgruppe gesehen werden, weniger als einzelne Personen. Im Verlauf des Gedichts wird der Blick aber von einer anonymen Masse an Städtern hin zu einem einzelnen Städter gerichtet, der trotz der Zugehörigkeit zu einer großen Gruppe einsam ist.

Zusammenhang zwischen Handlung, Sprache und Stil

Strophe 1

In der ersten Strophe des Gedichts wird die Enge in der Großstadt, die auch durch die dichte und hohe Bauweise entsteht, näher thematisiert. Der Vergleich „[d]icht wie Löcher eines Siebes" (V. 1) zeigt, wie eng die Fenster der Häuser in der Stadt beieinanderliegen. Die Fenster scheinen kaum Abstand voneinander zu haben. Auch zwischen den einzelnen Gebäuden gibt es offenbar kaum Freiraum. Der Vergleich beinhaltet zudem eine Hyperbel, denn so dicht wie die Löcher eines Siebes können die Fenster natürlich nicht wirklich nebeneinanderliegen. Durch diese Übertreibung wird den Leserinnen und Lesern jedoch das Bild von der Größe und Enge der Häuser stärker veranschaulicht. Auch die Personifikation „drängend fassen / Häuser sich so dicht an" (V. 2/3) verdeutlicht nochmals die Enge: Die Häuser scheinen nicht nur eng beieinanderzustehen, sie drängen sich geradezu aneinander und verengen die Straßen, die zwischen ihnen liegen. Das Eigenleben, das die Häuser zu entwickeln scheinen, lässt eine bedrohliche Wirkung entstehen. Dieses Gefühl wird durch den Vergleich „Grau geschwollen wie Gewürgte" (V. 4) noch gesteigert: Die Häuser wirken, als würden sie anschwellen und so der Platz dazwischen immer weniger werden. Der Vergleich der Straßen mit „Gewürgte[n]" (V. 4), denen durch die umliegenden Gebäude förmlich die Luft abgeschnürt wird, verstärkt die negative und bedrückende Stimmung. Auch das Farbadjektiv „Grau" (V. 4) hebt dies nochmals hervor, da durch diese würgende Enge alle Farbe aus den Straßen gewichen zu sein scheint.

Die kritisierte Hektik der Großstadt wird bereits in der ersten Strophe deutlich: Die Enjambements zwischen allen vier Versen der ersten Strophe beschleunigen den Lesefluss, die Sinneinheiten hängen immer über zwei Verse hinweg zusammen, z. B. bei Vers 2 und 3: „drängend fassen / Häuser sich so dicht an". Hier wird sogar ein Verb („anfassen") auf zwei Verse verteilt.

Die zweite Strophe hat die Fahrt in einer voll besetzten Straßenbahn zum Inhalt. Sie beginnt mit einer Inversion, wodurch die zweite Strophe sogleich mit einem Aspekt eingeleitet wird, der schon in der ersten eine große Rolle gespielt hat: die Enge in der Großstadt. Strophe 2

Auch in dieser Strophe liegen Enjambements vor. Diese verhindern, dass die Leser*innen am Ende des Verses eine Pause machen können, und erzeugen den Eindruck von Geschwindigkeit, von Hektik und einer gewissen Atemlosigkeit, was auf das Großstadtleben übertragen werden kann.

Wie es in den „Trams“ (V. 6), also den Straßenbahnen, aussieht, kann man sich durch den Ausdruck „zwei Fassaden / Leute“ (V. 6/7) gut vorstellen: Zwei lange Sitzbänke links und rechts, auf denen sich die Menschen gegenübersitzen, und ein schmaler Gang dazwischen, wie bei den Häusern mit ihren schmalen Straßen in der ersten Strophe. Mit der Formulierung „zwei Fassaden / Leute“ (V. 6/7) liegt darüber hinaus eine Verdinglichung vor. Im Gegensatz zur Personifikation, bei der leblose Gegenstände sozusagen vermenschlicht werden, bezeichnet die Verdinglichung genau das Gegenteil: Die Menschen werden mit leblosen Eigenschaften ausgestattet. In diesem Fall geschieht das durch das Wort „Fassaden“, das eigentlich für Hausfassaden verwendet wird. Dadurch wird klar, dass die Menschen nur ihre undurchdringlich wirkende Oberfläche zeigen, sich demnach nicht hinter ihre „Fassade“ blicken lassen, also ihre Emotionen und ihre Individualität verbergen. Aber auch die große Masse der sich gegenübersitzenden Menschen wird verdeutlicht. So wie man sich in der ersten Strophe die Hausfassaden links und rechts einer Straße vorstellen konnte, sieht man hier dasselbe Bild – allerdings mit Menschen.

In Vers 7 und 8 wird eine Metapher und Personifikation verwendet, denn es muss im übertragenen Sinn verstanden werden, dass die Blicke der Menschen ineinander „baden“. Gemeint ist, dass die Menschen sich ansehen, vielleicht sogar anstarren, denn das längere Verweilen im Gesicht des anderen wird durch das Wort „baden“ deutlich: Wenn man badet, ist das eine Aktivität, die eine gewisse Zeit dauert und nicht etwa nur flüchtig ist.

Das Ende der zweiten Strophe verstärkt noch einmal das negative und bedrückende Bild, das in diesem Gedicht vom Großstadtleben gezeichnet wird. Die anderen, die fremden Mitmenschen sind so nah und starren einen in der Straßenbahn geradezu an, sie tun dies sogar „ohne Scheu“ (V. 8) und somit auch ohne Scham. Im alltäglichen Miteinander zeugt es nicht von guten Umgangsformen, andere zu beobachten und dadurch in ihre Privatsphäre einzudringen. Indem hier nun ausdrücklich darauf hingewiesen wird, dass dies „ohne Scheu“ geschieht, wird eine unfreundliche und unangenehme Atmosphäre geschaffen. Es wird klar, wie unhöflich die Menschen miteinander umgehen bzw. wie die Enge und Anonymität sie dazu bringen.

Strophen 3 und 4

In der dritten Strophe taucht nun plötzlich ein lyrisches Ich auf. Die Formulierungen „Unsre Wände“ (V. 9) und „wenn ich weine“ (V. 10) verdeutlichen dies. Neben der Perspektive verändern sich in den Strophen auch die beschriebenen Orte. Während sich die Strophen 1 und 2 auf öffentliche Orte, nämlich die Straßen (vgl. V. 3), Häuserfassaden (vgl. V. 1–3) und Straßenbahnen (vgl. V. 6) beziehen, geht es in den folgenden beiden Strophen um das Innere: In Strophe 3 um das Innere der Gebäude, die Wohnungen der Stadtbewohner, die durch die „Wände“ (V. 9) getrennt werden, und in Strophe 4 sogar um das Innenleben der Menschen.

Der Vergleich „Unsre Wände sind so dünn wie Haut“ in Vers 9 zeigt, wie dünn die Hauswände oder Wände zwischen den Wohnungen sind. Dadurch wird nochmals die Enge und fehlende Privatsphäre deutlich. Dies wird noch durch die Worte „Daß ein jeder teilnimmt, wenn ich weine. / Unser Flüstern, Denken … wird Gegröle …“ (V. 10/11) bestärkt. Jeder nimmt, ob er will oder nicht, am Privatleben der anderen teil, weil man durch die dünnen Wände jedes Geräusch hören kann.

Erst die letzte Strophe schlägt einen etwas anderen Ton an. Der Bindestrich, der diese Strophe einleitet, wirkt wie ein Bruch oder ein Innehalten. Anstatt in einer Wohnung mit „dünnen“ Wänden steht der einzelne Mensch nun „in dick verschloßner Höhle“ (V. 12) und fühlt sich „alleine“ (V. 14). Hier wird klar, dass die Enge, Nähe und Durchlässigkeit der Umgebung letztlich doch nur Einsamkeit hervorbringt.

Schluss

Transfer/ Stellungnahme

In diesem Gedicht wird deutlich, dass man durch die Enge in der Großstadt keine Privatsphäre mehr hat und die Menschen trotz der erzwungenen Nähe einsam und isoliert sind. Jeder, der zum Beispiel in einem Mehrfamilienhaus in einer Stadt wohnt, kennt sicher die Situation, dass man sehr viele Geräusche aus den Nachbarwohnungen hört, z. B. Streit, Partys oder Kinderlärm.

Man wohnt und lebt so eng beieinander, dass es einem an Privatsphäre mangelt und man sich vielleicht ein frei stehendes Haus mit eigenem Garten wünscht. Auch alle anderen beschriebenen Situationen der Enge sind sehr gut nachvollziehbar, z. B. die in einer Bahn oder in den Wartehallen. Es ist traurig, dass die Menschen in der Stadt letztlich doch einsam sind. Man kennt die Namen der Nachbarn oft gar nicht oder spricht mit niemandem, der in der Bahn neben einem sitzt. Mir ist es schon öfter passiert, dass eine ältere Dame oder ein älterer Herr in der Bahn ein Gespräch mit mir anfangen wollte. Ich habe mich darüber gewundert und gar nicht daran gedacht, dass sie oder er vielleicht einsam sein könnte. Dabei leiden sicherlich gerade Seniorinnen und Senioren unter der im Gedicht beschriebenen Einsamkeit, da ihre Partner*innen eventuell schon verstorben sind. Wenn ich das nächste Mal in der Bahn angesprochen werde, werde ich nicht mehr abweisend reagieren. Für mich ist es keine große Anstrengung, ein paar nette Worte mit ihnen zu wechseln, aber für sie kann es bedeuten, dass sie immerhin kurz ihre Einsamkeit vergessen können.

Ausblick in die Zukunft

Textbeschreibung Prosa

TIPP **Hinweis zur Lösung**

Denke daran, dass du nicht alle Bausteine einer Textbeschreibung in deinem Aufsatz unterbringen musst. Lies die Aufgabenstellung genau und behalte im Hinterkopf, welche Aspekte im Hauptteil von dir verlangt werden und welche Unterpunkte für diese relevant sein könnten.
Das hier abgedruckte Lösungsbeispiel ist recht umfangreich und in manchen Bereichen sehr ausführlich gestaltet. Es soll dir aber einen Eindruck davon vermitteln, wie die jeweiligen Erkenntnisse in Worte gefasst werden können.

Aufsatzbeispiel

Einleitung
Information zum Text mit Kern-/Basissatz

Die Kurzgeschichte „Der Busfahrer" von Pea Fröhlich handelt von einer unerfüllten Liebe bzw. dem Problem von Schüchternheit. Der Text stammt aus dem Buch „Zwei Frauen auf dem Weg zum Bäcker", das 1987 im Du Mont Buchverlag erschienen ist.

kurze Zusammenfassung des Inhalts

Ein schüchterner Busfahrer beobachtet jeden Tag eine Frau im Rückspiegel. Er scheint seit längerer Zeit in sie verliebt zu sein, traut sich jedoch nicht, sie anzusprechen. Eines Tages steht die Frau mit einem ihm unbekannten Mann an der Haltestelle und verpasst den Bus, weil dieser Mann sie küsst.

Hauptteil
Aufbau
Sinnabschnitte

Der Text enthält keine sichtbaren Abschnitte und keine wörtliche Rede. Er besteht aus den Gedanken, rückblickenden Eindrücken und Erlebnissen des Busfahrers, die zusammenhängend erzählt werden. Die Kurzgeschichte lässt sich in drei Sinnabschnitte gliedern: In den Zeilen 1–7 erfährt man, dass der Busfahrer die Frau bereits über einen längeren Zeitraum sehr genau beobachtet. Der zweite Sinnabschnitt (Z. 7–11) handelt von seiner Verliebtheit und Schüchternheit. Im letzten Abschnitt (Z. 11–13) verliert er seine Liebe gewissermaßen, da die Frau einen anderen Mann küsst.

Unterscheidung von innerer und äußerer Handlung

Die äußere Handlung ist sehr kurz: Ein Busfahrer lenkt seinen Bus an eine Haltestelle, hält dort und fährt wieder weiter. Währenddessen beobachtet er eine Frau, die an der Haltestelle steht, einen Mann anlächelt, der seinen Arm um sie gelegt hat, und ihn küsst. Sie verpasst deshalb den Bus. Die innere Handlung, die Gedanken und Gefühle des Busfahrers, erstreckt sich über einen längeren Zeitraum. Er erinnert sich an Zurückliegendes. Es wird klar, dass er sie sowohl im Sommer als auch im Winter beobachtet hat („Im Winter trug sie einen braunen Pelz […] und im Sommer weiße oder blaue Kleider", Z. 4/5).

Einen Spannungsverlauf könnte man in der Beschreibung seiner Angst erkennen. Er hat neben seiner Vorfreude auch Angst, dass die Frau eines Tages nicht mehr einsteigen könnte: „Er fürchtete sich nur davor, dass sie einmal nicht mehr einsteigen würde." (Z. 8/9) Als klar wird, dass er sie auch dieses Mal sieht, seine Angst also unbegründet ist, kommt kurz so etwas wie Erleichterung auf („Diesmal sah er sie schon von Weitem.", Z. 11).

Spannungsverlauf

Doch dann folgt der Höhepunkt der Geschichte und der Busfahrer muss mitansehen, wie die Frau, die offenbar einen Partner hat, von diesem geküsst wird. Sie ist sogar so sehr mit ihm beschäftigt, dass sie den Bus verpasst, den sie sonst immer nimmt („Sie stand da und lachte einen Mann an, der seinen Arm um sie gelegt hatte. Sie verpasste das Einsteigen, weil der Mann sie küsste.", Z. 11–13). Gleichzeitig handelt es sich bei dieser Textstelle auch um den Wendepunkt, denn ab diesem Ereignis ändern sich die Gefühle des Busfahrers sicherlich schlagartig. Wie genau, wissen wir allerdings nicht. Es könnten Trauer über das Gesehene, Wut über die eigene Zurückhaltung, Selbstmitleid, Entsetzen oder Ähnliches sein.

Höhe- und Wendepunkt

Der vorliegende Text hat, wie für eine Kurzgeschichte typisch, einen unmittelbaren Anfang und beginnt mit dem Satz „Er wusste, dass sie an der nächsten Station einsteigen würde und freute sich" (Z. 1). Man erfährt nicht, wer mit dem Personalpronomen „er" gemeint ist, taucht aber schon mitten in dessen Gedanken und Gefühle ein. Die Geschichte ist kurz, nicht einmal eine halbe Seite lang. Die eigentliche Handlung dauert nur wenige Minuten und spielt im Bus bzw. an einer Haltestelle. Es handelt sich um eine alltägliche Situation: Busfahren sowie das Beobachten der Fahrgäste. Dennoch ist das beschriebene Erlebnis für den Betroffenen, den Busfahrer, einschneidend. Außer dem Busfahrer kommen nur zwei weitere Figuren vor: die Frau, die beobachtet wird, und der Mann, der sie am Ende küsst. Außerdem gibt es, ebenfalls typisch für eine Kurzgeschichte, einen offenen Schluss, bei dem ungeklärt bleibt, was der Busfahrer nach dieser Situation denkt und fühlt.

Textsortenmerkmale

Der Busfahrer und die von ihm beobachtete Frau sind die Hauptfiguren des Textes. Der Partner der Frau ist nur eine Nebenfigur. Keine der Hauptfiguren trägt, wie für eine Kurzgeschichte typisch, einen Namen, sodass sich jede*r mit ihnen identifizieren kann. Der Busfahrer wird lediglich durch seine Berufsbezeichnung, die nur im Titel genannt wird, beschrieben. Im Text wird

Figuren/ Figurenkonstellation

Beschreibung des Busfahrers

er mit dem Personalpronomen „er" (z. B. Z. 1, 2, 3) bezeichnet. Über ihn erfährt man, dass er vermutlich einen Linienbus und immer dieselbe Strecke fährt („Für ihn war das die schönste Zeit am Tag, die fünf Stationen, die sie immer mit ihm fuhr", Z. 10/11). Er ist offenbar schon seit längerer Zeit in seinen Fahrgast verliebt und beobachtet die Frau genau im Rückspiegel (vgl. Z. 1/2). Er scheint ein guter und aufmerksamer Beobachter zu sein, sodass sie ihm mittlerweile so „vertraut" (Z. 7) ist, dass er ihren Gemütszustand erkennen kann: „Er konnte an ihrem Gesicht ablesen, ob es ihr gut ging." (Z. 3/4) Offenbar ist er aber zu schüchtern und zurückhaltend, um Kontakt zu ihr aufzunehmen, denn „er hätte sie gerne angesprochen, doch er wagte es nicht" (Z. 7/8). Er hat Angst, falsch zu handeln, fühlt sich mit der Frau aber sehr verbunden („Sie war ihm sehr vertraut", Z. 7) und empfindet Glück, wenn er mit ihr zusammen ist („Für ihn war das die schönste Zeit am Tag", Z. 10), obwohl sie keinen Kontakt haben. Vielleicht weiß er, dass er bei dieser Frau keine Chance haben würde. Es ist anzunehmen, dass er am Ende sehr traurig, wütend und enttäuscht ist. Wahrscheinlich macht er sich Vorwürfe, dass er zu lange gezögert hat und dadurch gar nicht erst die Chance auf ein Kennenlernen hatte.

Beschreibung der Frau

Über die von ihm beobachtete Frau erfährt man, dass sie vermutlich täglich fünf Stationen mit dem Bus zur Arbeit fährt („Er fürchtete sich […], dass sie die Arbeitsstelle wechselte. Für ihn war das die schönste Zeit am Tag, die fünf Stationen, die sie immer mit ihm fuhr", Z. 8–11). Daraus lässt sich schließen, dass sie berufstätig und zumindest noch nicht im Rentenalter sein kann. Sie liest gern während der Busfahrt („Meist las sie", Z. 2/3) und sitzt häufig so, dass der Busfahrer sie beobachten kann (vgl. Z. 1/2). Das legt die Annahme nahe, dass auch sie ihn von diesem Platz aus sehen kann – sei es auch nur über den Spiegel. Unklar ist, ob sie diesen Platz absichtlich wählt, um ihn vielleicht ebenfalls im Blick zu haben. Dagegen spricht, dass sie den Busfahrer in dem Fall anschauen und nicht lesen oder aus dem Fenster blicken würde (vgl. Z. 2/3). Die Beobachtungen des Busfahrers lassen die Vermutung zu, dass die Frau modebewusst ist und gut verdient, da sie zueinander passende Kleidungsstücke und einen Pelzmantel trägt (vgl. Z. 4/5). Sie ist wahrscheinlich nicht sehr experimentierfreudig, denn nur „[e]inmal hatte sie die Haare aufgesteckt" (Z. 5/6) und trägt sonst immer die gleiche Frisur, offenes Haar. Es macht den Anschein, als habe sie seit

Neuestem einen Freund oder sei frisch verliebt, da sie und ein Mann, den der Busfahrer nicht kennt, sich küssen und sie deshalb den Bus verpasst (vgl. Z. 11–13).

Beziehung der beiden unter Berücksichtigung der Erzählperspektive

Das Geschehen wird distanziert aus der Sicht eines personalen Er-Erzählers beschrieben. Alles, was die Leser*innen über die Situation, die Frau und die Beziehung zu ihr wissen, wird aus der Perspektive des Busfahrers geschildert. Daher erfahren die Leser*innen auch nicht, was die Frau empfindet und denkt. Es gibt keine Aussagen darüber, ob ihr aufgefallen ist, dass er sie beobachtet. Es lässt sich deshalb nur vermuten, dass sie nichts von der Liebe des Busfahrers weiß. Die Beziehung zwischen Busfahrer und Frau ist daher sehr einseitig und rein gedanklicher Natur. Dem Busfahrer reichte bisher offenbar die Bewunderung aus der Ferne. Es wird auch nicht klar, ob oder wie er sich eine Beziehung zu der Frau vorstellt.

Schluss

Stellungnahme

Das Thema des Textes ist vermutlich Schüchternheit oder das Verpassen von Chancen. Beides hängt eng zusammen. Es ist gut nachvollziehbar, dass sich der Busfahrer nicht traut, diese, wie es scheint, noble Dame anzusprechen. Vielleicht denkt er, dass er nicht gut genug für sie ist. Oder er will eigentlich gar keine feste Beziehung und es reicht ihm, sie aus der Ferne zu bewundern. Klar wird auf jeden Fall, dass er dadurch eine Chance vertan hat. Wenn er sie nicht anspricht, wird er nie erfahren, ob sie möglicherweise doch Interesse an ihm gehabt hätte. Vielleicht hätte sie gar nicht abweisend reagiert? Ich kann das Zögern des Busfahrers aber auch verstehen, denn hätte sie ihn abgewiesen, wäre jede weitere Fahrt wohl peinlich für ihn geworden.

Transfer

Vermutlich kennt jede*r Situationen, in denen man abwägt, ob man etwas unternehmen soll oder sich eher mit der gegebenen Situation abfindet. Manchmal ist man nachher froh, dass man abgewartet und nichts getan hat, ein anderes Mal ärgert man sich wiederum genau darüber. So zögert man vielleicht, wenn man in der Schule oder im Beruf beobachtet, wie andere Menschen gemobbt oder diskriminiert werden, weil man selbst negative Folgen fürchtet. Eskaliert die Situation dann aber, wünscht man sich möglicherweise, dass man eingeschritten wäre, solange dies noch möglich war. Ich für meinen Teil bereue vor allem die Dinge, die ich nicht getan habe, die Chancen, die ich verpasst habe. Denn nur, wenn man etwas wagt, dann kann man auch gewinnen – im Falle des Busfahrers wäre es vielleicht die Liebe der Frau gewesen.

Abschlussprüfung an Realschulen in Baden-Württemberg
Deutsch 2021

TEIL A 1 25

Text **Birgit Amrehn: Das kurze Leben der Elektrogeräte**

Kurz nachdem die Garantie abgelaufen ist, gehen viele elektrische Geräte kaputt. Der Verdacht liegt nahe: Hersteller bauen gezielt für den Müll. Doch beweisen lässt sich dies nicht. Fakt ist: Bei der Entwicklung eines Elektrogeräts planen die Hersteller, wie lange es voraussichtlich funktionieren wird. „Haltbarkeit spielt dabei keine Rolle mehr", regt sich Stefan Schridde auf. Seit Jahren kämpft er mit seiner Kampagne „Murks? Nein, danke!" für nachhaltige Produktqualität. Er ist sich sicher: Allzu oft bauen Hersteller absichtlich einen Defekt in das Gerät. Denn wenn der Kunde neu kaufen muss, wird der Umsatz angekurbelt. Fachleute nennen das „geplante Obsoleszenz". Ob fest verbaute Akkus, Kunststoffzahnräder, die sich gegenseitig zerfräsen oder falsch bemessene Kondensatoren – Schridde wird nicht müde, Beispiele von „Murks" zu sammeln. Sein Lieblingsobjekt ist ein Milchaufschäumer eines Markenherstellers. Um das Gehäuse zu öffnen, sind zwar Schrauben vorhanden, doch letztendlich hilft nur zerstörerische Gewalt: Das Gehäuse ist zusätzlich verklebt. Eine Reparatur ist vom Hersteller nicht eingeplant. Bauen die Hersteller solche Schwachstellen also extra ein? Wasserdicht beweisen kann selbst Stefan Schridde es nicht.

Doch es gibt einige Indizien. Die meisten wurden bislang bei der Glühbirne gefunden: In den 1940er Jahren flog ein geheimer Zusammenschluss internationaler Glühlampenhersteller auf. In den Akten des sogenannten Phoebuskartells steht es schwarz auf weiß: Die Lebensdauer einer Glühbirne ist auf 1 000 Stunden zu begrenzen. Brennt eine Birne länger, wird der Hersteller mit empfindlichen Geldbußen bestraft. Doch weitere Beweise blieben bislang aus. Die Stiftung Warentest stellte vor einigen Jahren zwar fest, dass diverse Produkte unerfreulich kurzlebig sind. Doch ihre Testergebnisse ergaben keinen Rückschluss darauf, dass Hersteller absichtlich Fehlerquellen einbauten. Und auch eine 2016 vom Umweltbundesamt veröffentlichte Studie fand keine Indizien dafür. Zwar plane der Hersteller die Lebensdauer, doch sei er dabei verschiedenen Faktoren unterworfen. Zum Beispiel müsse er möglichst günstig produzieren, um auf dem Markt bestehen zu können. Technik und Material hätten Leistungsgrenzen.

„Ob es geplante Obsoleszenz gibt oder nicht – diese Frage muss gar nicht unbedingt beantwortet werden, um zu wissen, dass wir handeln müssen", sagt Ines Oehme vom Umweltbundesamt. „Unser Ziel ist es, dass die Menschen sich auf eine Mindestlebensdauer verlassen können und ihre Geräte so lange wie möglich nutzen. Und dafür müssen wir auf vielen Ebenen die Bedingungen verbessern." Denn eines förderte die von ihr begleitete Studie sehr wohl zutage: Elektrogeräte werden immer kürzer genutzt. Besonders der Anteil von Haushaltsgroßgeräten, die bereits in den ersten fünf Jahren kaputtgehen, stieg deutlich an.

Doch nicht nur die Hersteller werden in der Studie zur Verantwortung gezogen, sondern auch die Verbraucher. Viele kaufen sich frühzeitig ein neues Gerät, obwohl das alte noch voll funktionsfähig ist. Besonders bei Smartphones und Fernsehern wollen viele die neueste Technologie oder das neueste Modell besitzen. Egal aus welchen Gründen Elektrogeräte kurz genutzt werden, für das Umweltbundesamt ist das unter ökologischen Gesichtspunkten ein Dorn im Auge. Die Herstellung der Produkte verbraucht wertvolle Ressourcen; Schadstoffe und Treibhausgase belasten Umwelt und Klima. Doch was tun? „Wir müssen uns als Gesellschaft darauf einigen, wie lange ein Gerät mindestens halten soll", meint Ines Oehme. „Oder wie lange Ersatzteile vorhanden sein müssen und Software weiter unterstützt werden muss." Bei Staubsaugern regelt das bereits die Ökodesign-Richtlinie. Sie legt fest, dass spätestens ab dem 1. September 2017 der Motor mindestens 500 Stunden durchhalten muss. Das entspricht einer durchschnittlichen Lebensdauer von zehn Jahren. Mit der Ökodesign-Richtlinie ließen sich auch für andere Produktgruppen Mindestanforderungen festlegen, etwa wie lange sie halten müssen oder dass sie zu reparieren sein müssen. Für Stefan Schridde, den „Murks"-Initiator, geht das zu langsam. Er fordert eine Änderung des gesetzlichen Gewährleistungsrechts. Kunden können bisher zwei Jahre lang den Handel für defekte Elektrogeräte haftbar machen. Nach einem halben Jahr müssen sie jedoch nachweisen, dass sie nicht selbst den Defekt verursacht haben. Könnte der Kunde den Handel längere Zeit ohne Nachweis einer Ursache in Haftung nehmen, würde laut Schridde die Qualität automatisch steigen. Und er müsse nicht weiter so viel Murks sammeln.

Quelle nach: Birgit Amrehn: Das kurze Leben der Elektrogeräte. Im Internet unter: www.planet-wissen.de/gesellschaft/wirtschaft/konsum/geplante-obsoleszenz-100.html (erschienen am 28. 10. 2019)

Textverständnis

10

1 Prüfen Sie, welche der folgenden Aussagen mit dem Sachtext übereinstimmen. Notieren Sie entsprechend: trifft zu/trifft nicht zu. (3)

a Ein geheimer Zusammenschluss internationaler Glühlampenhersteller legte in den 1940er Jahren fest, die Lebensdauer einer Glühbirne auf 1 000 Stunden zu begrenzen.

b Die Stiftung Warentest fand in einer Studie viele Indizien, die beweisen, dass Hersteller absichtlich Fehlerquellen einbauen.

c Der Anteil an Haushaltsgeräten, die in den ersten fünf Jahren nicht kaputtgehen, stieg deutlich an.

d Viele Konsumenten kaufen sich erst dann ein neues Gerät, wenn das alte nicht mehr funktionsfähig ist.

e Unter ökologischen Gesichtspunkten ist die kurze Lebensdauer von Elektrogeräten nicht vertretbar.

f Handrührgeräte müssen seit September 2017 eine Laufzeit von mindestens 500 Stunden aufweisen.

2 Erklären Sie den Begriff „geplante Obsoleszenz“. (1)

3 Das Umweltbundesamt kritisiert die kurze Lebensdauer aus ökologischen Gesichtspunkten. Formulieren Sie zwei Gründe dafür. Antworten Sie in vollständigen Sätzen. (2)

4 Erläutern Sie das aktuelle gesetzliche Gewährleistungsrecht. (1)

5 Beschreiben Sie zwei Gründe, warum Elektrogeräte immer kürzer genutzt werden. (2)

6 Begründen Sie, warum laut Stefan Schridde eine Änderung des gesetzlichen Gewährleistungsrechtes automatisch zu einer Qualitätssteigerung führen würde. (1)

7 Rechtschreibung (4)

Bestimmen Sie die korrekte Schreibweise des unterstrichenen Wortes und benennen Sie die angewandte Rechtschreibstrategie/Rechtschreibregel.

Bsp.: kommen/komen: kommen → Strategie: Schwingen, kom – men

a Ein schneller Defekt bei Kleingeräten ist nichts Überraschendes/überraschendes.

b Erste Anzeichen für das drohende Ende der Lebensdauer sind zunehmend laute Gereusche/Geräusche des Gerätes.

c Manche Elektrogeräte können bei intensiver Nutzung leicht in Brand/Brant geraten.

d Für den Konsumenten ist es am Besten/besten, wenn er ein qualitativ hochwertiges Gerät mit einer langen Lebensdauer kauft.

8 Zeichensetzung (2)

Übertragen Sie die unten stehenden Sätze und setzen Sie die fehlenden Kommas. Begründen Sie jeweils mit der passenden Kommaregel.

a Der Umsatz wird angekurbelt wenn der Kunde neue Geräte kaufen muss.

b Smartwatches die technisch schnell veralten sind besonders bei Jugendlichen sehr beliebt.

9 Indirekte Rede (1)

Formulieren Sie die folgende Aussage in indirekter Rede. Verwenden Sie den Konjunktiv I.

Ines Oehme vom Umweltbundesamt sagt: „Unser Ziel ist es, dass die Menschen sich auf eine Mindestlebensdauer verlassen können […].“ (Z. 32/33)

10 Tempus (2)

Bestimmen Sie das Tempus. Verwenden Sie den lateinischen Fachbegriff.

a Er muss nicht weiter so viel Murks sammeln.

b In den Akten des sogenannten Phoebuskartells hatte es schwarz auf weiß gestanden.

c Eine Änderung des gesetzlichen Gewährleistungsrechts wird 2030 bereits umgesetzt worden sein.

d Der Hersteller hat bewusst Schwachstellen in die Elektrogeräte eingebaut.

11 Aktiv/Passiv (1)

Formulieren Sie den Satz im Passiv.

Verbraucher kaufen frühzeitig neue Geräte, obwohl die alten noch voll funktionsfähig sind.

12 Wortarten (2)

Bestimmen Sie die Wortarten der unterstrichenen Wörter und notieren Sie die lateinischen Bezeichnungen.

„Ob (1) es geplante Obsoleszenz gibt (2) oder nicht – diese (3) Frage muss gar nicht unbedingt beantwortet werden, um zu wissen, dass wir (4) handeln müssen.“ (Z. 30/31)

13 Feldermodell (2)

Erstellen Sie eine beschriftete Feldertabelle.
Tragen Sie den folgenden Satz ein, ohne ins Nachfeld zu schreiben:

Ein Elektrogerät sollte eine Mindestlebensdauer haben, weil dies aus ökologischen Gesichtspunkten nachhaltiger ist.

14 Umgang mit Sprache (1)

Erklären Sie die Formulierung: „ein Dorn im Auge“ (Z. 43)

Gabriele Clima: Der Sonne nach

15 Nennen Sie drei bedeutsame Figuren, denen Dario oder Andy auf ihrer Reise begegnen und erklären Sie kurz deren Bedeutung. (3)

16 „Also, dann hör mir mal gut zu. Du bist nicht der Einzige. Ich sitze auch in einem Rollstuhl. Seit neun Jahren schon. Hat bloß keiner mitbekommen.“ (S. 102) (4)

Zeigen Sie auf, warum Dario seine Gesamtsituation so empfindet (vier Aspekte).

17 „‚In Ordnung‘, sagte die Delfrati schließlich. ‚Tun wir so, als wäre nichts passiert.‘ (2)
Na toll, dachte Dario, das ist genau die Antwort, wie man sie von einem Weichei erwartet.“ (S. 21)

Nennen Sie zwei Gründe, warum Dario Frau Delfrati in dieser Situation als „Weichei“ empfindet.

18 „Deswegen, Dario, was auch immer du mit Andy gemacht hast, ich möchte nicht, dass du damit aufhörst.“ (S. 149) (3)

Erklären Sie, wodurch Dario Andys positive Entwicklung beeinflusst hat (drei Aspekte).

19 **TIPP** **Hinweis zur Aufgabe**

Aufgrund der erschwerten Lernsituation während der Corona-Pandemie standen den Fachlehrkräften zwei produktive Schreibaufgaben zur Auswahl, von denen den Schülerinnen und Schülern jedoch nur eine zur Bearbeitung vorgelegt wurde.

Innerer Monolog (13)

„Er hatte nur noch einen Gedanken, zu verschwinden, er wollte nur noch von hier weg, weit weg, einfach abhauen.
Aber abgehauen war er ja schon. Und war hier «Am Park» gelandet. Wo es keine Villen gab. Keine Tore mit goldenen Klingelschildern. Es gab nicht einmal einen Vater." (S. 125)

Stellen Sie in einem inneren Monolog drei weitere Gedanken Darios dar. (mindestens 200 Wörter)

oder:

Tagebucheintrag (13)

„Dario sagte nichts, aß nichts, kam tagelang nicht aus seinem Zimmer, monatelang, jahrelang, wer konnte das schon sagen, wie bemisst man die Zeit, wenn man sich in seinem Zimmer verkriecht?" (S. 142)

In dieser Situation schreibt Dario einen Tagebucheintrag, in dem er thematisiert, was ihm der gemeinsame Ausflug bedeutet und was er durch Andy gelernt hat. Schreiben Sie diesen Tagebucheintrag.
(mindestens 200 Wörter)

Bearbeiten Sie eine der drei folgenden Aufgaben.

Aufgabe 1: Erörterung

Erörtern Sie, welche Argumente für und gegen ein Verbot von Feuerwerkskörpern sprechen (jeweils mindestens drei Argumente). Verwenden Sie den Text für Ihre Argumentation. Begründen Sie Ihre eigene Meinung.
Formulieren Sie einen zusammenhängenden, gegliederten Text.

Text **Martin Franke: Debatte über Feuerwerk: Brauchen wir ein Böllerverbot?**

Es ist fast zwölf Monate her, dass die Deutsche Umwelthilfe (DUH) ankündigte, ein Böllerverbot in deutschen Großstädten mit hoher Feinstaubbelastung durchzusetzen. Notfalls auch vor Gericht. Kurz vor Weihnachten hieß es dann von der Organisation etwas zurückhaltender: „39 Prozent der belasteten Feinstaub-Städte sind für Feuerwerk-Verbotszonen." Städte wie Hamburg, München, Stuttgart und Köln haben Verbotszonen für private Silvester-Knaller in der Innenstadt angekündigt. Auch in Berlin sind Raketen und Böller in der Silvesternacht von 18 Uhr bis 6 Uhr zum ersten Mal nicht nur auf der Partymeile am Brandenburger Tor verboten, sondern auch auf dem nördlichen Alexanderplatz. Die Polizei hat angekündigt, Feuerwerkskörper in betroffenen Zonen notfalls „mit Zwang" zu beschlagnahmen. In den vergangenen Jahren waren auf dem Alexanderplatz und in Schöneberg immer wieder Rettungskräfte und Polizisten mit Böllern beworfen worden.

Die meisten Deutschen sind aus Umwelt- und Sicherheitsgründen für ein Verbot von Böllern zu Silvester. Laut einer repräsentativen Befragung des Meinungsforschungsinstituts YouGov mit 2 000 Teilnehmern für das „RedaktionsNetzwerk Deutschland" befürworten 57 Prozent ein Verbot. 36 Prozent sprechen sich gegen ein Verbot aus, sieben Prozent sind unschlüssig.

Silvesterraketen, Böller und bunte Batterien haben eine lange Tradition. Das Schwarzpulver wurde vor mehr als 1 000 Jahren in China erfunden. Im Mittelalter war es den Reichen am feudalen Hofe vorbehalten, um Gäste bei Feierlichkeiten zu unterhalten. Erst im 19. Jahrhundert wurde es der breiten Öffentlichkeit zugänglich gemacht. In den vergangenen Jahren ist der Wirtschaftszweig gewachsen: Gaben die Menschen in Deutschland 2007 noch 100 Millionen Euro für Feuerwerk aus, waren es 2017 bereits 137 Millionen Euro. Dabei ist der Verkauf auf nur drei Tage bis zum 31. Dezember begrenzt. Spannend dürfte sein, ob die Debatte um Klimaschutz die Verkaufszahlen in diesem Jahr nach unten drücken wird und Hersteller wie Weco und Comet einen Rückgang ihrer Einnahmen zu spüren bekommen – oder ob Verbraucher das Thema für ein paar Minuten ausblenden.

Eine Gefahr für das eigene Leben kann nicht nur von der eigenen Rakete ausgehen. Jedes Jahr gibt es Berichte über teils schwere Verbrennungen, verstümmelte Hände und verlorenes Augenlicht. All diese Verletzungen wären vermeidbar, warnen Ärzte immer wieder aufs Neue, zahlreiche Noteinsätze ebenso. Silvesterböller können das Gehör dauerhaft schädigen. Die Knallkörper erzeugen eine Lautstärke bis zu 120 Dezibel.

Ein weiterer Aspekt ist die Umweltverschmutzung. In einer Pressemitteilung der DUH heißt es, dass die Feinstaubmenge, die durch das Feuerwerk zum Jahreswechsel freigesetzt wird, 16 Prozent der jährlich im Straßenverkehr entstehenden Menge entspreche. Die Menschen verschmutzen zum Spaß nicht nur die Luft, die sie atmen, sondern auch die Natur in ihrer Nachbarschaft. Raketen und Böller landen ohne Umwege in der Umwelt und bleiben dort teilweise monatelang liegen.

Manche Händler verzichten deswegen bereits auf den Verkauf von Feuerwerkskörpern. Andere verdienen am Silvesterkrach weiter viel Geld: Bei einem Discounter gibt es in diesem Jahr ein sogenanntes Systemfeuerwerk mit 152 Schuss für 50 Euro. Brenndauer: etwas mehr als zwei Minuten. […]

Leidtragende der Jahreswende sind auch Tiere: Hunde, Vögel, Waldbewohner. Sie sind diejenigen, die vor dem Fest keine Warnung erhalten und oft auch keinen Rückzugsort haben. In anderen Ländern haben die Tiere es besser, dort wird der Rutsch ins neue Jahr ohne viel Lärm gefeiert: In Spanien kommen die Menschen um Mitternacht zum Beispiel mit einer Tüte Trauben zusammen, in den letzten zwölf Sekunden des Jahres essen die Feiernden jeweils genau zwölf Trauben.

Einzig gegen ein Verbot spricht ein wichtiges Argument: das Verbot selbst. Es wäre die letzte Option des Gesetzgebers, die aber auch in die individuelle Freiheit von Menschen eingreift. Ein generelles Böllerverbot für die ganze Republik ist zudem unrealistisch, auch wenn es dazu Initiativen und Petitionen gibt. Städte und größere Orte könnten viel eher darüber sprechen und Verbotszonen einrichten.

Quelle: Martin Franke: Debatte über Feuerwerk: Brauchen wir ein Böllerverbot? Im Internet unter: www.faz.net/aktuell/gesellschaft/menschen/silvester-brauchen-wir-ein-boellerverbot-16552841.html (aktualisiert am: 27. 12. 2019)

Text Günter Kunert (1929–2019): Gagarin[1]

Als er durch des Himmels Bläue aufgefahren,
Schien es, er bewege sich nicht länger fort,
Und er hänge fest in dieser schwarzen Weite,
Und die Erde drehe sich vor seinem Fenster dort.

Eine unfaßbare Kugel nannte er nun Heimat,
Und wie nie vorher kam sie ihm plötzlich nah,
Da er, fern von ihr in den Unendlichkeiten,
Stumm und reglos auf sie niedersah.

Und er liebe sie, die sich ihm zeigte,
Weil sie doch der Menschen Mutter war,
Immer noch die Söhne nährend und behausend,
Aber auch durch sie in tödlicher Gefahr.

Während seiner Rückkehr zum Planeten
Ward ihm klar: Die Erde ist nur eins.
Die darauf sind, müssen miteinander leben,
Oder von ihr wird es heißen: Leben keins.

Quelle: Günter Kunert: Gagarin. In: Der ungebetene Gast. Gedichte. Aufbau-Verlag, Berlin/Weimar, 1965.

Anmerkungen

1 Juri Gagarin, russischer Kosmonaut, umkreiste 1961 als erster Mensch die Erde.

Die Rechtschreibung entspricht nicht den aktuellen Regeln.

Aufgabenstellung

Untersuchen Sie dieses Gedicht und beschreiben Sie dabei folgende Punkte:

- Sprachliche Mittel und deren Wirkung
- Perspektive, Gedanken und Erkenntnisse des Kosmonauten

Formulieren Sie einen zusammenhängenden, gegliederten Text.

Aufgabe 3: Textbeschreibung Prosa

Text Marion Miller: Das Glück

Sie fasst es nicht, kann es nicht begreifen: 60 000 Mark, sechzig große Scheine. Fünf Richtige und Zusatz: Sie hat richtig getippt. Fünfzehn Jahre lang jeden Freitag Zahlen angekreuzt. Geburtstage, Hochzeitstage, Sterbetage; fünfzehn Jahre lang geträumt, fünfzehn Jahre gehofft. Sie hält den Brief in gichtigen Händen – ihr Name, der Geldbetrag und „dürfen wir Sie zu Ihrem Gewinn herzlich beglückwünschen!“ Kein Zweifel, sie ist gemeint. Sie hält den Brief ganz fest, spürt Kälte ins Gesicht steigen, legt die Hände vor die Augen, weint. Gestern Rentnerin, gestern arm, gestern gespart, gestern sich nichts geleistet, gestern an vollen Schaufenstern vorbeigehuscht. Nie hatte sie Geld. Und nun dieser Augenblick. Sie zieht das Sonntags-Dunkelblaue an, fährt in die Stadt, will das Glück auf die Probe stellen, Freude kaufen, Sehnsüchte bar bezahlen. Brechende Schaufenster, das Fest der Augen, die Flöte des Rattenfängers: kaufen, dazugehören, Geld ausgeben, glücklich sein. Die Verkäuferin warnt, dies sei ein teures Kleid, Material, Verarbeitung. Lächeln, sie möchte anprobieren, sie hat Geld. Bitte, gnädige Frau. Das Wort dröhnt in ihren Ohren: gnädige Frau! Zum ersten Mal in ihrem Leben.

Sie kauft das Kleid nicht, der Spiegel hat sie ausgelacht. Sie kauft auch keinen Pelz, der schwarze Wollmantel hält warm, tut es noch ein paar Jahre. Keinen Farbfernseher: ihre Augen sind müde, chronische Bindehautentzündung, tränig von dem, was sie sahen, durch siebzig Jahre. Kein Haus: sie ist allein. Keine Reisen in ferne Märchenländer: sie glaubt nicht mehr an Märchen. Fünf Richtige und Zusatz: was soll das Geld. Fünfzig Jahre früher hätte sie es gebraucht. Ein Haus für die Familie, die Kur für den Mann, den teuren Arzt für das Kind, den warmen Pelz, das schicke Kleid. Nie hat das Geld gereicht. Nun braucht sie keins mehr. Der Schalterbeamte holt den Direktor. Der redet auf sie ein, ob sie sich das auch gut überlegt hat: Geld legt man an, damit es sich vermehrt. Niemand verschenkt Geld, auch nicht an die Kirche. Sie bleibt dabei, sie will das Geld nicht. Schreibt den Scheck, malt mit zittrigen Händen die Riesenzahl, ihren Namen: Zahlen Sie aus meinem Guthaben.

Quelle: Marion Miller: Das Glück. In: Glück und Sinn, Schulbuch für Ethik. Klett, 1987.

Aufgabenstellung

Untersuchen Sie diesen Prosatext und beschreiben Sie dabei folgende Punkte:

- den Titel und die sprachlichen Mittel in Bezug auf den Inhalt
- die Merkmale der Kurzgeschichte belegt an Textbeispielen
- die Erkenntnis der Hauptfigur

Formulieren Sie einen zusammenhängenden, gegliederten Text.

Lösungsvorschlag

TEIL A 1

Textverständnis

1 **TIPP** **Hinweis zur Lösung**

Lies den Text nochmals genau durch und prüfe jede der angegebenen Aussagen einzeln, ob sie mit dem Inhalt übereinstimmt.

a trifft zu

b trifft nicht zu

c trifft nicht zu

d trifft nicht zu

e trifft zu

f trifft nicht zu

2 **TIPP** **Hinweis zur Lösung**

Hier ist nicht nur die Information aus einer Textstelle gefragt, sondern das Zusammenspiel aus mehreren Informationen. In der Antwort muss enthalten sein, dass die Geräte immer kurz nach Ablauf der Garantie kaputtgehen sollen.

Unter geplanter Obsoleszenz versteht man die Tatsache, dass Hersteller gezielt einen Defekt in ein Gerät einbauen, damit es kurz nach Ablauf der Garantie kaputtgeht. So wollen sie die Verbraucher*innen dazu bringen, ein neues Gerät zu kaufen.

3 Die kurze Lebensdauer ist problematisch, da die Herstellung der Produkte wertvolle Ressourcen verbraucht. Außerdem belasten dabei Schadstoffe und Treibhausgase die Umwelt und das Klima.

4 Das aktuelle gesetzliche Gewährleistungsrecht besagt, dass Kundinnen und Kunden zwei Jahre lang nach dem Erwerb eines Geräts den Handel für einen Defekt beim Produkt haftbar machen können. Nach Ablauf eines halben Jahres müssen sie jedoch nachweisen, dass sie den Defekt nicht selbst verschuldet haben.

5 Elektrogeräte werden immer kürzer genutzt, da ein Teil der Geräte bereits nach fünf Jahren kaputtgeht. Weitere Gründe können sein, dass Kundinnen und Kunden immer dem aktuellsten Trend folgen möchten, das neuste Modell haben wollen und gerne die neuste Technologie besitzen würden.

6 Könnten die Kundinnen und Kunden den Handel bzw. die Hersteller längere Zeit ohne Nachweis der Ursache in Haftung nehmen, würde sich wahrscheinlich die Qualität der Geräte erhöhen. Denn es liegt sicherlich nicht im Interesse der Produzenten, die vielen defekten Geräte ersetzen oder den Kundinnen und Kunden den Kaufpreis erstatten zu müssen.

Sprachgebrauch

7 **a** nichts Überraschendes: Nominalisierung (nach einer unbestimmten Mengenangabe)

b Geräusche: Ableitung vom Verb „rauschen“

c Brand: Verlängerungsprobe (durch Pluralbildung) →„Brän<u>d</u>e“

d am besten: in diesem Fall bezeichnet „am besten“ den Superlativ von „gut“; das Signalwort „am“ weist daher ausnahmsweise nicht auf eine Nominalisierung hin

8 **a** Der Umsatz wird angekurbelt**,** wenn der Kunde neue Geräte kaufen muss.

Begründung: Es handelt sich um ein Satzgefüge aus einem Haupt- und einem Nebensatz (HS, NS).

b Smartwatches**,** die technisch schnell veralten**,** sind besonders bei Jugendlichen sehr beliebt.

Begründung: Der eingeschobene Relativsatz wird mit zwei Kommas vom Hauptsatz abgetrennt (HS, NS, HS).

9 Ines Oehme vom Umweltbundesamt sagt, **ihr/deren** Ziel **sei** es (*oder:* dass es **ihr/deren** Ziel **sei**), dass sich die Menschen auf eine Mindestlebensdauer verlassen können.

10 TIPP **Hinweis zur Lösung**

Es ist sinnvoll, zunächst das Prädikat bzw. alle Teile davon im jeweiligen Satz zu markieren. Am Prädikat kannst du nämlich erkennen, um welche Zeitform es sich jeweils handelt.

a Präsens

b Plusquamperfekt

c Futur II

d Perfekt

11 Neue Geräte **werden** frühzeitig (von Verbrauchern) **gekauft**, obwohl die alten noch voll funktionsfähig sind. /
Obwohl die alten noch voll funktionsfähig sind, **werden** frühzeitig neue Geräte (von Verbrauchern) **gekauft**.

12 (1) Ob: Subjunktion (*oder:* unterordnende Konjunktion)

(2) gibt: Verb

(3) diese: Demonstrativpronomen

(4) wir: Personalpronomen

13 TIPP **Hinweis zur Lösung**

Die Benennung der Felder der Feldertabelle kann je nach Grammatik (z. B. nach Granzow-Emden) auch variieren.

Vorfeld	**linke Satzklammer**	**Mittelfeld**	**rechte Satzklammer**	**Nachfeld**
Ein Elektrogerät	sollte	eine Mindestlebensdauer	haben,	
	weil	dies aus ökologischen Gesichtspunkten nachhaltiger	ist.	

14 Die Formulierung „ein Dorn im Auge“ bedeutet, dass etwas oder jemand als störend/ärgerlich/unerträglich empfunden wird.

TEIL A 2 – LITERATUR

Gabriele Clima: Der Sonne nach

15 **TIPP** **Hinweis zur Lösung**

Der Operator „erklären" weist darauf hin, dass eine stichwortartige Auflistung als Lösung nicht ausreicht, sondern ein erklärender Text gefordert ist. Darin sollst du verdeutlichen, inwiefern die jeweiligen Personen bedeutsam, also wichtig sind. Hierfür kommen z. B. Rak, der Tankwart, Isa und die Nonne infrage, da jede Person auf ihre Weise zur Reise oder zur Entwicklung der beiden Jungen beigetragen hat.

Mögliche Lösungen (nur drei erforderlich):

- Auf der Reise treffen Dario und Andy zunächst **Rak**. Er ist sicherlich eine der bedeutsamsten Personen, denn er kümmert sich um die beiden. Zum Beispiel versorgt er Andy, lässt die beiden Jungen bei sich übernachten, baut das Rakmobil und regt Dario auch zu seiner Entscheidung an, seinen Vater zu suchen.
- An einer Tankstelle begegnen sie einem **Tankwart** und dem Mädchen Isa. Der Tankwart ist bereit, das Rakmobil aufzutanken, und beschreibt Dario den Weg nach Torre Saracena, wo Darios Vater lebt. Aufgrund der Äußerung des Tankwarts wird Dario bewusst, wie wenig manche Personen über Menschen mit Behinderung wissen und wie sie über diese denken.
- Auch **Isa** ist in gewisser Weise bedeutsam für die beiden. Sie begegnet Andy auf Augenhöhe und zeigt Dario, dass es auch Personen gibt, die keine Vorbehalte gegenüber Menschen mit Behinderung haben. Sie schenkt Andy auch den Stein, der wie eine blaue Katze angemalt ist. Durch diesen wird später deutlich, dass Andy mehr versteht, als Dario zunächst annimmt.
- Sicher kann auch die **Nonne** als bedeutsam bezeichnet werden, denn sie macht Dario klar, dass er immer die Möglichkeit hat, eigene Entscheidungen zu treffen, und dass er eine Gabe für den Umgang mit Menschen und Tieren besitzt.

16 **TIPP** **Hinweis zur Lösung**

Bei dieser Aufgabe werden vier Aspekte verlangt, die in einem Fließtext formuliert sein müssen. Die Textstelle auf Seite 102, die sich an das angegebene Zitat anschließt, gibt erste Hinweise darauf, wie Dario die Gesamtsituation empfindet. Zur Lösung der Aufgabe sollte eine Art Vergleich zwischen Dario und Andy erfolgen, der zeigt, warum sich Dario ebenfalls so fühlt, als sei er „behindert", also beeinträchtigt und eingeschränkt.

Dario fühlt sich durch seine seelische Belastung ebenfalls „behindert“, also stark eingeschränkt. Seit sein Vater die Familie verlassen hat, trägt Dario einen lähmenden Schmerz mit sich herum, der ihm manchmal das Gefühl gibt, sich nicht richtig bewegen und nicht atmen zu können. Er hat auch den Eindruck, dass ihn keiner versteht und er keinen Einfluss auf das Geschehen nehmen kann. Mit seinen Ängsten, Selbstzweifeln und Fragen bleibt er allein, da das Verhältnis zu seiner Mutter zu distanziert ist. Seit sein Vater vor 9 Jahren weggegangen ist, empfindet er diese seelische Not, die man von außen zwar nicht sieht, die sich für ihn jedoch wie eine Behinderung anfühlt. Und das ist auch der Aspekt, um den er Andy beneidet. Dessen Behinderung ist nämlich sichtbar, weshalb ihm – im Gegensatz zu Dario – auch geholfen wird.

17 **TIPP** **Hinweis zur Lösung**

Hier musst du die gesamte Situation, die sich zuvor abgespielt hat, in den Blick nehmen. Es ist daher sinnvoll, sich die vorausgegangene Szene nochmals durchzulesen.

Dario hält seine Lehrerin wahrscheinlich für ein „Weichei“, weil er weiß, dass sie eigentlich recht hat und ihn bestrafen müsste. Mit seinem Verhalten provoziert er sogar eine deutliche Reaktion, die jedoch ausbleibt. Da er seine Lehrerin gleichzeitig mit ihrem eigenen Fehlverhalten konfrontiert, möchte sie die Angelegenheit wohl nicht weiterverfolgen. Dadurch zeigt sie sowohl ihre Feigheit, weil sie sich nicht traut, sich gegen Dario durchzusetzen, als auch, dass sie inkonsequent ist.

18 **TIPP** **Hinweis zur Lösung**

Für die hier geforderte Erklärung musst du zunächst einmal herausarbeiten, um welche maßgeblichen Fortschritte es sich überhaupt handelt. Dabei stehen vor allem die Aspekte Motorik und Sprache sowie die Tatsache, dass Andy insgesamt munterer wirkt, im Vordergrund. Wichtig ist, dass du auch erklärst, welchen Anteil Darios Verhalten und Handlungsweisen an diesen Fortschritten haben.

Andy macht Fortschritte in der Motorik, d. h., er kann sich besser und zielgerichteter bewegen. Das wird deutlich, als Andy nach seinem Wasserglas greift. Dario hilft ihm nicht, sondern zeigt Geduld und lässt ihn dies selbst versuchen. Am Ende der Geschichte kann sich Andy sogar eigenständig mit seinem neuen Rollstuhl bewegen.

Auch beim Sprechen macht Andy Fortschritte: Er äußert immer mehr verständlich klingende Worte und setzt Sprache passend ein, um sich mitzuteilen. Das kann daran liegen, dass Dario sich mit ihm auf Augenhöhe unterhält, nicht für ihn spricht, sondern ihm das Sprechen zutraut. Deutlich wird dies beispielsweise auf Tiffanys Party, als Dario Andy genervt anschnauzt. Er spricht genauso mit ihm, wie er es auch bei einem Menschen ohne Behinderung getan hätte. Andy fasst daraufhin seine Trauer und Enttäuschung über Darios Verhalten in verständliche Worte, indem er ihn als „A-Loch“ (S. 102) bezeichnet. Außerdem wirkt Andy insgesamt munterer und er scheint Dinge, die in seiner Umgebung passieren, zu verfolgen und kann darauf reagieren. So zeigt er z. B. Mitgefühl, als Dario traurig ist, und versucht ihn zu trösten, indem er ihm den Stein mit der blauen Katze schenkt. Das erreicht Dario vermutlich damit, dass er ihn nicht in Watte packt, sondern sich ganz normal verhält. Zudem verstellt er sich Andy gegenüber nicht und ist offen mit seinen wahren Gefühlen.

19 **TIPP** **Hinweis zur Lösung**

Bei einem inneren Monolog sollte immer ein direkter Bezug zur vorausgegangenen Textstelle hergestellt werden, da sich die Gedanken des Protagonisten vorrangig darauf richten.
Hier ging das ernüchternde und enttäuschende Gespräch mit Darios Vater voraus, das in der zitierten Situation mündet. In der Aufgabenstellung sind drei weitere Gedanken verlangt, das heißt, dass der Gedanke an Flucht, der im Zitat schon vorkommt, nicht weiter ausformuliert werden soll.

Wenn es nicht so tragisch wäre, könnte man fast darüber lachen: Ich finde ihn zum Kotzen, im wahrsten Sinne zum Kotzen. Irre, dass mein Körper so auf die Situation reagiert. Schon vorhin hat sich mein Magen zusammengekrampft … So unwirklich und unwürdig ist diese Situation … Ich ekle mich vor meinem eigenen Vater! Vor seinem Aussehen, seinen schmutzig grauen wässrigen Augen, seinem Umfeld, seinem Leben, seiner bekifften Baumfrau … So lebt man doch nur, wenn man ganz unten ist! Wie kann ein erwachsener Mann so wenig Einfühlungsvermögen haben? Ist ihm nicht klar, dass es mich unheimlich kränkt, wenn er von mir nicht Papa genannt werden will? Alle nennen ihn Nic, ich bin aber nicht „alle“! Ich bin sein Sohn, für den er Verantwortung hätte übernehmen sollen. Noch deutlicher kann man wohl niemandem zeigen, wie egal man ihm ist. Und er weiß nicht einmal mehr, wie lange es schon her ist, dass er uns verlassen hat! Das ist echt ein Schlag ins Gesicht! Und ich mache mir jahrelang Vorwürfe, zweifle an mir, hasse mich, verachte meine Mutter … und dann das! Alles hätte ich erwartet, aber auf das hier war ich nicht vorbereitet. Und dann preist er immer diese Flora an, als ob die mich beeindrucken könnte, in all dem Gestank … Schlimmer hätte es kaum kommen können, schlimmer geht wirklich nicht! (216 Wörter)

oder:

TIPP **Hinweis zur Lösung**

Ein Tagebucheintrag muss im Gegensatz zum inneren Monolog nicht zwingend auf eine konkrete Situation bezogen sein. Da es unterschiedlich ist, wie regelmäßig jemand Tagebuch schreibt, kann auch auf eine längere Zeitspanne zurückgeblickt oder ein Fazit, eine Erkenntnis beschrieben werden. Dario kann z. B. darüber schreiben, dass die Reise nicht geplant war, dass er durch Andy den Mut gefunden hat, sich der Problematik mit seinem Vater zu stellen, dass es sich gut anfühlt, Verantwortung zu übernehmen, oder was er nun über seinen Vater denkt.

Jetzt müsste ich jemanden zum Reden haben, einen wie Rak oder einen wie Andy. Aber ich bin allein und das, was ich alles erlebt habe, kann man sowieso niemandem erklären. Elisa hätte sicher darauf gewettet, dass ich mich nicht gut genug um Andy kümmern kann, aber da hat sie sich getäuscht!
Ich gebe zu, ich war eigentlich nur feige und wollte nicht von der Polizei geschnappt werden, aber jetzt hat dieser Trip doch irgendwie alles verändert. Schon komisch, wie viel es mit mir gemacht hat, dass ich mit Andy unterwegs war. Er war mir ausgeliefert, aber durch ihn bin ich auch irgendwie stark geworden und habe mich Dinge getraut, die ich sonst nicht gemacht hätte. Es musste erst ein Andy daherkommen, damit ich die Sache mit meinem Vater angehe. Ein ewiges Hirngespinst, ein Schreckgespenst, das mich jahrelang gelähmt hat. So wünscht man sich das nicht, aber manchmal muss es eben kurz wehtun, damit eine Wunde heilen kann. Aber mal ehrlich, das ist doch auch total billig: Ein unzuverlässiger, verantwortungsscheuer Mann verlässt aus Egoismus seine Familie und macht damit alles und jeden kaputt, hat dabei aber null Schuldgefühle. Und natürlich sollen andere den Trümmerhaufen, den er zurücklässt, aufräumen. Na, herzlichen Dank! Gut, dass ich es nun weiß, und gut, dass er weg ist! (212 Wörter)

TEIL B

Aufgabe 1: Erörterung

TIPP **Hinweis zur Lösung**

Hier wird eine textgebundene dialektische Erörterung verlangt. Du musst also auf Basis des vorliegenden Textes Argumente finden, die sowohl für als auch gegen ein Verbot von Feuerwerkskörpern und Böllern sprechen. Kläre daher zunächst nach mehrmaligem Lesen des Textes und der Aufgabenstellung, welche Argumente zu den beiden Seiten des Themas (Pro und Kontra Feuerwerksverbot) im Text zu finden sind. Lege dann einen Schreibplan an, in dem du die Anordnung der Argumente entsprechend des Sanduhrprinzips festlegst.

Denke daran, dass dein Aufsatz aus folgenden Elementen bestehen muss:
- EINLEITUNG mit Hinführung zum Thema, Quelle der Textgrundlage und Themenfrage (abgeleitet aus der vorliegenden Aufgabenstellung)
- HAUPTTEIL mit Antithese und These sowie den dazugehörigen Argumenten (bestehend aus Behauptung, Begründung und Beispiel)
- SCHLUSS mit Zusammenfassung der vorliegenden Argumente und persönlicher Stellungnahme

Für die Bewertung dieses Aufsatzes, bei dem eine Höchstpunktzahl von 50 Punkten erreicht werden kann, liegt folgender Bewertungsschlüssel zugrunde:
- Inhalt (Qualität der Umsetzung der Aufgabenstellung): 25 Punkte
- Sprache (sprachlicher Ausdruck, z. B. abwechslungsreiche Sprache, passende Wortwahl, Verwendung von Fachbegriffen, korrekter Satzbau): 15 Punkte
- Aufbau/Form (z. B. sinnvolle Anordnung der Argumente, sauberes Schriftbild, passende Absätze, freier Rand): 5 Punkte
- Rechtschreibung (Menge der Rechtschreibfehler im Verhältnis zur Wortanzahl): 5 Punkte

Aufsatzbeispiel

Einleitung
Hinführung zum Thema

Silvester 2020 auf 2021: Pandemiebedingt wurde zu diesem Jahreswechsel erstmals ein Verkaufsverbot von Feuerwerkskörpern erlassen. In erster Linie diente es dazu, Menschenansammlungen zu verhindern. Es ging aber auch darum, den Krankenhäusern keine zusätzlichen Patientinnen und Patienten zu bescheren, die ansonsten durch Verletzungen in der Silvesternacht in die Notfallstationen gedrängt wären. Auch die Umwelt hat es gedankt: Der Feinstaubpegel war in keiner Silvesternacht zuvor so niedrig wie in diesem Jahr. Fast überall hielten sich die Menschen an die Verbote und Vorgaben und erkannten den Sinn, den sie haben sollten. Für die Mehrheit der Menschen in Deutschland war es also unter den Pandemiebedingungen annehmbar, auf das lieb gewonnene Silvesterfeuerwerk verzichten zu müssen.

Auch schon vor der Pandemie wurde darüber diskutiert, ob ein grundsätzliches Verbot eine Option sein könnte. Mit der Debatte über ein Feuerwerks- und Böllerverbot beschäftigt sich auch Martin Frankes Artikel „Debatte über Feuerwerk: Brauchen wir ein Böllerverbot?", der im Internet auf der Seite der Frankfurter Allgemeinen Zeitung zu finden ist (www.faz.net/aktuell/gesellschaft/menschen/silvester-brauchen-wir-ein-boellerverbot-16552841.html). Der Autor erläutert darin das Für und Wider eines Verbots. Und zu Recht stellt sich nach den Erkenntnissen aus dem vergangenen Silvesterfest die Frage, ob ein Verbot von Feuerwerkskörpern und Böllern wünschenswert wäre.

Textgrundlage und Quelle

Themenfrage

Zunächst ist es sinnvoll, zu überlegen, was gegen ein derartiges Verbot spricht. Gegner eines etwaigen Verbots sind schnell gefunden, denn mit dem bunten Spektakel an Silvester wird in Deutschland viel Geld verdient, das heißt, Feuerwerke sind ein echter Wirtschaftsfaktor mit zunehmender Kraft: „Gaben die Menschen in Deutschland 2007 noch 100 Millionen Euro für Feuerwerk aus, waren es 2017 bereits 137 Millionen Euro." (Z. 24/25) Würden diese Einnahmen wegfallen, würden damit z. B. Firmen wie Weco und Comet (vgl. Z. 28) und Geschäfte im Einzelhandel keinen Umsatz mehr machen, wodurch Arbeitsplätze bedroht wären.

Hauptteil

Kontra 1: wirtschaftliche Einbußen

Ein weiterer Punkt, der gegen ein Verbot spricht, ist die Tatsache, dass Feuerwerk eine lange Tradition in unserer Kultur (vgl. Z. 19–24) besitzt und für viele Menschen im Zusammenhang mit Silvester nicht wegzudenken ist. Seit Jahrhunderten werden traditionell in der Silvesternacht mit viel Lärm und Feuerwerk böse Geister vertrieben, das neue Jahr wird begrüßt und die Menschen werden unterhalten. Es ist ein Ritual, das die Menschen in aller Welt verbindet und als besonderes Ereignis jede Silvesterparty krönt. Nachbarn, Freunde, Unbekannte, alle treffen sich um Mitternacht auf der Straße und begegnen sich beim Bestaunen des Feuerwerks.

Kontra 2: Verlust einer Tradition

Ein Argument, das auch auf der Hand liegt, ist, dass eine gesetzliche Regelung, also ein im Gesetz festgeschriebenes Verbot, einen massiven Eingriff in die individuelle Freiheit der Menschen (vgl. Z. 53–55) darstellt. Damit würde sich der Staat in persönliche Angelegenheiten, nämlich die Kaufgewohnheiten,

Kontra 3: Eingriff in die individuelle Freiheit der Menschen

einmischen und die Bürger*innen in gewisser Weise bevormunden. Wollte der Staat alles, was in letzter Konsequenz schädlich oder gefährlich ist, gesetzlich verbieten, müssten beispielsweise auch Zigaretten, Alkohol und Autos verboten werden.

Überleitung zu den Pro-Argumenten

Gesetze und Verbote können bei Bürgerinnen und Bürgern schnell auf Widerstand stoßen. Und trotzdem sollte man objektiv und vernünftig darüber nachdenken, welche positiven Aspekte ein Verbot mit sich bringen kann.

Pro 1: Verringerung der gesundheitlichen Gefahren für Mensch und Tier

Nicht von der Hand zu weisen sind hier beispielsweise die gesundheitlichen Gefahren, die von Böllern und Co. für Mensch und Tier ausgehen. Regelmäßig sind die Notaufnahmen an Silvester voll mit Verletzten. Auch Tiere sterben Jahr für Jahr, weil sie vor Schreck über den unerwarteten Lärm sterben, da sie sich nicht oder nicht rechtzeitig zurückziehen können (vgl. Z. 47–49). „Jedes Jahr gibt es Berichte über teils schwere Verbrennungen, verstümmelte Hände und verlorenes Augenlicht.“ (Z. 32/33) Jugendliche, die z. B. unter Alkoholeinfluss unsachgemäß mit Raketen und Böllern umgehen, gefährden nicht nur sich selbst, sondern auch andere. Sachbeschädigungen sind ebenfalls keine Seltenheit.

Pro 2: Vermeidung von Geldverschwendung

Für einen kurzen Moment des Staunens und Feierns solche Unsummen auszugeben, kann als moralisch fragwürdig angesehen werden und ist ein weiteres Argument dafür, auf Böller und Raketen zu verzichten. Während wir hierzulande jährlich 137 Millionen Euro (vgl. Z. 25) anzünden und in die Luft blasen, herrscht andernorts Armut. Das Geld könnte sicher besser verwendet werden als für Feuerwerk und Böller. Zum Beispiel fragt sich im Freudentaumel kaum einer, unter welchen Bedingungen diese Raketen und Böller produziert worden sind.

Pro 3: Reduzierung der Umweltverschmutzung

Allerdings wiegt kein Argument so schwer wie die Folgen, die Feuerwerkskörper und Böller für die Umwelt haben. Sowohl die an Silvester freigesetzte Feinstaubmenge als auch der entstehende Müll sind unverantwortbar: „In einer Pressemitteilung der DUH heißt es, dass die Feinstaubmenge, die durch das Feuerwerk zum Jahreswechsel freigesetzt wird, 16 Prozent der jährlich im Straßenverkehr entstehenden Menge entspreche.“ (Z. 37–40) Die Berge an Müll auf den Straßen und Plätzen, die an Neujahr kostspielig entsorgt werden müssen, sind zudem schädlich, zumal vieles auch einfach in der freien Natur landet und dort z. B. einfach liegen bleibt oder von Tieren gefressen wird, die dann daran sterben können.

Auch ich bin fasziniert vom Feuerwerk an Silvester, ich mag die Spannung, die beim Entzünden in der Luft liegt, und die Atmosphäre, die auf der Straße herrscht. Auch ich sehe, dass ein Verbot Arbeitsplätze kostet und in die persönliche Freiheit eingreift. Dennoch hat doch der Jahreswechsel 2020/2021 gezeigt, dass es auch ohne geht. Für mich stehen trotz aller positiven Aspekte von Feuerwerk der Schutz der Umwelt, der Luft, der Menschen und Tiere sowie der sinnvollere Einsatz von Geld im Vordergrund. Deshalb spreche ich mich persönlich für ein Verbot von Feuerwerkskörpern und Böllern an Silvester aus. Gut vorstellen könnte ich mir auch als Kompromiss, dass es ein zentral veranstaltetes Feuerwerk, z. B. von der Stadt, gibt. Dabei könnten dann möglichst viele relevante Aspekte berücksichtigt werden, z. B. dass es an einem geeigneten Ort stattfindet und für die Müllbeseitigung und den Tierschutz gesorgt wird. Obwohl ich mir auch nicht gerne etwas verbieten lasse, gibt es doch Verbote, die sinnvoll sind und zum eigenen Schutz ausgesprochen werden, so wie es bei einem Verbot von Feuerwerkskörpern und Böllern der Fall wäre.

Schluss

Zusammenfassung der Argumente

persönliche Stellungnahme

Aufgabe 2: Textbeschreibung Lyrik

TIPP **Hinweis zur Lösung**

Kläre nach mehrmaligem Lesen des Gedichts und der Aufgabenstellung zunächst, welche Aspekte der Textbeschreibung von dir bearbeitet werden sollen und was man dazu jeweils herausfinden kann. Da alle Erkenntnisse mit Zitaten oder Textverweisen belegt werden müssen, ist es sinnvoll, sich die jeweiligen Stellen im Text zu markieren und am Rand z. B. deren Wirkung zu notieren. Erinnere dich auch an die entsprechenden Fachbegriffe und fertige zur Strukturierung deines Aufsatzes einen kurzen Schreibplan an.

Denke daran, dass dein Aufsatz aus folgenden Elementen bestehen muss:

- EINLEITUNG mit Basissatz und geraffter Inhaltswiedergabe (steht nicht ausdrücklich in der Aufgabenstellung)
- HAUPTTEIL mit Schwerpunkten der Aufgabenstellung (hier: „Sprachliche Mittel und deren Wirkung", „Perspektive, Gedanken und Erkenntnisse des Kosmonauten")
- SCHLUSS mit Stellungnahme und Transfer (steht auch nicht ausdrücklich in der Aufgabenstellung)

Für die Bewertung dieses Aufsatzes, mit dem eine Höchstpunktzahl von 50 Punkten erreicht werden kann, liegt folgender Bewertungsschlüssel zugrunde:

- Inhalt (Qualität der Umsetzung der Aufgabenstellung): 25 Punkte
- Sprache (sprachlicher Ausdruck, z. B. abwechslungsreiche Sprache, passende Wortwahl, Verwendung von Fachbegriffen, korrekter Satzbau): 15 Punkte
- Aufbau/Form (z. B. sinnvolle Anordnung der Textteile der Textbeschreibung, sauberes Schriftbild, passende Absätze, freier Rand): 5 Punkte
- Rechtschreibung (Menge der Rechtschreibfehler im Verhältnis zur Wortanzahl): 5 Punkte

Aufsatzbeispiel

Einleitung
Informationen zum Text mit Kern-/Basissatz

Das (politische) Gedicht „Gagarin" von Günter Kunert, der von 1929 bis 2019 lebte, erschien 1965 in seinem Buch „Der ungebetene Gast. Gedichte" im Aufbau-Verlag in Berlin/Weimar. Darin geht es um die Erde als gemeinsame Existenzgrundlage aller Menschen, die es wertzuschätzen gilt, um den Erhalt der Menschheit zu sichern.

kurze Zusammenfassung des Inhalts

Das Gedicht beschreibt die vom Autor vermuteten Eindrücke, die der russische Kosmonaut Juri Gagarin beim Aufstieg seiner Rakete, beim Blick auf die Erde vom Weltall aus und bei seiner Rückkehr zur Erde gesammelt haben könnte. Aus der Distanz entdeckt Gagarin die Liebe zu seinem Heimatplaneten. Die Erde ermöglicht den Menschen das Leben, wird aber gleichzeitig durch ihre Existenz bedroht. Gagarin erkennt, dass alle Menschen nur diesen einen Planeten haben, für den sie gemeinsam die Verantwortung tragen müssen, da ansonsten alles Leben ausgelöscht werden könnte.

Hauptteil

Perspektive

Im Gedicht wird aus der Perspektive des Kosmonauten Gagarin beschrieben, wie er aus der Distanz auf die Erde blickt. Allerdings liegt kein explizites, sondern ein implizites lyrisches Ich vor. Dadurch entsteht der Eindruck, dass ein Erzähler Gagarins Eindrücke wiedergibt („Als er durch des Himmels Bläue aufgefahren“, V. 1). Der russische Kosmonaut Juri Gagarin, der mit „er“ (V. 1) und Gagarin (Titel) bezeichnet wird, umkreiste 1961 als erster Mensch die Erde. Aus dem Weltall erkennt er die Zerbrechlichkeit, Schönheit und Wichtigkeit der Erde.

Erkenntnisse des Kosmonauten

Ihm wird bewusst, dass die Menschen miteinander leben müssen, da es sonst kein Leben mehr auf der Erde geben wird.

sprachliche Mittel und deren Wirkung

Gegensätze

In der ersten Strophe steigt der Kosmonaut aus der Vertrautheit und Helligkeit der Erde in die Unendlichkeit und Dunkelheit des Alls auf: Die Gegensätze „Himmels Bläue“ (V. 1) und „schwarz[e] Weite“ (V. 3) sowie „nah“ (V. 6) und „fern“ (V. 7) machen diesen Kontrast zwischen der Vertrautheit der Erde und der dunklen Unendlichkeit des Alls deutlich.

Gedanken und Empfindungen des Kosmonauten

Erst jetzt, da er die Erde als „unfaßbare Kugel“ (V. 5) sieht, nennt er sie „Heimat“ (V. 5) – was er möglicherweise auch erst in diesem Moment so empfindet. Das wird nochmals deutlich, als es heißt: „Und wie nie vorher kam sie ihm plötzlich nah“ (V. 6). Er fühlt sich durch die räumliche Distanz der Erde näher und verbundener als jemals zuvor. Dieses Gefühl wird noch stärker und deutlicher beschrieben durch die Aussage „Und er liebe sie“ (V. 9). Es wird auch der Grund für diese Liebe genannt: Gagarin erkennt nämlich, dass die Erde „der Menschen Mutter war“ (V. 10). Damit wird zum Ausdruck gebracht, dass die Erde die Menschen hervorbringt und am Leben erhält, es also ohne Erde keine Menschen geben kann. Er liebt die Erde also dafür, dass sie den Menschen eine Heimat ist und ihnen die Lebensgrundlage bietet.

Personifikation

Die Personifikation der Erde und Bezeichnung als Mutter („Weil sie doch der Menschen Mutter war“, V. 10; „Immer noch die Söhne nährend und behausend“, V. 11) zeigt, dass die Erde für die Menschen sorgt, sie beheimatet und ernährt. Das Bild einer Mutter-Sohn-Beziehung wird hier für die Beziehung zwischen der Erde und den Menschen herangezogen. Die Erde spendet Leben und sorgt anschließend auch dafür. Im Gegensatz dazu wird aber auch deutlich, dass es diese Menschen sind, die die Erde in Gefahr bringen („durch sie in tödlicher Gefahr“, V. 12) und sie durch ihr Handeln bedrohen, wodurch sie gleichzeitig ihre eigene Existenz gefährden. Die Formulierung „Immer noch“ (V. 11) weist möglicherweise darauf hin, dass die Erde ihre Aufgabe als Mutter trotz des Verhaltens der Menschen erfüllt – ebenso wie es eine Mutter für ihre Kinder täte.

Anaphern

Durch die Anaphern „Und er hänge“ (V. 3), „Und die Erde“ (V. 4), „Und wie nie“ (V. 6), „Und er liebe“ (V. 9) wird deutlich, dass Gagarin all diese Gedanken nach und nach ins Bewusstsein dringen, sodass er fast so etwas wie eine Erleuchtung hat.

Erkenntnisse des Kosmonauten

All die gewonnenen Erkenntnisse Gagarins, die der Erzähler schildert, führen zu der Einsicht: „Die Erde ist nur eins.“ (V. 14) Es gibt demnach nur diese eine Erde, die die Grundlage für alles Leben bietet. Die logische Schlussfolgerung daraus ist für ihn: „Die darauf sind, müssen miteinander leben, / Oder von ihr wird es heißen: Leben keins.“ (V. 15/16) Die Menschheit muss also gemeinsam einen verantwortungsvollen Umgang miteinander und der Erde entwickeln, da sie sonst ihre eigene Lebensgrundlage vernichtet.

Ellipse

Die Ellipse „Leben keins“ (V. 16), mit der das Gedicht endet, bringt kurz und knapp zum Ausdruck, dass es sonst kein Leben mehr geben wird. Ebenso wie hier alle überflüssigen Wörter weggefallen sind, würde auch das Leben reduziert werden und schließlich ganz verschwinden. Die verkürzten Schlussworte bringen somit die einfache, aber logische Erkenntnis des Kosmonauten auf den Punkt.

Schluss

Transfer

Genau wie in diesem Fall Gagarin berichten auch andere Raumfahrer wie z. B. Sigmund Jähn oder Alexander Gerst von ihren Gefühlen und Eindrücken, die sie beim Blick auf den Planeten Erde empfunden und erhalten haben. Gerst flog an Bord einer russischen Sojus-Rakete zum ersten Mal zur internationalen Raumstation ISS. Vier Jahre später startete seine zweite Mission mit dem Namen „Horizons“, in deren Rahmen er an Bord der ISS lebte und arbeitete. Auch er nahm von seiner Reise einen Auftrag zur Bewahrung der Erde mit.

persönliche Stellungnahme

Für mich persönlich hat das Gedicht wieder einmal gezeigt, dass wir uns bewusst machen müssen, dass wir zusammen mit der Umwelt auch unsere eigene Lebensgrundlage schützen. Das Gedicht bringt zum Ausdruck, dass viele Menschen im Alltag immer wieder vergessen, dass wir von der Erde abhängig sind und nicht umgekehrt. Nur ein globales Miteinander ermöglicht es, unseren Planeten dauerhaft zu erhalten. Kriege, Gier, Umweltzerstörung und das rücksichtslose Ausbeuten von Ressourcen können bzw. werden dazu führen, dass die Menschen ihre eigene Lebensgrundlage vernichten. Das Gedicht, das bereits 1965 veröffentlicht wurde, hat also nichts an Aktualität verloren: Die Zerstörung der Umwelt ist immer noch allgegenwärtig. Traurig ist vor allem die Erkenntnis, dass dies zwar schon zum damaligen Zeitpunkt erkannt wurde, seither aber nur wenig zum Schutz der Erde geschehen ist.

Aufgabe 3: Textbeschreibung Prosa

TIPP **Hinweis zur Lösung**

Kläre nach mehrmaligem Lesen der Kurzgeschichte und der Aufgabenstellung zunächst, welche Aspekte der Textbeschreibung von dir bearbeitet werden sollen und was man dazu jeweils herausfinden kann. Da alle Erkenntnisse mit Zitaten oder Textverweisen belegt werden müssen, ist es sinnvoll, sich die jeweiligen Stellen im Text zu markieren und am Rand z. B. deren Wirkung zu notieren. Erinnere dich auch an die entsprechenden Fachbegriffe und fertige zur Strukturierung deines Aufsatzes einen kurzen Schreibplan an.

Denke daran, dass dein Aufsatz aus folgenden Elementen bestehen muss:

- EINLEITUNG mit Basissatz und geraffter Inhaltswiedergabe (steht nicht ausdrücklich in der Aufgabenstellung)
- HAUPTTEIL mit Schwerpunkten der Aufgabenstellung (hier: „Titel und die sprachlichen Mittel in Bezug auf den Inhalt“, „Merkmale der Kurzgeschichte belegt an Textbeispielen“, „Erkenntnis der Hauptfigur“)
- SCHLUSS mit Stellungnahme und Transfer (steht auch nicht ausdrücklich in der Aufgabenstellung)

Für die Bewertung dieses Aufsatzes, mit dem eine Höchstpunktzahl von 50 Punkten erreicht werden kann, liegt folgender Bewertungsschlüssel zugrunde:

- Inhalt (Qualität der Umsetzung der Aufgabenstellung): 25 Punkte
- Sprache (sprachlicher Ausdruck, z. B. abwechslungsreiche Sprache, passende Wortwahl, Verwendung von Fachbegriffen, korrekter Satzbau): 15 Punkte
- Aufbau/Form (z. B. richtige Anordnung der Textteile der Textbeschreibung, sauberes Schriftbild, passende Absätze, freier Rand): 5 Punkte
- Rechtschreibung (Menge der Rechtschreibfehler im Verhältnis zur Wortanzahl): 5 Punkte

Aufsatzbeispiel

Einleitung
Informationen zum Text mit Kern-/Basissatz

In der Kurzgeschichte „Das Glück“ von Marion Miller geht es um die Erkenntnis, dass Geld schlussendlich doch nicht glücklich macht bzw. dass sich die Bedeutung von Geld im Laufe des Lebens verändert. Der Text wurde 1987 im Buch „Glück und Sinn, Schulbuch für Ethik“ vom Klett Verlag abgedruckt.

kurze Zusammenfassung des Inhalts

Eine ältere Dame gewinnt 60 000 Mark in der Lotterie. Davon möchte sie sich ihre Konsumwünsche erfüllen, die sie sich in der Vergangenheit nicht leisten konnte. Während des Einkaufsbummels erkennt sie allerdings, dass sie in ihrer jetzigen Lebensphase, dem Ende ihres Lebens, keine Verwendung mehr für die ehemals erträumten Dinge hat. Letztlich entscheidet sie sich dafür, ihren Gewinn vollständig der Kirche zu spenden.

Der Titel „Das Glück“ löst viele Assoziationen aus: Man kann z. B. an Geschichten wie „Hans im Glück“ denken, in denen sich am Ende etwas anderes, als zunächst gedacht, als Glück herausstellt. Es könnte in der Erzählung auch um privates Glück, Liebesglück oder Glück im Unglück gehen. Gleich in den ersten Zeilen wird den Leserinnen und Lesern jedoch klar, dass es sich in der Geschichte um Glück beim Lotteriespielen und dem daraus resultierenden materiellen Glück handelt. Die beiden Textstellen „Sie hat richtig getippt.“ (Z. 2) und „dürfen wir Sie zu Ihrem Gewinn herzlich beglückwünschen!“ (Z. 5/6) weisen darauf hin. Zudem gibt es im Text immer wieder Formulierungen, die das Wort „Glück“, also einen Teil des Titels, enthalten, so z. B. beim Wort „beglückwünschen“ (Z. 5/6). Hier wird jemandem gratuliert und Anerkennung ausgesprochen. Man wünscht der Person in diesem Fall jedoch kein Glück, sondern gratuliert ihr allenfalls zum bereits vorhandenen Glück. In den Zeilen 10/11 begegnet man der Formulierung „will das Glück auf die Probe stellen“. Hier möchte sich die Protagonistin von ihrem Glück überzeugen, indem sie das gewonnene Geld tatsächlich ausgibt. Sie erhofft sich davon, dass sie glücklich wird („glücklich sein“, Z. 13), wobei diese Formulierung eher mit „froh und zufrieden“ gleichzusetzen ist.

Hauptteil

Titel und sprachliche Mittel in Bezug auf den Inhalt

Die Aufzählung „Geburtstage, Hochzeitstage, Sterbetage“ (Z. 3) zeigt, wie die Frau zu ihren Lottozahlen gekommen ist. Hierbei handelt es sich wahrscheinlich um alle Daten, die in ihrem Leben bisher wichtig waren und ihr daher zu ihrem Glück verhelfen sollen. Durch den nachfolgenden Parallelismus „fünfzehn Jahre lang geträumt, fünfzehn Jahre gehofft“ (Z. 3/4) wird zudem zum Ausdruck gebracht, dass diese Zahlen schon lange zum Einsatz kommen und das Lottospielen seitdem einen Hoffnungsschimmer für sie darstellt.

Aufzählung

Parallelismus

Jetzt, da sich das Erhoffte erfüllt hat, scheint sie emotional aber fast überfordert zu sein. Die Ellipse „legt die Hände vor die Augen, weint“ (Z. 7) veranschaulicht dies. Der Schock, unter dem sie steht, wird auch durch die Ellipse „Gestern Rentnerin, gestern arm, gestern gespart, gestern sich nichts geleistet, gestern an vollen Schaufenstern vorbeigehuscht.“ (Z. 7–9) erkennbar. In aller Knappheit erfährt man hier Wesentliches aus ihrem Leben. Durch die fünfmalige Wiederholung des Wortes „gestern“ und der Umschreibung ihrer Armut wird deutlich, wie sehr sie der Geldmangel durch ihr bisheriges Leben begleitet hat.

Ellipsen

Wiederholung

Umso größer wirkt dadurch der Kontrast zum aktuellen Zustand, jetzt, da sie endlich zu Geld gekommen ist.
Ihre ersten Gedanken gelten einer Fahrt in die Stadt, wo sie das Geld ausgeben will. Sie möchte sich „Freude kaufen" (Z. 11) und „Sehnsüchte bar bezahlen" (Z. 11). Durch diese Formulierungen wird klar, dass die Frau zu dem Zeitpunkt noch glaubt, dass dies mit dem gewonnenen Geld möglich sein wird. Dass dies aber doch nicht so einfach geht, zeigt ihr der Blick in den Spiegel beim Anprobieren eines Kleides. Die dort verwendete Personifikation „der Spiegel hat sie ausgelacht" (Z. 16) veranschaulicht, dass sie und das Kleid trotz der neuen finanziellen Möglichkeiten nicht zusammenpassen. Diese Erfahrung setzt sich danach noch fort. Sie entscheidet sich nicht nur gegen das Kleid, sondern auch gegen einen Pelzmantel, gegen einen Farbfernseher, gegen ein Haus und gegen das Reisen (vgl. Z. 16–20). Sie merkt, dass das „Glück" doch nicht so leicht zu kaufen ist, und stellt sich die rhetorische Frage (ohne Fragezeichen) „was soll das Geld" (Z. 21). Ihr wird klar, dass sie das Geld zum jetzigen Zeitpunkt, also als alte Frau, nicht mehr braucht. Ihr ist aber bewusst, wann ihr Geld in ihrem Leben etwas genutzt hätte, nämlich als sie gern ein Haus für ihre Familie gehabt hätte, als das Geld für die Kur ihres Mannes gefehlt hat und als sie die Arztrechnung für die teure Behandlung ihres Kindes nicht bezahlen konnte (vgl. Z. 21/22).

Personifikation

rhetorische Frage

Aus ihrer Bemerkung „Nun braucht sie keins mehr." (Z. 23) könnte man schließen, dass ihr Mann mittlerweile tot ist und eventuell auch ihr Kind. Die Hinweise auf die fehlende Kur und die zu teure Arztrechnung lassen diese Vermutung zu, ebenso die Aussage „sie ist allein" (Z. 19). Vielleicht hätte sie sonst bei der Überlegung, was sie mit dem Geld machen möchte, auch an Mann und Kind, die auch noch Wünsche hätten haben können, gedacht.

Merkmale der Kurzgeschichte

Der vorliegende Text weist einige typische Merkmale einer Kurzgeschichte auf: Er ist kurz und umfasst lediglich eine Dreiviertelseite. Der Text beginnt zudem unmittelbar und ohne Einleitung mit den Worten „Sie fasst es nicht" (Z. 1). Die Frau wird weder namentlich benannt noch anderweitig vorgestellt. Man erfährt lediglich, dass die Hauptfigur eine ältere („siebzig Jahre", Z. 19), vermutlich einsame Rentnerin (vgl. Z. 7) ist, wie es viele gibt. Andere Personen, z. B. die Verkäuferin oder der Bankangestellte, spielen für die Handlung nur eine untergeordnete Rolle.

Aus dem Leben der Protagonistin wird eine kurze, alltägliche, aber für sie bedeutsame Situation erzählt, was ebenfalls typisch für eine Kurzgeschichte ist. Außer dem Bekleidungsgeschäft und der Bank werden keine Orte genannt. Die Perspektive ist die eines personalen Erzählers, der mit distanziertem Blick die Erlebnisse und Gedanken der Frau schildert. Zudem besitzt die Erzählung auch einen Höhe- und einen Wendepunkt, wie es bei Kurzgeschichten häufig vorkommt: Die Geschichte nimmt eine Wendung, als die Dame vom Spiegel ausgelacht (vgl. Z. 16) und dadurch desillusioniert wird. Der Höhepunkt ist an der Stelle zu verorten, als klar wird, dass sie die gesamte Summe an die Kirche spenden wird und nichts für sich behält (vgl. Z. 25/26). Der Schluss ist jedoch nur zum Teil als offen zu bezeichnen, da man erfährt, was sie letztlich mit dem Geld macht. Unklar bleibt aber zum Beispiel, ob sie die Entscheidung später doch noch bereut.

Erkenntnis der Hauptfigur

Die Erkenntnis, die die Hauptfigur gewinnt, ist, dass sie zum jetzigen Zeitpunkt, also am Ende ihres Lebens, keine Verwendung mehr für das Geld hat. Sie merkt, dass es nicht die Konsumgüter sind, die ihr Glück ausmachen. Es liegt nahe, dass es auch schon früher nicht diese Dinge waren, für die sie gerne mehr Geld gehabt hätte. Glück kann man also nicht kaufen und offenbar auch nicht in der Lotterie gewinnen.

Schluss

Transfer

Was man am Ende seines Lebens als wichtig oder nicht mehr so wichtig ansieht, kann man als Jugendliche*r nur schwer beurteilen. Man kennt aber vielleicht die Situation, dass man sich etwas zwar eine Zeit lang intensiv wünscht, wenn dieser Wunsch dann jedoch erst mit etwas Verzögerung in Erfüllung geht, hat er bis dahin schon an Bedeutung verloren. Obwohl sich die Hauptfigur der Geschichte freiwillig dafür entscheidet, das Geld zu spenden, klingt sie nicht sonderlich glücklich. Sie wirkt, als hätte sie keine eigenen Wünsche und Träume mehr und als würden viele verpasste Möglichkeiten hinter ihr liegen.

persönliche Stellungnahme

Ich finde es schade, dass ihr nichts anderes einfällt, was sie mit dem Geld machen könnte. Sie hätte zum Beispiel einer anderen Person eine Freude machen oder sich zusammen mit Freunden etwas gönnen können. Sicher sollte die Spende an die Kirche eine gute Tat sein, aber sie zeigt auch deutlich, wie einsam die Hauptfigur ist und dass sie sich und ihre Träume und Wünsche aufgegeben hat.

Abschlussprüfung an Realschulen in Baden-Württemberg

Deutsch 2022

TEIL A 1 25

Text **Christina Peters: Warum die „Jugend von heute“ immer die schlechteste ist**

Jede ältere Generation denkt irgendwann, dass es mit der Menschheit nun endgültig bergab geht – und schuld daran ist „die Jugend“: faul, respektlos und noch viel mehr. Warum hört dieses Schlechtreden eigentlich nie auf?

Sie lieben den Luxus, ärgern die Lehrer und lümmeln herum – mehr als 400 Jahre vor Christus hatte der griechische Denker Sokrates angeblich viel an den jungen Leuten seiner Zeit auszusetzen. „Die Jüngeren stellen sich den Älteren gleich und treten gegen sie auf, in Wort und Tat“, moserte dann sein Schüler Platon. Und als Platons Zögling Aristoteles erwachsen war, sah es noch düsterer aus: Er verzweifle an der Zukunft der Zivilisation, wenn er die Jugend sehe, wird der entnervte Philosoph zitiert.

Kritik an der Jugend ist ein uraltes Phänomen. Seit Tausenden von Jahren bekritteln Erwachsene die junge Generation, fürchten den Verfall der Sitten und waren selbst natürlich viel anständiger als die jungen Leute.

Die Jugend sei heruntergekommen und das Ende der Welt nah, soll angeblich auf einer 4 000 Jahre alten Steintafel stehen – in Keilschrift, der ersten menschlichen Schrift überhaupt. Doch was steckt hinter dem Phänomen, dass die Jugend nur allzu gern kritisch beäugt wird?

Heute geht es oft um die sogenannten Millennials: Die 1980er- und 1990er-Jahrgänge seien faul, selbstmitleidig, besessen von Selfies und Superfoods – verhätschelte Narzissten, die glaubten, es gebe 165 Arten geschlechtlicher Identität, stänkert etwa ein britischer Journalist. Und die 29-jährige Autorin Jia Tolentino zählte in einem US-Magazin auf, welche Institutionen ihre Altersgenossen laut Medien schon ruiniert haben sollen: Hotels, Kaufhäuser, die Autoindustrie, die Ehe, das Eigenheim, Türklingeln, Weichspüler und Casinos. […]

„Vor dem Alten Griechenland war es das Alte Ägypten, davor das Alte Mesopotamien. Es gibt aus vielen antiken Kulturen Belege für diesen Stereotyp der respektlosen jungen Männer“, sagt der britische Althistoriker Matthew Shipton.

Die antiken Weisheiten tauchen in Zitatenbänden, Pädagogik-Büchern und Internetforen auf. Einige der beliebtesten alten Zitate sind vermutlich falsch überliefert, Quellenangaben drehen sich oft im Kreis. Das heiße aber nicht, dass der Eindruck falsch sei, sagt Shipton.

Er hat den Zoff zwischen den Generationen im antiken Athen erforscht: „Man findet dort ziemlich viel von dieser Vorstellung, die wir heute auch noch kennen: Alles wird immer schlechter, man lebt in der schlimmsten aller Zeiten und Kinder respektieren ihre Eltern nicht mehr." Spätestens mit dieser Generation geht es bergab, denkt jede Generation – und das offensichtlich schon seit Menschengedenken.

David Finkelhor hat ein Wort dafür erfunden: Juvenoia. Darin stecken die Bestandteile juvenil und Paranoia – das steht für die Angst vor der Jugend und zugleich auch die Angst um die Jugend. „Es geht um die übertriebene Besorgnis vor dem Effekt, den soziale Veränderungen auf Kinder haben", erklärt der Soziologe, der seit Jahrzehnten an der US-Universität New Hampshire über Jugendschutz forscht. „Wir ziehen gerne den Schluss, dass es schlecht um unsere Kinder steht. Und dass das wiederum unserer Gesellschaft schaden wird." [...]

Im 20. Jahrhundert sei der Ton in sozialwissenschaftlichen Standardwerken ähnlich, meint Mey: „Es ist häufig ein extrem negativer, defizitärer Blick, immer schon gedacht von der Ziellinie einer etablierten, erwachsenen Person." Der junge Mensch wird als unfertiger Erwachsener gesehen – schlimmstenfalls gefährlich, nie ernstzunehmend.

Tatsächlich ist es heute so: Die klassische Generation als Altersgemeinschaft hat weitestgehend ausgedient. Jugendkulturen etwa ließen sich heute überhaupt nicht mehr als solche klassifizieren, berichtet Mey. Es gehe immer weniger um das biologische Alter. „Wir erleben, dass es ungeachtet, welche Jugendszene wir uns anschauen, dort sowohl die 20-Jährigen bis hin zu den 50-Jährigen gibt", sagt Mey. Juvenile Vergemeinschaftungen nennen das die Forscher.

Die althergebrachte Vorstellung von der Abfolge Kindheit, Jugend, Erwachsensein mit Beruf und Familie gelte so nicht mehr, sagt Mey. „Es gibt eine zunehmende Ambivalenz zwischen den Generationen."

Was Jugendkritiker der vergangenen Jahrtausende noch nicht hatten, waren Informationen wie sie beispielsweise vor drei Jahren die Vermächtnisstudie lieferte. Tausende Menschen in Deutschland, repräsentativ ausgewählt, erzählten Forschern ausführlich von ihren Lebenserfahrungen, den Einstellungen und den Werten, die sie an künftige Generationen weitergeben wollen.

Das „Ende der Welt“, wie es die Keilschriften einst prophezeiten, werden die Jugendlichen nicht einläuten. Doch es wird eine schleichende Revolution bei Lebensstil, Partnerschaft und Technik geben, schreibt Studienleiterin Jutta Allmendinger vom Wissenschaftszentrum Berlin. „Die Vereinbarkeit von Beruf und anderen Lebensbereichen wird sich verbessern, die Institution der Ehe wird nur ein mögliches Lebensmodell sein, das Internet wird noch viel stärker als heute unser Leben bestimmen.“

Quelle: Christina Peters/dpa/cl: Warum die „Jugend von heute“ immer die schlechteste ist, WELT vom 03. 07. 2018, www.welt.de/wissenschaft/article178647276/Soziologie-Warum-die-Jugend-von-heute-immer-die-schlechteste-ist.html

Textverständnis — 10

1 Prüfen Sie, welche der folgenden Aussagen mit dem Sachtext übereinstimmen. Notieren Sie entsprechend: trifft zu/trifft nicht zu. (3)

- **a** Der griechische Denker Sokrates kritisierte bereits 400 Jahre vor Christus die Jugend seiner Zeit.
- **b** Die 29-jährige Autorin Jia Tolentino beschrieb in einem US-Magazin 165 Arten geschlechtlicher Identität.
- **c** Aus vielen antiken Kulturen sind Belege für das Vorurteil der respektlosen jungen Männer überliefert.
- **d** Heute gibt es die traditionelle Abfolge von Kindheit, Jugend und Erwachsensein noch immer.
- **e** Die Vermächtnisstudie lieferte Informationen von Menschen aus ganz Europa, die ausführlich über ihre Lebenserfahrungen und Einstellungen erzählten.
- **f** Jutta Allmendinger vom Wissenschaftszentrum Berlin beschreibt eine schleichende Revolution bei Lebensstil, Partnerschaft und Technik.

2 Erklären Sie die folgenden Begriffe: (2)

- **a** „Millennials“ (Z. 18)
- **b** „Juvenoia“ (Z. 37)

3 Formulieren Sie, wie junge Menschen im 20. Jahrhundert häufig gesehen werden. (1)

4 Begründen Sie, warum Jugendkulturen sich heute nicht mehr als solche einteilen lassen. (2)

5 Beschreiben Sie, wie sich laut Jutta Allmendinger Lebensmodelle möglicherweise künftig entwickeln. (2)

Sprachgebrauch **15**

6 Rechtschreibung (3)

Schreiben Sie die korrekte Schreibweise des unterstrichenen Wortes auf und benennen Sie die angewandte Rechtschreibstrategie/Rechtschreibregel.

a Laut der älteren Generation kann man dem Verfall der Sitten bei Jugendlichen <u>zusehen/zu sehen</u>.

b Ständiges <u>Herumnörgeln/herumnörgeln</u> an der jungen Generation hat Tradition.

c Das „Ende der Welt" werden die Jugendlichen nicht <u>einläuten/einleuten</u>.

7 Zeichensetzung (2)

Übertragen Sie die folgenden Sätze und setzen Sie die fehlenden Kommata. Nennen Sie die Kommaregel, die Sie angewandt haben.

a Schon in der Antike gab es die Vorstellung dass alles immer schlechter wird.

b Sokrates hatte viel an den jungen Leuten seiner Zeit auszusetzen sein Schüler Platon teilte diese Kritik.

8 Tempus (2)

Bestimmen Sie das Tempus. Verwenden Sie den lateinischen Fachbegriff.

a Kritik an der Jugend ist ein uraltes Phänomen.

b Er hat den Zoff zwischen den Generationen im antiken Athen erforscht.

c Tausende Menschen in Deutschland erzählten Forschern ausführlich von ihren Lebenserfahrungen.

d Die Vereinbarkeit von Beruf und anderen Lebensbereichen wird sich verbessern.

9 Wortarten (2)

Schreiben Sie mithilfe der Nummerierung „das“ und „dass“ jeweils korrekt auf den gesonderten Papierbogen. Bestimmen Sie die Wortart.

(1) die Jugend keinen guten Ruf genießt, (2) weiß man seit geraumer Zeit. (3) Alte Ägypten, (4) als Hochkultur bekannt ist, bediente diese Stereotype ebenso wie andere alte Kulturen.

10 Aktiv/Passiv (1)

Notieren Sie den folgenden Satz im Passiv.

Die Autorin Jia Tolentino zählt in einem US-Magazin ruinierte Institutionen auf.

11 Indirekte Rede (1)

Formulieren Sie den Satz in indirekter Rede. Verwenden Sie den Konjunktiv I.

Der britische Althistoriker Matthew Shipton sagt: „Es gibt aus vielen antiken Kulturen Belege für diesen Stereotyp der respektlosen jungen Männer.“

12 Satzglieder (2)

Bestimmen Sie die Satzglieder des folgenden Satzes.

David Finkelhor forscht seit Jahrzehnten an der US-Universität New Hampshire.

13 Synonyme (2)

Nennen Sie für den unterstrichenen Begriff ein Synonym.

a „Es ist häufig ein extrem negativer, defizitärer Blick, immer schon gedacht von der Ziellinie einer etablierten, erwachsenen Person.“ (Z. 45/46)

b „Seit Tausenden von Jahren bekritteln Erwachsene die junge Generation […].“ (Z. 11/12)

c „Kritik an der Jugend ist ein uraltes Phänomen.“ (Z. 11)

d „[D]ie Institution der Ehe wird nur ein mögliches Lebensmodell sein […].“ (Z. 67/68)

Gottfried Keller: Kleider machen Leute

14 Benennen Sie drei Charaktereigenschaften Strapinskis. Belegen Sie diese mit geeigneten Begebenheiten aus dem Buch. (3)

15 Nach der Ankunft im Gasthaus „Zur Waage" in Goldach wird Strapinski vom Wirt und der Köchin fürstlich bewirtet. Doch er ist besorgt und traut sich nicht, sein Messer zu benutzen. (2)

Formulieren Sie zwei mögliche Gründe für die Sorgen des Schneiders.

16 Nach der ersten Übernachtung im Gasthaus wandert Strapinski durch Goldach und vor die Tore der Stadt. Hier überlegt er noch mal, seine Reise fortzusetzen und die Stadt unbemerkt zu verlassen. (3)

Erläutern Sie drei Gedanken Strapinskis in eigenen Worten.

17 Während Nettchen nach der geplatzten Verlobungsfeier in der Kutsche sitzt, denkt sie über ihre Situation nach. (2)

Legen Sie zwei Gedanken dar, die Nettchen hier durch den Kopf gehen könnten.

18 **TIPP** **Hinweis zur Aufgabe**

Den Fachlehrkräften standen zwei produktive Schreibaufgaben zur Auswahl, von denen den Schülerinnen und Schülern jedoch nur eine zur Bearbeitung vorgelegt wurde.

Tagebucheintrag (15)

In einem klärenden Gespräch berichtet Wenzel Nettchen aus seinem Leben und erläutert, wie es zu der Verwechslung gekommen ist. Beide entschließen sich zusammenzubleiben. Danach kehrt Nettchen ins Gasthaus „Zum Regenbogen" in ihr Zimmer zurück. Hier schreibt sie einen Tagebucheintrag, in dem sie die erneute Verlobung mit Wenzel begründet sowie ihre Gedanken an dessen Vergangenheit thematisiert.

Schreiben Sie diesen Tagebucheintrag. (mindestens 250 Wörter)

oder:

Innerer Monolog (15)

Auf dem Verlobungsfest wird Strapinski als armer Schneider entlarvt. Weinend und mit auf den Boden gerichteten Augen verlässt er den Saal.

Schreiben Sie einen inneren Monolog Wenzels. (mindestens 250 Wörter)

Hanna Jansen: Herzsteine

14 Benennen Sie die Gemeinsamkeiten, die Sam und Enna haben. (vier Aspekte) (2)

15 „Manchmal hat man's nicht gerade leicht mit einer Mutter, die so … anders ist. Oder? […]" (S. 48) (3)

Erklären Sie, welche Gedanken Sam in diesem Moment durch den Kopf gehen könnten. (drei Aspekte)

16 „‚Du musst ihm danken!', flüstert Mum. Sie hat Tränen in den Augen." (S. 172) (3)

Nennen Sie drei Gründe, warum die Mutter in dieser Situation so gerührt ist.

17 *„Du fehlst mir mehr, als ich dir sagen kann. Das kriegst du heute Schwarz auf Weiß von einem, der zwischen allen Stühlen hockt […]."* (S. 144) (2)

Erklären Sie, warum Sam seine gesamte Lebenssituation so empfindet. (zwei Aspekte)

18

TIPP **Hinweis zur Aufgabe**

Den Fachlehrkräften standen zwei produktive Schreibaufgaben zur Auswahl, von denen den Schülerinnen und Schülern jedoch nur eine zur Bearbeitung vorgelegt wurde.

Innerer Monolog (1

„In ein paar Minuten steigen wir in den Flieger und morgen Früh landen wir in Brüssel.“ (S. 190)

Während Sam im Flugzeug sitzt, denkt er über seine Reise nach Ruanda nach. Er überlegt, inwiefern seine Erkenntnisse und Erfahrungen sein Leben sowie die Beziehung zu seinen Eltern verändern könnten.

Schreiben Sie diesen inneren Monolog. (mindestens 250 Wörter)

oder:

Brief

„‚Ich weiß nicht, Sam, das geht mir alles viel zu schnell. Wir haben ja noch ein paar Monate, um die Sache zu entscheiden. Aber wenn du willst, ruf ich Peter bei Gelegenheit mal an und frag ihn, was er davon hält.‘ (1
‚Nein danke, Dad … ich glaube, das bespreche ich lieber selbst mit ihm.‘“ (S. 189)

Stellen Sie in einem Brief von Sam an Peter drei Gründe dar, warum Sam auf Sylt bleiben möchte. (mindestens 250 Wörter)

Bearbeiten Sie eine der drei folgenden Aufgaben.

Aufgabe 1: Erörterung

Erörtern Sie, welche Argumente für und gegen eine Altersbeschränkung für Minderjährige bei Energy-Drinks sprechen (jeweils mindestens drei Argumente). Verwenden Sie die beiliegenden Materialien für Ihre Erörterung und ergänzen Sie eigene Argumente. Begründen Sie Ihre Meinung.
Formulieren Sie einen zusammenhängenden, gegliederten Text.
Achten Sie auf korrekte Sprache und Rechtschreibung. Beides wird bewertet.

Material 1 Schaubild

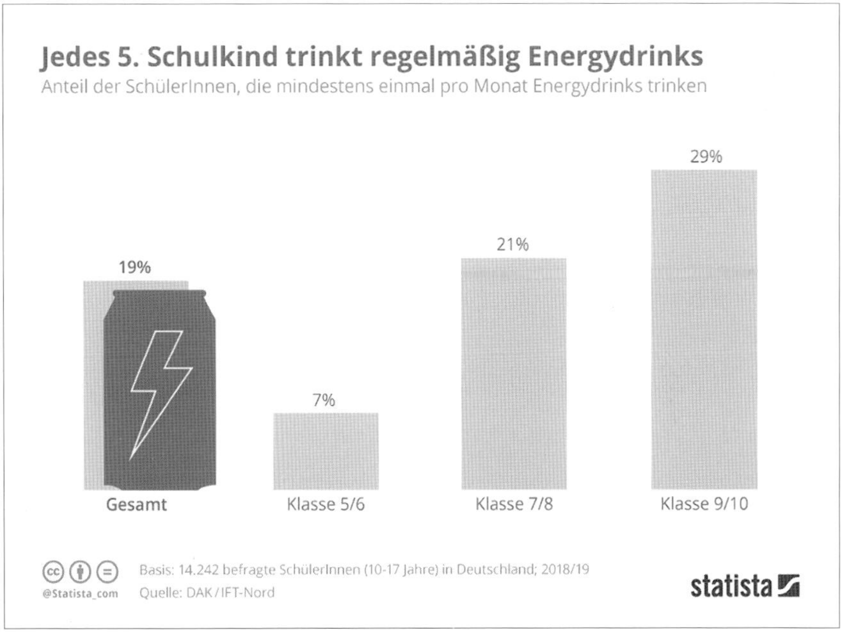

Quelle: Frauke Suhr: Jedes 5. Schulkind trinkt regelmäßig Energydrinks, Statista vom 05. 09. 2019, CC BY-ND 4.0, https://de.statista.com/infografik/19245/konsum-von-energydrinks-unter-schulkindern/

Material 2 **Anna Van Dorn und Jens Eberl: Süßer Kick mit Nebenwirkungen**

Energy-Drinks versprechen die Extra-Portion Leistungsfähigkeit. Vor allem junge Leute geben sich den süßen Kick – mit viel Koffein. Gesundheitliche Probleme können die Folge sein.

Felix arbeitet seit 2014 in der Pflege. Der Job in der Nähe von Heilbronn ist hart: viele Nachtschichten, viele Überstunden. Um den Stress zu bewältigen, trinkt Felix jeden Tag Energy-Drinks. Schon morgens fängt er damit an. „So wie andere Leute aufstehen und Kaffee trinken, ist mein erstes Getränk ein Red Bull", berichtet er. Die größte Menge, die er an einem Tag getrunken habe, seien sieben Dosen gewesen. Damit lag er deutlich über der empfohlenen Höchstmenge.

Für gesunde Erwachsene sei der Konsum von Koffein nur bis zu höchstens 400 mg pro Tag noch unbedenklich, ermittelte die Europäische Behörde für Lebensmittelsicherheit (ESFA) in einer Studie. In einer typischen 250-ml-Dose eines Energy-Drinks stecken aber bereits etwa 80 mg Koffein.

Als mögliche Risiken eines übermäßigen Koffeinkonsums listet der Verbraucherzentrale Bundesverband auf: „Nervosität, Schlaflosigkeit, Übelkeit, Kopfschmerzen, Schweißausbrüche, Bluthochdruck, Herzrasen, Wahrnehmungsstörungen, Herz-Rhythmusstörungen oder Kreislaufkollaps." Die Verbraucherzentrale fordert ein Verkaufsverbot an Minderjährige und deutlichere Kennzeichnungspflichten der Inhaltsstoffe.

Felix kennt die Risiken und hat sie auch schon gespürt. Wenn er im Bett liege, merke er dann, dass er nicht einschlafen könne. Und er spüre sein Herz: „Wie es schlägt, in der Brust, am Hals. Und man wird so ein bisschen hibbelig, nervös, man bekommt so ein bisschen Schweißausbrüche." [...]

Ob man bei Energy-Drinks von Suchtmitteln sprechen kann, ist umstritten. Aber definitiv enthalten sie Inhaltsstoffe, die süchtig machen können: Koffein, Zucker, Taurin. [...]

Felix hat sich einen Termin bei dem Kardiologen Tobias Neumann in Stuttgart geben lassen, um mögliche Folgen seines hohen Energy-Drink-Konsums untersuchen zu lassen. Der Arzt beobachtet beim ersten EKG Auffälligkeiten. „Der Puls ist ein bisschen beschleunigt. Der ist bei 95 gewesen. Es ist mehr als ein entspannter Puls, den man so in den sechziger Bereichen ansiedeln würde." Außerdem gebe es beim Herz-Rhythmus „Stolperer", die man genauer beobachten müsse.

Der Kardiologe steht Energy-Drinks kritisch gegenüber. „Da muss man sich schon Sorgen machen oder fragen: Ist das für einen so jungen Organismus gut – diese Substanzen, deren Wechselwirkungen nicht erforscht sind." Der Arzt ist für

Altersbeschränkungen – ähnlich wie beim Verkauf von Alkohol und Produkten mit Nikotin. „Ab einer bestimmten Konzentration Koffein ist es ein Erwachsenen-Getränk“, sagt er.

Besonders kritisch werde es, wenn man die Energy-Drinks mit Alkohol mische. „Das Koffein ‚maskiert‘ die Wirkung des Alkohols. In Studien wurde beobachtet, dass das Gefühl der Trunkenheit deutlich verringert ist, Müdigkeit und Erschöpfung werden nicht richtig wahrgenommen. Dies führt zu einer höheren Risikobereitschaft. So verursachten Studenten in den USA, die Energy-Drinks gemischt mit Alkohol getrunken hatten, doppelt so häufig Autounfälle“, schreibt die Bundesverbraucherzentrale. [...]

Sollte er (Felix) die nächsten 20 Jahre so weitermachen, dann werde er bestimmt nicht als gesunder Patient in die Praxis zurückkehren. Felix verspricht dem Arzt, sich Gedanken darüber zu machen – mit klarem Kopf, ohne Energy-Drink.

Quelle: Jens Eberl & Anna Van Dorn: Energy-Drinks: Süßer Kick mit Nebenwirkungen, www.tagesschau.de/wirtschaft/verbraucher/energy-drinks-risiken-gesundheit-aufputschmittel-101.html

Aufgabe 2: Textbeschreibung Lyrik

Text **Bertolt Brecht (1898 –1956):**
Fahrend in einem bequemen Wagen (1937)

Auf einer regnerischen Landstraße
Sahen wir einen zerlumpten Menschen bei Nachtanbruch
Der uns winkte, ihn mitzunehmen, sich tief verbeugend.
Wir hatten ein Dach und wir hatten Platz und wir fuhren vorüber
Und wir hörten mich sagen, mit einer grämlichen[1] Stimme: nein
Wir können niemand mitnehmen.
Wir waren schon weit voraus, einen Tagesmarsch vielleicht
Als ich plötzlich erschrak über diese meine Stimme
Dies mein Verhalten und diese
Ganze Welt.

Quelle: Bertolt Brecht: Fahrend in einem bequemen Wagen. In: Die Gedichte. Suhrkamp 2000, S. 871.

Anmerkung
1 mürrisch, missmutig

Aufgabenstellung

Untersuchen Sie dieses Gedicht und beachten Sie in Ihrer Textbeschreibung folgende Punkte:
- Ort, Zeit und Atmosphäre
- Verhalten und Motiv des lyrischen Ichs
- die Gegenüberstellung von Arm und Reich anhand sprachlicher Mittel

Formulieren Sie einen zusammenhängenden, gegliederten Text.
Achten Sie auf korrekte Sprache und Rechtschreibung. Beides wird bewertet.

Aufgabe 3: Textbeschreibung Prosa

Text **Stefanie Dominguez (*1996): Partnerarbeit**

Tessa Fuchs war die einzige, die nicht mit ihrem Banknachbarn redete – es gab keinen. Und sie war die einzige, die nicht über den Witz von Simon Bösenecker lachte, weil der Witz wieder einmal auf ihre Kosten ging.

„Hey, Tessa! Woher hast du denn die Jacke? Aus der Kleidersammlung?"

Das hatte er sie schon einmal gefragt, damals in der fünften Klasse, aber die anderen lachten trotzdem. Wahrscheinlich hatten sie vergessen, dass der Spruch nur eine Wiederholung war. Tessa hatte es nicht vergessen, auch das Lachen nicht. Sie lachten immer. Sie zuckte zusammen, als sich der Stuhl neben ihr bewegte und beobachtete aus den Augenwinkeln, wie sich jemand darauf niederließ.

Ein Räuspern, das nach dem verstummten Gelächter so furchtbar laut klang. „Maik ist krank, deshalb dachte ich, wir könnten ja heute nebeneinander sitzen?"

Es kam als Frage heraus. Immer stellten sie ihr Fragen.

Tessa schielte zu der Person neben ihr herüber. Die moosgrünen Augen konnten nur Ben Wolf gehören, dem netten, unscheinbaren Jungen aus ihrer Straße. Nicht dass er zu ihr nett war, aber zu den anderen war er es. Zu ihr war niemand nett, die meisten ignorierten sie und das war gut so. Besser als die Witze von Simon und seinen Freunden, aber auch darüber konnte sie mittlerweile hinwegsehen. Sie hätte nicht gedacht, dass Ben auch einer von denen war.

„Lass mich in Ruhe", sagte Tessa und wandte sich wieder ihrem Religionsbuch zu.

„Aber in dem Buch steht, dass wir die Aufgabe mit unserem Partner lösen sollen. Meiner ist krank, du hast keinen, also …"

„Es ist mir egal, was in dem Buch steht. Du schaffst diese dämliche Aufgabe auch alleine." Ben schüttelte den Kopf, sodass ihm eine kommaförmige Strähne ins Gesicht fiel. „Ich möchte aber neben dir sitzen."

Tessa war versucht, zu schnauben, aber dann hätte man sie nur wieder als Schwein bezeichnet. Und es dauerte doch immer so lange, bis Simon aufhörte, Nachrichten auf ihrem Tisch zu hinterlassen, wenn er eine neue Beleidigung gefunden hatte.

„Tessa", flüsterte Ben und sie erschrak darüber, wie nah er ihr plötzlich war. „Es tut mir leid, wenn ich früher über dich gelacht habe. Lass es mich wiedergutmachen."

Entschlossen rückte sie ein Stück von ihm weg und konzentrierte sich darauf, ihm nicht in die Augen zu blicken. „Ich will kein Mitleid. Und es stört mich nicht, wenn du lachst. Alle lachen."

„So war das doch gar nicht gemeint." Bens Stimme wurde lauter, viel zu laut. Die anderen sahen bereits zu ihnen herüber und Tessa versuchte, weiterhin auf ihr Buch zu starren. „Geh weg. Bitte. Sonst fangen sie wieder an." Ben berührte sie leicht am Arm, aber sie entzog sich seinem Griff. Trotzdem blieb er sitzen und redete weiter, als hätte sie nichts gesagt. „Zeig her, was steht denn da? Hm, okay … Wir müssen also fünf verschiedene Phasen der Freundschaft festlegen. Die erste ist bestimmt …" „Das findest du lustig, was?", fuhr sie ihn an. Ihre Unbeherrschtheit würde ihr zwar wieder einige Lacher einbringen, aber sie konnte sich einfach nicht zurückhalten. „Das findest du lustig, oder? Ausgerechnet mit mir über Freundschaft zu reden, wo ich ja so viele Freunde habe!" Tessa stellte sich vor, wie sie ihm das letzte Wort vor die Füße spuckte. Das half, wenn auch nur ein bisschen. Ben hob die Hände und machte große Augen. „Nein, das … Ich wollte doch nur … Ich dachte, wir machen das zusammen, als Fuchs und Wolf sozusagen."

Der Witz war so erbärmlich, dass Tessa kichern musste. Es war ein leises Kichern, so als wüsste sie nicht, wie Lachen überhaupt funktionierte.

Sie dachte daran, wie die Augen der anderen immer aussahen, wenn sie lachten. Wie die Kieselsteine, die ihr Bruder manchmal sammelte. So blitzend. Ihre Augen sahen bestimmt nicht so aus. Höchstens wie Kieselsteine, die ins Wasser fielen, weil niemand sie mit nach Hause nehmen wollte, nicht einmal ihr Bruder.

„Siehst du, so schlimm bin ich gar nicht", meinte Ben und schob das Buch in die Mitte. Es lag jetzt genau zwischen ihnen. Tessa öffnete den Mund, aber Simon kam ihr zuvor. „Fuchs und Wolf? Benny, flirtest du gerade etwa mit unserer Klassenschönheit?"

Die anderen brachen in Gelächter aus. Es schmerzte in ihren Ohren. Bens Miene war vollkommen ausdruckslos. Er lachte nicht, er zog bloß eine Augenbraue hoch und wandte sich an Simon. „Ja, tue ich, was dagegen?"

Quelle: Stefanie Dominguez: Partnerarbeit. In: P.A.U.L.D. Oberstufe, S. 52 © Bildungshaus Schulbuchverlage Westermann Schroedel Diesterweg Schöningh Winklers GmbH; Schöningh Verlag, Paderborn 2013.

Aufgabenstellung

Untersuchen Sie diesen Prosatext und beachten Sie in Ihrer Textbeschreibung folgende Punkte:

- Verhalten und Motive der handelnden Figuren
- den Konfliktverlauf
- sprachliche Mittel und deren Wirkung anhand von Textbeispielen

Formulieren Sie einen zusammenhängenden, gegliederten Text.
Achten Sie auf korrekte Sprache und Rechtschreibung. Beides wird bewertet.

Lösungsvorschlag

TEIL A 1

Textverständnis

1 **TIPP** **Hinweis zur Lösung**

Es ist sinnvoll, wenn du zuerst den Text und anschließend die einzelnen Fragen liest. Unterstreiche erst danach im Text die Passagen, die (Teil-)Antworten auf die Fragen enthalten. So findest du dich besser zurecht.

a trifft zu

b trifft nicht zu

c trifft zu

d trifft nicht zu

e trifft nicht zu

f trifft zu

2 **a** Millennials: Bei den sogenannten Millennials handelt es sich um Personen, die in den 1980er- und 1990er-Jahren geboren wurden.

b Juvenoia: Der Begriff „Juvenoia“ setzt sich zusammen aus „juvenil“ (= für junge Menschen typisch) und „Paranoia“ (= übertriebene Angst). Er bedeutet „Angst vor der Jugend und zugleich Angst um die Jugend“.

3 Im 20. Jahrhundert bestand häufig ein negativer, defizitärer Blick auf junge Menschen. Sie wurden als unfertige Erwachsene gesehen, die nicht ernst zu nehmen sind und manchmal sogar als gefährlich eingestuft wurden.

4 Jugendkulturen lassen sich heute nicht mehr als solche bezeichnen, weil in den verschiedenen Szenen das biologische Alter eine geringere Rolle spielt und eine Altersdurchmischung stattfindet (= juvenile Vergemeinschaftung).

5 Laut Jutta Allmendinger gibt es eine schleichende Revolution bei Lebensstil, Partnerwahl und Technik. Das bedeutet, dass sich das Berufsleben und andere Lebensbereiche besser miteinander vereinbaren lassen, die Ehe nur noch ein mögliches Lebensmodell darstellt und das Internet das Leben noch stärker beeinflussen wird als bisher.

Sprachgebrauch

6 a zusehen: Zusammenschreibung aufgrund eines neuen Bedeutungszusammenhangs (Bedeutungsprobe); oder: Betonungsprobe: zusehen → Betonung nur auf der ersten Silbe „zu“, zu sehen → Betonung auf „zu“ und „seh“

b **TIPP** **Hinweis zur Lösung**

> Überlege, wann Wörter großgeschrieben werden müssen. Dies ist z. B. bei Satzanfängen, Eigennamen, Nomen oder Wörtern, die als Nomen verwendet werden (Nominalisierungen), der Fall. Ob es sich um eine Nominalisierung handelt, kannst du mithilfe der Artikelprobe herausfinden, indem du das Wort oder die Wortgruppe um einen Artikel ergänzt (z. B. „schnelles laufen / Laufen“ → „das schnelle Laufen“).

Herumnörgeln: Großschreibung aufgrund einer Nominalisierung → Artikelprobe, z. B. „(das) Herumnörgeln“, „(das) ständige Herumnörgeln“

c einläuten: Wortfamilie/Ableiten, z. B. der Laut – einläuten

7 **TIPP** **Hinweis zur Lösung**

> Erinnere dich an die Regeln zur Kommasetzung. Denke insbesondere daran, dass Haupt- und Nebensätze durch Kommas voneinander getrennt werden. Nebensätze erkennst du unter anderem daran, dass sie durch Relativpronomen oder Subjunktionen eingeleitet werden und das finite (gebeugte) Verb am Ende des Satzes steht. Bedenke, dass mit der verbindlichen Einführung des sogenannten Rechtschreibrahmens zwischen Konjunktionen und Subjunktionen unterschieden werden muss. Konjunktionen (z. B. „und“, „oder“, „denn“) sind nebenordnend und verbinden gleichrangige Wörter bzw. Sätze (z. B. „Er aß einen Salat und er aß auch ein Schnitzel.“), Subjunktionen (z. B. „weil“, „ob“, „dass“) sind hingegen unterordnend und leiten Nebensätze ein.

a Schon in der Antike gab es die Vorstellung**,** dass alles immer schlechter wird.

Begründung: Es handelt sich um ein Satzgefüge aus einem Haupt- und einem Nebensatz (HS, NS). Der Nebensatz ist ein Subjunktionalsatz, der mit „dass“ eingeleitet wird.

b Sokrates hatte viel an den jungen Leuten seiner Zeit auszusetzen**,** sein Schüler Platon teilte diese Kritik.

Begründung: Es handelt sich um eine Satzreihe aus zwei Hauptsätzen (HS, HS).

8 **TIPP** **Hinweis zur Lösung**

Suche jeweils zuerst nach dem Prädikat und unterstreiche es. Denke daran, dass es aus mehreren Teilen bestehen kann. Bestimme anschließend das Tempus, also die Zeitform, des jeweiligen Prädikats.

a Präsens

b Perfekt

c Präteritum

d Futur I

9 **TIPP** **Hinweis zur Lösung**

Überlege, welche Funktion das jeweilige Wort im Satz hat. Bei der Bestimmung der Wortart hilft dir auch die Ersatzprobe. Wenn es sich um die Subjunktion „dass" handelt, kannst du das Wort nicht durch ein anderes ersetzen. Falls ein Relativ- oder Demonstrativpronomen vorliegt, ist „das" die korrekte Schreibweise. In diesem Fall kannst du das Wort durch „welches" (Relativpronomen) oder „dieses" (Demonstrativpronomen) austauschen. Auch der bestimmte Artikel, der vor einem Nomen steht, wird „das" geschrieben und kann ebenfalls durch „dieses" ersetzt werden.

(1) Dass: Subjunktion

(2) das: Demonstrativpronomen

(3) Das: (bestimmter) Artikel

(4) das: Relativpronomen

10 **TIPP** **Hinweis zur Lösung**

Unterstreiche im vorliegenden Satz zuerst das Prädikat mit all seinen Teilen und überlege, um welche Zeitform (Tempus) es sich handelt, denn diese muss ins Passiv übernommen werden. Das Passiv bildest du dann mit der konjugierten Form des Hilfsverbs „werden" und dem Partizip II des Vollverbs, z. B. „öffnet" (Aktiv) → „wird geöffnet" (Passiv). Denke auch daran, dass das Objekt des Aktiv-Satzes zum Subjekt des Passiv-Satzes wird, z. B. „Paul öffnet die Tür." (Aktiv) → „Die Tür wird von Paul geöffnet." (Passiv)

In einem US-Magazin werden von der Autorin Jia Tolentino ruinierte Institutionen aufgezählt.

11 **TIPP** **Hinweis zur Lösung**

Mit der indirekten Rede drückst du aus, was andere gesagt haben. Durch den Konjunktiv I machst du also deutlich, dass es nicht deine Ansichten oder Aussagen sind. Du bildest den Konjunktiv I wie folgt: Bei der Umformung von direkter zu indirekter Rede muss das Verb vom Indikativ in den Konjunktiv I umgewandelt werden, z. B. „er kommt" → „er komme". Lauten Konjunktiv I und Indikativ gleich, weicht man auf den Konjunktiv II aus, z. B. „ich komme" (Konjunktiv I = Indikativ) → „ich käme" (Konjunktiv II). Denke auch daran, dass sich die Pronomen bei der Umwandlung ändern können.

Der britische Althistoriker Matthew Shipton sagt, es **gebe** aus vielen antiken Kulturen Belege für diesen Stereotyp der respektlosen jungen Männer. / … **dass** es aus vielen antiken Kulturen Belege für diesen Stereotyp der respektlosen jungen Männer **gebe**.

12 Subjekt: David Finkelhorst

Prädikat: forscht

adverbiale Bestimmung der Zeit/Temporaladverbiale: seit Jahrzehnten

adverbiale Bestimmung des Ortes/Lokaladverbiale: an der US-Universität New Hampshire

13 **a** defizitär: unzulänglich, auf die Mängel blickend …

b bekritteln: bemängeln, tadeln, kritisieren …

c Phänomen: Erscheinung …

d Institution: Einrichtung …

TEIL A 2 – LITERATUR

Gottfried Keller: Kleider machen Leute

14 **TIPP** **Hinweis zur Lösung**

Suche in deiner Lektüre nach Textstellen, die Auskunft über Wenzel Strapinski geben, und versuche, daraus Eigenschaften abzuleiten, die man ihm zuschreiben könnte. Sicher hast du beim Lesen und Bearbeiten der Lektüre Markierungen und Notizen dazu gemacht. Wähle aus den möglichen Eigenschaften drei aus, die du am besten beschreiben kannst.

Mögliche Lösungen (nur drei erforderlich):

- Man könnte Wenzel Strapinski für unentschlossen oder zögerlich halten, da er mehrfach versucht, der ihm aufgedrängten Rolle als Graf zu entfliehen, und sich dann schließlich doch jedes Mal wieder in die jeweilige Situation einfügt.
- Man kann ihn sicher auch als ein bisschen naiv oder gutgläubig beschreiben, da er offenbar glaubt, dass die Hochzeit und Ehe mit Nettchen funktionieren könnte, ohne dass seine wahre Identität entlarvt wird.
- Wahrscheinlich ist er auch eitel, da er den teuer wirkenden Mantel trägt und lieber Hunger leidet, als auf dieses Kleidungsstück und sein gepflegtes Äußeres zu verzichten, wie es am Anfang der Novelle heißt.
- Außerdem scheint er schüchtern und unsicher zu sein. Er redet anfangs wenig, traut sich nicht, Nettchen anzusprechen und überlässt ihr immer wieder die Initiative.
- Zudem ist er offenbar konfliktscheu, denn er meidet den Konflikt, der entstehen könnte oder würde, wenn er die Wahrheit über seine Herkunft sagen würde. Stattdessen verdrängt er den Gedanken, dass sein Handeln Konsequenzen haben könnte, und plant trotz allem die Hochzeit mit Nettchen.

15 *Mögliche Lösungen (nur zwei erforderlich):*

- Eine seiner Sorgen ist sicher, nicht richtig mit Messer und Gabel essen zu können und dadurch gleich als Schwindler entlarvt zu werden.
- Vielleicht denkt er auch, dass er, wenn er richtig zu essen beginnt, in das Spiel einsteigt und damit indirekt einwilligt, die Rolle anzunehmen. Er zögert aber und hat große Bedenken.
- Möglicherweise lässt ihn auch die Sorge, dass ihn am Ende eine hohe Rechnung erwartet, beim Essen zögern.

16 *Mögliche Lösungen (nur drei erforderlich):*

- Er wägt ab, ob er gehen oder bleiben soll. Es spricht einiges dafür, zu bleiben, denn dies würde ein bequemes Leben, gutes Essen, Sicherheit und Wohlstand bedeuten.
- Allerdings würde er sich auch immer weiter verschulden, da er in seiner Rolle als Graf über seine Verhältnisse lebt.
- Dafür, jetzt zu gehen, spricht, dass er dadurch seine Freiheit wiedererlangen und seine Ehrlichkeit unter Beweis stellen würde. Zudem könnte er mit einem guten Gewissen weiterleben.
- Er ist sich aber auch bewusst, dass wieder Armut, harte Arbeit und Entbehrungen auf ihn warten, wenn er geht.

17 *Mögliche Lösungen (nur zwei erforderlich):*

- Naheliegend ist, dass Nettchen Zweifel kommen: Sie wird sich z. B. fragen, ob sie sich denn tatsächlich in einen armen Schneider verliebt hat und ob Wenzel sie belogen und betrogen hat.
- Sie fragt sich bestimmt auch, ob es sein kann, dass sie selbst und alle anderen sich so in ihm getäuscht haben.
- Nettchen wird sich sicher auch Gedanken darüber machen, wie sie jetzt vor den anderen dasteht und ob sie von ihnen verspottet wird.
- Möglicherweise überlegt sie auch, wie sie reagieren soll, wenn sie Wenzel wiedersieht.

18 TIPP **Hinweis zur Lösung**

Für die Umsetzung der Schreibaufgabe ist eine gründliche Analyse der Aufgabenstellung notwendig. Verlangt ist in dieser Aufgabe …

- die **Textform „Tagebucheintrag"**, deren Textsortenmerkmale eingehalten werden müssen.
- eine **korrekte Verortung** des Textes (nach der Aussprache in Seldwyla). Es dürfen z. B. keine zukünftigen Ereignisse vorweggenommen werden.
- das **Aufgreifen der erwähnten Themenvorgaben**, also die Beschreibung von **Gründen für eine erneute Verlobung** und von **Gedanken an Wenzels Vergangenheit**. Hier ist es sinnvoll, sich die genannte Textstelle nochmals durchzulesen und dort zu unterstreichen, welche Aspekte des Gesprächs infrage kommen. Es können auch Formulierungen aus dem Originaltext übernommen oder in abgewandelter Form verwendet werden.

Liebes Tagebuch,
es ist die Liebe, die dies möglich macht, nur die wahre Liebe ist dazu fähig. Und er liebt mich, Wenzel liebt mich und hat alles getan, um meine Liebe nicht zu verlieren. Es kann einen Neuanfang geben und das wird es auch! Sonst hätte ich ihn nicht gesucht, sonst hätte ich mein letztes bisschen Ehre zu retten versucht und mich als Opfer eines Betrügers dargestellt. Aber ich wollte ihn suchen, wollte nicht, dass es so zu Ende geht. Es wird dennoch nicht leicht werden, wenn ich mir vorstelle, „nur" mit einem Schneider verheiratet zu sein. Kein Graf, kein Ansehen, kein Wohlstand und sicherlich jede Menge Häme und Hohn. Aber ist es nicht meine Pflicht, meinem Herzen zu folgen? Den Melchior Böhni hätte ich längst haben können, aber was sind mir Sicherheit und Wohlstand wert, wenn das Herz es nicht zulässt? Wenzel ist ein redlicher Mann, der es nicht leicht hatte in seiner Jugend und für seine Mutter viele Opfer gebracht hatte. Wie kann man jemandem sein Verhalten verübeln, der dann in einen derartigen Sog gerät, dem sich eine Gelegenheit bietet, aus der man ihn nicht mehr entfliehen lässt? Er hat einen guten Charakter und das ist es doch, was zählt. Tüchtig sind wir schließlich beide, da werden wir uns sicher irgendwie über Wasser halten können. Und ist das Schneiderhandwerk nicht auch ein ehrbarer Beruf, der eine Familie ernähren kann? Lieber bin ich die liebende und geliebte Frau eines ehrenwerten Schneiders als die unglückliche und nicht liebende Frau eines anderen.
Nur Mut, Nettchen, alles wird seinen richtigen Lauf nehmen. (260 Wörter)

oder:

TIPP **Hinweis zur Lösung**

Für die Umsetzung der Schreibaufgabe ist eine gründliche Analyse der Aufgabenstellung notwendig. Verlangt ist in dieser Aufgabe …

- die **Textform „Innerer Monolog"**, deren Textsortenmerkmale eingehalten werden müssen.
- eine **korrekte Verortung** des Textes (Ende des Verlobungsfestes). Es dürfen z. B. keine zukünftigen Ereignisse vorweggenommen werden.
- das **Aufgreifen der erwähnten Themenvorgaben**: Hier ist es sinnvoll, sich die genannte Textstelle nochmals durchzulesen und zu unterstreichen, welche der dort aufgeführten Aspekte in den inneren Monolog eingebaut werden können. Es können auch Formulierungen aus dem Originaltext übernommen oder in abgewandelter Form verwendet werden.

Die Bombe ist geplatzt. Die brennende Zündschnur hatte ich lange genug selbst in der Hand. Ich hätte es wissen müssen, wie konnte ich nur so blind und naiv sein? So naiv wie ein Kind, das die Augen zuhält und glaubt, dass es von keinem anderen gesehen werden kann, wenn es selbst nichts mehr sieht? Ich habe alles riskiert, alles auf eine Karte gesetzt und alles verloren. Was ist es, das mich im Inneren so erschüttert? Scham, Trauer, Reue, Schmerz? Eine bunte Mischung aus all dem … Der Schwindel ist aufgeflogen … Und was mache ich mir um mich selbst Gedanken? Mein Nettchen ist es, um die es geht … Was habe ich ihr nur angetan? Wie konnte ich nur dieses Risiko eingehen, ihr so wenig zu vertrauen, dass ich ihr nicht die Wahrheit gesagt habe, obwohl ich so an unsere Liebe glaubte? Was bin ich für ein Mensch, der seiner Liebsten diese Schmach zumutet? Unser Traum ist zerplatzt, ich habe sie verloren, habe mein ganzes Leben verloren und ihres zerstört … So stehe ich hier wiederum vor dem Nichts, ohne meine Liebe, ohne eine Zukunft, ohne eine Perspektive und hinterlasse verbrannte Erde. Genugtuung verspüren sie, der Böhni, der Schneidermeister, die Seldwyler, einfach alle, die diesen Plan mit dem Maskenzug und diesem schicksalsverändernden Schautanz geschmiedet haben … Ich hätte auf die dunkle Empfindung, die mich vor dem Gasthaus beschlich, hören sollen … Aber ich tat es nicht. Hochmut kommt vor dem Fall … Ach, Nettchen, wenn ich mich dir nur erklären dürfte, wenn du wüsstest, wie alles seinen Lauf genommen hat! Aber diese Hoffnung ist vergebens. Ein Wunsch, der sich nicht mehr erfüllen wird … (266 Wörter)

Hanna Jansen: Herzsteine

14 *Mögliche Lösungen (nur vier erforderlich):*

- Sowohl Sam als auch Enna gelten als Außenseiter.
- Beide fallen durch ihr Aussehen auf: Sam hat eine etwas dunklere Hautfarbe und Enna kleidet sich außergewöhnlich.
- Beide haben „besondere“ Mütter: Helen ist Heilerin und Sams Mutter ist eine auffällige, afrikanische Schönheit.
- Sam und Enna kommen beide nicht von der Insel, sind also keine „Einheimischen“.
- Beiden ist es egal, was andere von ihnen denken.

15 **TIPP** **Hinweis zur Lösung**

Suche in deiner Lektüre nach Textstellen, in denen Sams Mutter beschrieben wird. Sicher hast du beim Lesen und Bearbeiten der Lektüre Markierungen und Notizen dazu gemacht. Wähle aus den möglichen Eigenschaften diejenigen aus, die darauf hindeuten, dass Fe anders als andere Mütter ist.

Mögliche Lösungen (nur drei erforderlich):

- Sam könnte an das äußere Erscheinungsbild seiner Mutter und ihre Extravaganz denken.
- Vielleicht denkt er auch an die Sorgen, die er und sein Vater sich um seine Mutter machen.
- Sam könnte durch den Kopf gehen, dass seine Mutter und ihre Probleme, die ihm nicht bekannt sind, der Grund für den Umzug, den er nicht wollte, sind.
- Zudem könnten Sam die Stimmungsschwankungen seiner Mutter in den Sinn kommen und die Tatsache, dass sie für ihn nicht erreichbar bzw. wenig ansprechbar ist.
- In dem Moment könnte Sam auch an den Rückzug seiner Mutter aus der Familie denken.

16 *Mögliche Lösungen (nur drei erforderlich):*

- Sie ist vermutlich gerührt, weil sie Dankbarkeit für die freundliche Geste verspürt und dadurch merkt, dass ihr der Weggang verziehen wird.
- Zudem könnte die Kuh in ihr Erinnerungen an die eigene Kindheit wecken.
- Außerdem fühlt sich diese Tradition für sie vielleicht wie eine Rückkehr zu den eigenen Wurzeln an, was sie emotional sehr berührt.
- Sie verspürt eventuell auch Erleichterung, ein Gefühl der Versöhnung und hofft, dass sich der Kreis nun nach so vielen Jahren endlich schließt.
- Es rührt sie vielleicht auch, dass es durch die Kuh in gewisser Weise auch für Sam etwas Bleibendes in Ruanda gibt.

17 *Mögliche Lösungen (nur zwei erforderlich):*

- Er hat das Gefühl, zwischen allen Stühlen zu sitzen, weil er sich beispielsweise weder in Deutschland noch in Afrika richtig zugehörig fühlt. In Afrika ist ihm die Sprache fremd und er versteht nicht alles von der Kultur. In Deutschland ist er auch ein Außenseiter.
- Außerdem hat er in beiden Ländern eine untypische Hautfarbe: In Deutschland fällt er auf, weil seine Hautfarbe dunkler ist, und in Ruanda wird er aufgrund seiner im Vergleich helleren Haut als *Weißer* wahrgenommen.
- Zudem fühlt er sich durch den Umzug nach Sylt auch dort nicht richtig heimisch, da alles, was ihm vertraut war und was er mochte, z. B. das Haus der Familie, seine beiden besten Freunde oder sein Schwimmverein, in Hamburg ist.
- Sogar Kleinigkeiten wie die Tatsache, dass Sams Vater als Schulmediziner Handauflegen usw. als „Humbug“ (S. 51) abtut und sich über Ennas Mutter, die Heilerin ist, lustig macht, können Sam das Gefühl geben, zwischen den Stühlen zu sitzen und sich für eine Seite entscheiden zu müssen.

18 **TIPP** **Hinweis zur Lösung**

Für die Umsetzung der Schreibaufgabe ist eine gründliche Analyse der Aufgabenstellung notwendig. Verlangt ist in dieser Aufgabe …

- die **Textform „Innerer Monolog"**, deren Textsortenmerkmale eingehalten werden müssen.
- eine **korrekte Verortung** des Textes (Rückflug von Ruanda nach Brüssel).
- das **Aufgreifen der erwähnten Themenvorgaben**, also von Gedanken über seine **Reise nach Ruanda** sowie Überlegungen dazu, inwiefern seine **Erkenntnisse und Erfahrungen sein Leben** und die **Beziehung zu seinen Eltern** verändern könnten.

Von hier oben sieht alles so einfach aus. Nur ein paar Stunden liegen zwischen diesen beiden Ländern, aber in Wirklichkeit trennen uns Welten. Das hätte ich nie für möglich gehalten, obwohl ich doch auch früher schon wusste, dass Mum aus Ruanda kommt. Was hatte ich mir denn damals nur vorgestellt? Was hat Dad sich vorgestellt? Wenn ich Ruanda gekannt hätte, wenn ich die Geschichte von Mum gekannt hätte, wenn ich das Leben dort gekannt hätte … Ja, dann wäre es mir nicht so schwergefallen, Mums Probleme zu sehen und zu verstehen. Jetzt ist mir so vieles klar geworden. Diese beiden Leben lassen sich einfach nicht miteinander vereinbaren. Man muss sich offenbar entscheiden. Und jetzt hat sie sich entschieden – für Ruanda. Aber heißt das auch gegen uns? Armer Dad, für ihn tut es mir fast noch mehr leid als für mich selbst … Ich habe Enna, die ich liebe, die mein Leben in Deutschland ist … mein Leben auf Sylt … Aber Dad hat alles verloren, ohne eigene Schuld. Er hat alles getan, was möglich war … Aus Liebe hat er alles für Mum getan, aber ihre Liebe war nie groß genug … Vielleicht war sie dankbar, aber nicht verliebt …
Tief in mir gibt es sie natürlich noch, die Hoffnung, dass alles wieder gut werden wird, aber der erwachsene Teil in mir ahnt schon, dass ich mich mit der Situation abfinden muss. Als junger Mensch muss man sich früher oder später für einen eigenen Weg entscheiden. Man bleibt ja nicht ewig bei den Eltern. Mein Leben geht mit Enna weiter, auf Sylt, wenn sie es auch will …

(261 Wörter)

oder:

TIPP **Hinweis zur Lösung**

Für die Umsetzung der Schreibaufgabe ist eine gründliche Analyse der Aufgabenstellung notwendig. Verlangt ist in dieser Aufgabe …

- die **Textform „Brief“**, deren Textsortenmerkmale (z. B. Adressat, Aufbau) eingehalten werden müssen.
- eine **korrekte Verortung** des Textes (kurz vor dem Rückflug von Ruanda nach Brüssel).
- das **Aufgreifen der erwähnten Themenvorgaben**, also **Gründen, warum Sam auf Sylt bleiben** möchte.

Lieber Peter,
sei nicht verwundert, dass du heute einen Brief von mir bekommst, aber es gibt etwas, das ich dringend mit dir besprechen möchte. Es war wirklich toll von dir, dass du uns in deinem Haus auf Sylt hast wohnen lassen. Wir hatten so große Hoffnung, dass der Umzug Mum guttun würde und sie dort zur Ruhe kommen kann. Es hat auch tatsächlich etwas bewirkt, aber leider anders als gedacht. Sie hat gemerkt, dass Ruanda ihre Heimat ist und dass sie dorthin zurückkehren muss. Diese Erkenntnis ist natürlich nicht so schön für Dad und mich, aber was sollen wir machen? Mir hat die Reise in das Land meiner Mutter die Augen geöffnet. Ich hatte ja keine Ahnung von allem, von dem Land, von seiner Vergangenheit und von Mums Vergangenheit, die ja auch irgendwie meine eigene ist. Am Ende ist es nun aber so, dass Dad wieder nach Hamburg geht, Mum in Ruanda leben wird und ich gerne auf Sylt bleiben möchte. Ich habe dort meine Freundin Enna kennengelernt und will wenigstens nicht auch noch sie verlieren. Das verstehst du doch sicherlich. Das würde aber bedeuten, dass ich irgendwo wohnen muss, wenn ich ohne meine Eltern auf der Insel bleiben möchte. Denkst du, dass ich weiterhin bei dir im Haus wohnen könnte? Ich muss so langsam auf eigenen Beinen stehen und für mich eine Entscheidung treffen, die sich richtig anfühlt. Und das mit Enna fühlt sich vollkommen richtig an.
Lass mich bitte wissen, ob das mit dem Wohnenbleiben im Haus für dich vorstellbar wäre.
Herzliche Grüße
Sam

(256 Wörter)

TEIL B

Aufgabe 1: Erörterung

TIPP **Hinweis zur Lösung**

Lies dir die **Aufgabenstellung** gründlich durch, damit dir beim Lesen des Textes jederzeit bewusst ist, zu welcher **Themenfrage** du sachdienliche Informationen suchen sollst. Nutze zum Zusammentragen der jeweils drei vollständigen Argumente ein Blatt, das du in jeweils neun Felder (3 × die 3 Bs) unterteilst. So kannst du für jede Seite des Themas (Pro und Kontra) sicherstellen, dass du immer eine **B**ehauptung, eine **B**egründung und ein **B**eispiel im Text gefunden oder selbst ergänzt hast.

Aufsatzbeispiel

Einleitung
Hinführung zum Thema

Es gehört fast schon zum täglichen Bild, dass sich Erwachsene am Kiosk oder an der Tankstelle Energy-Drinks kaufen. Dieses Verhalten ist aber auch bei Jugendlichen und sogar Kindern zu beobachten.

Materialgrundlagen und Quellen

Mit diesem Thema befasst sich ebenfalls der vorliegende Artikel von Anna Van Dorn und Jens Eberl mit dem Titel „Süßer Kick mit Nebenwirkungen“, in dem es um Energy-Drinks und ihre Nebenwirkungen geht. Der Text stammt von der Internetseite der Tagesschau. Das angefügte Schaubild „Jedes 5. Schulkind trinkt regelmäßig Energydrinks“ von Frauke Suhr ist auf der Internetseite von Statista zu finden und wurde am 05. 09. 2019 veröffentlicht.

Themenfrage

Auf Grundlage der zur Verfügung stehenden Informationen stellt sich die Frage, ob es eine Altersbeschränkung für Minderjährige beim Kauf und Konsum von Energy-Drinks geben sollte.

Hauptteil
Überleitung

Es gibt einige gute Gründe dafür, dass Energy-Drinks keine Altersbeschränkung haben.

Kontra 1: Erhöhung des Kaufanreizes durch ein Verbot

So ist ein gesetzliches Verbot von Energy-Drinks nicht unbedingt zielführend, da Verbote gerade für Jugendliche erst recht den Kaufanreiz erhöhen könnten. Beispielsweise würde so den Getränken eine viel zu große Aufmerksamkeit geschenkt, die Jugendliche, die bisher keine Energy-Drinks konsumieren, erst auf die Produkte aufmerksam machen würde. Zudem trinken immerhin 81 % aller Kinder und Jugendlichen nicht regelmäßig Energy-Drinks, weshalb ein Verbot bei einer eher geringen Zahl an Konsumentinnen und Konsumenten nicht notwendig erscheint (vgl. Material 1).

Gegen eine gesetzlich geregelte Altersbegrenzung spricht auch, dass der Staat nicht in allen Bereichen des Lebens in das Selbstbestimmungsrecht von Kindern und Jugendlichen eingreifen kann, weil schließlich nicht alles, was vernünftiger, pädagogisch wertvoller oder gesünder wäre, vom Staat reguliert und dann auch überwacht werden kann. Auch zuckerhaltige Süßigkeiten oder fettige Chips sind schließlich nicht verboten, obwohl sie nachweislich in größeren Mengen zu Fettleibigkeit und damit zu gesundheitlichen Problemen führen können. Vielmehr sollte man mit Kindern und Jugendlichen einen sinnvollen Umgang mit Genussmitteln besprechen und üben.

Kontra 2: Staatlicher Eingriff in das Selbstbestimmungsrecht

Und schließlich geht von Energy-Drinks bei angemessener Dosierung auch nur ein geringes Gefährdungspotenzial aus, da eine 250-ml-Dose eines Energy-Drinks 80 mg Koffein enthält, aber für einen gesunden Erwachsenen laut Europäischer Behörde für Lebensmittelsicherheit (ESFA) bis zu 400 mg Koffein pro Tag unbedenklich sind (vgl. Material 2, Z. 10–13). Diese Menge an Koffein entspricht in etwa fünf 250-ml-Dosen pro Tag. Selbst wenn die Grenzwerte für Kinder und Jugendliche nur bei der Hälfte lägen, könnten diese also trotzdem rund zweieinhalb Dosen pro Tag trinken, ohne gesundheitliche Folgen aufgrund des enthaltenen Koffeins befürchten zu müssen. Bei angemessener Dosierung sind Energy-Drinks demnach auch nicht gefährlicher als andere koffeinhaltige Getränke wie Cola oder Kaffee.

Kontra 3: Geringes Gefährdungspotenzial bei angemessener Dosierung

Dennoch gibt es zu Recht auch Stimmen, die sich für eine Altersbeschränkung von Energy-Drinks aussprechen.

Überleitung

Dafür spricht, dass Kinder und Jugendliche ihr eigenes Konsumverhalten nur schwer regulieren können, weil sie Risiken und Folgen noch nicht so gut abschätzen und daher nicht so vernünftig mit ihrem Konsum umgehen können. So fiel es sogar einem offenbar jungen Erwachsenen wie Felix, der im Artikel erwähnt wird (vgl. Material 2), bis zu seinem Arztbesuch schwer, einzuschätzen, welche gesundheitlichen Folgen sein übermäßiger Energy-Drink-Konsum haben kann. Da ist es naheliegend, dass Heranwachsende erst recht Probleme damit haben dürften. Daher sind auch andere Bereiche zum Schutz von Kindern und Jugendlichen gesetzlich geregelt, z. B. Altersbeschränkungen bei Filmen oder Alkohol- und Nikotinverbote für Minderjährige. Erwachsenen traut man eher zu, Risiken abzuwägen und ihr Konsumverhalten zu regulieren. Bei Kindern und Jugendlichen müssen dies die Erziehungsberechtigten und der Staat übernehmen.

Pro 1: Mangelnde Fähigkeit von Kindern und Jugendlichen, das eigene Konsumverhalten einzuschätzen und zu regulieren

Ein weiterer Grund, ernsthaft über eine Altersbeschränkung für Energy-Drinks nachzudenken, sind die gesundheitlichen Risiken, die der Konsum bergen kann. So sind laut des Verbraucherzentrale Bundesverbandes „Nervosität, Schlaflosigkeit, Übelkeit, Kopfschmerzen, Schweißausbrüche, Bluthochdruck, Herzrasen, Wahrnehmungsstörungen, Herz-Rhythmusstörungen oder Kreislaufkollaps“ (Material 2, Z. 15–17) mögliche Folgen von übermäßigem Koffeinkonsum. Der Kardiologe Tobias Neumann aus Stuttgart macht sich zudem Sorgen, ob Energy-Drinks und die darin enthaltenen Substanzen für einen so jungen Organismus gut seien, besonders da deren Wechselwirkungen nicht erforscht sind (vgl. Material 2, Z. 33–35). Kombiniert mit Alkohol ergibt sich zusätzlich eine besonders gefährliche Mischung, denn durch die Inhaltsstoffe von Energy-Drinks wird die Wirkung von Alkohol zunächst überdeckt. Dadurch kann es zu einer höheren Risikobereitschaft bei den Konsumierenden und einer erhöhten Unfallgefahr kommen (vgl. Material 2, Z. 39–45), was wiederum eine Gefahr für die Gesundheit darstellt.

Pro 2: Gesundheitliche Risiken

Eine Altersbeschränkung hat insbesondere dann ihre Berechtigung, wenn sie als Schutz vor einem Suchtmittel eingeführt wird. Es ist unumstritten, dass Energy-Drinks Inhaltsstoffe, die süchtig machen können, enthalten. Dabei handelt es sich um Stoffe wie Koffein, Zucker und Taurin (vgl. Material 2, Z. 24–26). In einer Talkshow hat unlängst eine junge Frau davon berichtet, wie ihre Sucht nach Energy-Drinks ihr Leben bestimmt hat. Sie beschrieb, dass ihr ganzes Denken und Handeln nur noch auf die Beschaffung von Energy-Drinks ausgerichtet war und sie regelrecht in Panik geriet, wenn sie keine Flasche oder Dose mehr vorrätig hatte. Ohne das Suchtmittel hatte sie das Gefühl, den Tag nicht mehr bewältigen zu können.

Pro 3: Schutz vor süchtig machenden Inhaltsstoffen

So komme ich abschließend zu dem Ergebnis, dass eine Altersbeschränkung eine gute Möglichkeit sein könnte, um Kindern und Jugendlichen, aber auch Erwachsenen die Gefahren von Energy-Drinks aufzuzeigen und die Minderjährigen vor negativen gesundheitlichen Folgen zu schützen. Vielleicht werden dann auch Erwachsene hellhörig und kaufen ihren Kindern diese Produkte nicht mehr oder machen sich selbst Gedanken über die Wirkung von Energy-Drinks. Auf Dauer kann es nämlich nicht gesund sein, seinen Schlafmangel mit Aufputschmitteln zu überdecken – weder für Kinder und Jugendliche noch für Erwachsene.

Schluss
Fazit

Aufgabe 2: Textbeschreibung Lyrik

TIPP **Hinweis zur Lösung**

Notiere dir vor der Bearbeitung des Gedichts nochmals den **Aufbau**, den deine Textbeschreibung haben muss. Das hilft dir dabei, später keines der Elemente zu vergessen. Lies anschließend die **Aufgabenstellung** gründlich durch, damit dir beim Lesen des Gedichts jederzeit bewusst ist, welche Aspekte du untersuchen und später beschreiben musst. Kläre im Vorfeld für dich, was man unter den in der Aufgabe genannten **Aspekten** versteht, z. B. was mit „sprachlichen Mitteln" gemeint ist. Unterstreiche dann beim Lesen des Gedichts bedeutsame Textstellen und mache dir am Rand Notizen dazu, zu welchen Aspekten diese gehören und welche Wirkung durch die sprachlichen Mittel jeweils erzeugt wird.

Aufsatzbeispiel

Einleitung
Informationen zum Text mit Kern-/Basissatz

In Bertolt Brechts Gedicht „Fahrend in einem bequemen Wagen" aus dem Jahr 1937, das zur Erlebnislyrik gezählt werden kann, geht es um die Reflexion des eigenen Fehlverhaltens nach einer egoistischen Handlung. Abgedruckt wurde es in einem Sammelband mit Brechts lyrischen Werken, der im Jahr 2000 beim Suhrkamp Verlag mit dem Titel „Die Gedichte" erschienen ist.

kurze Zusammenfassung des Inhalts

Im Gedicht ist ein lyrisches Ich bei Anbruch der Nacht in einem geräumigen und komfortablen Wagen auf der Landstraße unterwegs, als eine verwahrloste Person um Mitnahme bittet. Das lyrische Ich verweigert diese allerdings, ist später aber erschrocken über sein eigenes Handeln.

Hauptteil
Ort und Zeit

Der Text enthält kaum konkrete Orts- bzw. Zeitangaben und auch die Beschreibungen der Umgebung oder der handelnden Figuren sind so vage gehalten, dass sie keine Rückschlüsse darauf zulassen. Man erfährt jedoch, dass sich das Geschehen auf einer Landstraße abspielt, es gerade dunkel geworden und regnerisch ist („Auf einer regnerischen Landstraße […] bei Nachtanbruch", V. 1/2). Da genaue Beschreibungen und Angaben wie ein Datum oder die Nennung der Gegend fehlen, könnte die Handlung im Grunde zu jeder Zeit und an jedem Ort stattfinden.

Atmosphäre

Der Begriff „Landstraße" (V. 1) lässt darauf schließen, dass es sich um keine viel befahrene Straße handelt, was ein gewisses Gefühl von Einsamkeit hervorruft. Diese Einsamkeit, das regnerische und damit trübe Wetter sowie die hereinbrechende Nacht erzeugen eine eher düstere und unangenehme Atmosphäre, in der man sicherlich nicht gerne draußen unterwegs ist. Einen Gegensatz dazu stellt die Beschreibung des Fahrzeugs dar.

Dieses besitzt „ein Dach“ (V. 4) und „Platz“ (V. 4) und bietet somit sowohl Schutz vor dem Regen als auch einen gewissen Komfort, was bereits in der Überschrift durch die Formulierung „bequemen Wagen“ zum Ausdruck kommt.

Verhalten und Motiv des lyrischen Ichs

Das lyrische Ich ist also in der glücklichen Situation, sich in einem bequemen Wagen zu befinden, während es draußen sehr ungemütlich ist. Dort sieht es einen Hilfesuchenden, den es als „zerlump[t]“ (V. 2) beschreibt. Einerseits weiß das lyrische Ich, dass im Wagen noch Platz für die Person wäre, andererseits erscheint es ihm aber offenbar nicht erstrebenswert, eine solche Person in den vermutlich ordentlichen und sauberen Wagen einsteigen zu lassen. Das lyrische Ich wägt ab und entscheidet sich, die Person nicht mitfahren zu lassen, indem es sagt: „Wir können niemand mitnehmen.“ (V. 6) Das lyrische Ich beschreibt seine Stimme selbst als „grämlic[h]“ (V. 5), also als mürrisch und missmutig und damit eindeutig negativ. Das Gesagte soll demnach gar nicht bedauernd klingen. Und obwohl es die Entscheidung allein fällt, verwendet es das Personalpronomen „Wir“ (V. 6). Dies lässt einen annehmen, dass das lyrische Ich nicht allein im Wagen sitzt und sich mit seiner kaltherzigen Entscheidung hinter diesem „Wir“ versteckt. Vermutlich ist dem lyrischen Ich zu diesem Zeitpunkt schon klar, dass es eine unbarmherzige und egoistische Entscheidung getroffen hat. Ins Bewusstsein kommt es ihm aber erst eine ganze Weile („einen Tagesmarsch“, V. 7) später, denn da erschrickt es über sein Tun und seine Worte. Die Bezeichnung „Tagesmarsch“ (V. 7) wird hier vermutlich verwendet, weil das lyrische Ich die zurückgelegte Strecke nun aus Sicht des Wanderers, der noch so viel Weg in der Nacht bei Regen vor sich hat, wahrnimmt. Das lyrische Ich ist im Nachhinein überrascht über seine Stimme, die grämlich klang und eine egoistische Entscheidung verkündet hat. Auch sein egoistisches Verhalten, das es vielleicht gar nicht von sich selbst erwartet hätte oder nicht gut findet, scheint es zu schockieren. Außerdem merkt es in diesem Moment wohl, dass das eigene Verhalten repräsentativ für das Verhalten vieler Menschen auf der Welt sein dürfte.

Gegenüberstellung von Arm und Reich anhand sprachlicher Mittel

Die im Gedicht dargestellten Unterschiede zwischen Arm und Reich lassen sich anhand einiger sprachlicher Mittel gegenüberstellen. Bereits die Formulierung „bequeme[r] Wagen“ in der Überschrift macht deutlich, dass das lyrische Ich privilegiert ist, und dient damit als Symbol für dessen Reichtum. Da das Gedicht aus dem Jahr 1937 stammt, ist davon auszugehen, dass vermutlich nicht jede Person im Besitz eines solchen Wagens war oder sich eine Fahrt damit leisten konnte. Hier hat jemand das nötige Geld, um sich nicht nur einen Wagen leisten zu können, sondern sogar einen bequemen, der zudem genügend „Platz" und ein „Dach" (V. 4) bietet. Durch den Parallelismus „Wir hatten [...] wir hatten [...] wir fuhren" (V. 4) wird noch einmal betont, was die Reisenden im Wagen alles besitzen und in welcher glücklichen Lage sie sich befinden. Zudem wird durch die Wiederholung des Personalpronomens „wir" (z. B. V. 2, 4, 5) deutlich, dass das lyrische Ich – im Gegensatz zur Person auf der Straße – Teil einer privilegierten Gruppe ist. Die Person, die zu Fuß auf der Straße unterwegs ist, scheint in den Augen des lyrischen Ichs nicht einmal eine Identität zu besitzen, denn sie wird nur als „Mensc[h]" (V. 2) und nicht einmal als „Mann" oder „Frau" bezeichnet. Dass dieser Mensch arm ist und ein großer Standesunterschied zwischen ihm und den Wageninsassen besteht, zeigen neben dem Adjektiv „zerlump[t]" (V. 2) auch die beiden Partizipien „fahrend" (Überschrift) und „verbeugend" (V. 3): Während die Reichen bequem in ihrem Wagen fahren, verbeugt sich die arme Person tief und damit unterwürfig vor ihnen. Die im Gedicht verwendete Sprache trägt also deutlich dazu bei, dass die Unterschiede zwischen Arm und Reich hervorgehoben werden.

Schluss
persönliche Stellungnahme mit Transfer

Das Nachdenken über das eigene Verhalten und die Erkenntnis, dass viele Entscheidungen egoistischer Natur sind, kommen in Brechts Gedicht gut zur Geltung. Sicher kennt jede*r Situationen, in denen man wie das lyrische Ich selbstsüchtige oder für einen selbst bequemere Entscheidungen gefällt hat, z. B. wenn man jemanden aus egoistischen Gründen nicht in der eigenen Gruppe mitarbeiten lassen oder jemandem aus Bequemlichkeit keine Mitfahrmöglichkeit geben möchte. Oder vielleicht wirft man ungenutzte Dinge lieber weg, als sie mit ein bisschen Mehraufwand in ein Sozialkaufhaus zu bringen. Mich spricht der Text gerade deshalb an, weil er mich an solche Situationen erinnert. Es ist zwar schön, dass das lyrische Ich über sein Vorgehen erschrickt, aber auch schade, dass der Wagen nicht umdreht und den Hilfsbedürftigen doch noch mitnimmt. Leider bleibt die Erkenntnis für das lyrische Ich ohne Folgen. Aber immerhin ist sie ein erster Schritt in die richtige Richtung. Bei mir soll es anders sein: Ich will nicht nur über mein Verhalten nachdenken, sondern es auch tatsächlich verändern.

Friedrich Dürrenmatt: Die Physiker

Aufgabe 3: Textbeschreibung Prosa

TIPP **Hinweis zur Lösung**

Notiere dir vor der Bearbeitung des Textes nochmals den **Aufbau**, den deine Textbeschreibung haben muss. Das hilft dir dabei, später keines der Elemente zu vergessen. Lies anschließend die **Aufgabenstellung** gründlich durch, damit dir beim Lesen des Textes jederzeit bewusst ist, welche Aspekte du untersuchen und später beschreiben musst. Kläre im Vorfeld für dich, was man unter den in der Aufgabe genannten **Aspekten** versteht, z. B. was mit „Konfliktverlauf" gemeint ist. Unterstreiche dann beim Lesen des Textes bedeutsame Textstellen und mache dir am Rand Notizen dazu, zu welchen Aspekten diese gehören.
Überlege vor der Ausformulierung des Aufsatzes, ob du die geforderten Aspekte einzeln aufführen kannst oder ob sie so zusammenhängen, dass es sinnvoller ist, sie miteinander zu verbinden. Oftmals können z. B. sprachliche Mittel schon bei einem anderen Aspekt aufgegriffen werden, weil sie dort ohnehin zur Veranschaulichung der Aussagen genannt werden müssen.

Aufsatzbeispiel

Einleitung
Informationen zum Text mit Kern-/Basissatz

In der Kurzgeschichte „Partnerarbeit", die von der Autorin Stefanie Dominguez verfasst wurde, geht es um das Überwinden von Ausgrenzung und das Zulassen von Nähe. Der Text erschien 2013 im Buch „P.A.U.L.D. Oberstufe" vom Schöningh Verlag.

kurze Zusammenfassung des Inhalts

Die Schülerin Tessa hat in ihrer Klasse schon viele Erfahrungen damit gemacht, ausgegrenzt und ausgelacht zu werden. Sie sitzt deshalb auch allein an einem Tisch im Klassenzimmer. Unerwartet sucht sich ihr Klassenkamerad Ben während des Religionsunterrichts Tessa als Arbeitspartnerin für eine Aufgabe aus, die in Partnerarbeit gelöst werden soll, und setzt sich zu ihr. Tessa reagiert zunächst misstrauisch und ablehnend, aber Ben lässt sich nicht abwimmeln und entschuldigt sich sogar dafür, dass auch er früher über sie gelacht hat. Tessa will jedoch kein Mitleid und ist wegen Bens Bemühungen sogar wütend. Als Simon, ein Klassenkamerad, der Tessa schon seit Jahren besonders zusetzt, sich wieder auf ihre Kosten amüsieren will, stellt sich Ben gegen ihn und beweist damit, dass er ernsthaftes Interesse an ihr hat.

Hauptteil
Verhalten und Motive der handelnden Figuren und sprachliche Mittel

Ob Ben Wolfs Versuch, mit Tessa in Partnerarbeit zu arbeiten, ernst gemeint ist, weiß man zunächst nicht. Er selbst gibt als Motiv für sein Handeln bzw. Verhalten an, dass sein bisheriger Tischnachbar krank sei, Tessa auch allein sitze und die Aufgabe in Partnerarbeit gemacht werden solle (vgl. Z. 11, Z. 20/21).

Wäre Tessa nicht eine Außenseiterin in der Klasse, könnte man die Begründung für logisch und nachvollziehbar halten. Aufgrund ihrer negativen Erfahrungen in der Vergangenheit glaubt Tessa ihm aber offenbar nicht und reagiert abwehrend auf seinen Vorschlag.

Ben versucht die Aufrichtigkeit seiner Absicht zu beweisen, indem er sich bei Tessa dafür entschuldigt, dass er früher ebenfalls über sie gelacht hat. Er nähert sich ihr auch körperlich und berührt sie.

Bens Motiv: Versuch einer Wiedergutmachung

Tessa verhält sich weiterhin ablehnend und bleibt misstrauisch. Sie nimmt vermutlich an, dass irgendeine böse Absicht hinter Bens Handlung steckt, zumal es in der Partnerarbeit um das Thema „Freundschaft" geht, was die Situation für sie noch unglaubwürdiger erscheinen lässt.

Tessas Motiv: Abwehr und Misstrauen

Die Metapher „wie sie ihm das letzte Wort vor die Füße spuckte" (Z. 44) macht deutlich, wie empört sie darüber ist, dass Ben ausgerechnet zum Thema „Freundschaft" in Partnerarbeit mit ihr arbeiten will.

sprachliche Mittel: Metapher

Ben möchte die Situation offenbar entschärfen und macht einen kleinen Scherz. Durch das Wortspiel ihrer beider Nachnamen („Ich dachte, wir machen das zusammen, als Fuchs und Wolf sozusagen.", Z. 46/47), das aufgrund der beiden Tiernamen eine lustige Wirkung hat, gelingt es ihm, Tessa gegen ihren Willen zum Lachen zu bringen.

Wortspiel

Tessa vergleicht daraufhin die Augen der Personen, die normalerweise über sie lachen, mit blitzenden Kieselsteinen („Wie die Kieselsteine, die ihr Bruder manchmal sammelte. So blitzend.", Z. 51). Das verleiht ihnen auch deshalb eine positive Wirkung, weil diese Kieselsteine so begehrt erscheinen, dass ihr Bruder sie sogar sammelt. Im Gegensatz dazu vergleicht sie ihre eigenen Augen mit Kieselsteinen, die ins Wasser geworfen werden, weil sie niemand nach Hause mitnehmen will („Höchstens wie Kieselsteine […] nicht einmal ihr Bruder.", Z. 52/53). Sich selbst sieht sie also negativ. Die beiden Vergleiche veranschaulichen damit auch, dass Tessa sich offenbar abgelehnt und im Vergleich zu den anderen minderwertig fühlt.

Vergleiche

Die plötzliche und ungewohnte Nähe zwischen Tessa und Ben fällt auch den Mitschülerinnen und Mitschülern auf. Simon Bösenecker, der sonst auch für den Spott über Tessa verantwortlich zu sein scheint, möchte Tessa wieder einmal kränken und bloßstellen.

Simons Motiv: Kränkung und Bloßstellung von Tessa

Er fragt Ben daher ironisch, ob dieser gerade mit der Klassenschönheit flirte (vgl. Z. 56/57). Durch die Ironie in Simons Frage wird jedoch klar, dass er Tessa keineswegs hübsch findet und es in seinen Augen auch ausgeschlossen ist, dass Ben tatsächlich mit ihr flirten könnte. Ben reagiert aber für alle unerwartet, indem er den Flirtversuch bejaht.

sprachliche Mittel: Ironie

Da Simon niemals mit der Bejahung dieser Frage gerechnet hätte, handelt es sich um eine rhetorische Frage. Er hatte vielmehr angenommen, dass Ben abwehrend reagiert und Tessa damit erneut gekränkt wird. Auch zu Beginn der Stunde sorgt Simon mit einer rhetorischen Frage für Lacher über Tessas Kleidungsstil („Aus der Kleidersammlung?", Z. 4). Seine als Frage getarnte Beleidigung verfehlt ihre Wirkung in der Klasse nicht. Er setzt demnach immer wieder gezielt rhetorische Fragen ein, um sich über Tessa lustig zu machen.

rhetorische Fragen

Ob Ben tatsächlich mit Tessa flirtet oder ob er die Frage nur bejaht, um Tessa nicht bloßzustellen, bleibt offen. In jedem Fall stellt er sich gegen Simon und ergreift Position für Tessa, die hier ganz klar die Schwächere ist.

Unklarheit über Bens Motiv für sein Verhalten gegenüber Tessa am Ende

Betrachtet man den Verlauf des Konflikts, muss man davon ausgehen, dass Tessas Situation eine Vorgeschichte hat. Sie wird ausgegrenzt, sitzt als Einzige allein und ist immer wieder dem Spott der Mitschüler*innen ausgesetzt.

Konfliktverlauf

Als sich Ben in der Religionsstunde zu ihr setzt, hält sie dies daher wieder für eine Form der Bloßstellung und reagiert abwehrend. Ben lässt sich allerdings nicht von seiner Bemühung, die gestellte Aufgabe in Partnerarbeit mit Tessa zu erledigen, abbringen und entschuldigt sich bei ihr für sein Benehmen in der Vergangenheit. Es gelingt ihm schließlich, sie durch Humor für sich einzunehmen. Simon, der Tessa offenbar schon immer als Opfer für seine Gemeinheiten auserkoren hatte, stört sich aber an der Zusammenarbeit von Ben und Tessa. Er stichelt bzw. beleidigt Tessa daher mit dem Zweck, dass Ben sich durch Simons Äußerung von Tessa distanziert.

Auch wenn die anderen Klassenmitglieder über Simons Stichelei lachen, geht der Konflikt eher für Simon schlecht aus, da Ben nicht darauf eingeht, sondern offenlässt, ob es sich nicht doch um einen Flirtversuch mit Tessa handeln könnte. Damit stellt Ben am Ende eigentlich Simon bloß, weil dessen angeblicher Scherz dadurch als Gemeinheit, der keiner mehr stillschweigend zustimmt, entlarvt wird. Es wird deutlich, dass es Simon nur darum ging, seine Mitschülerin zu ärgern und zu demütigen. Am Ende stellt sich endlich jemand gegen Simon und seine Mobbingversuche und offenbart diese dadurch als Unrecht.

Schluss
Transfer

Aus der Geschichte geht nicht hervor, aus welchem Grund sich Ben um Tessa bemüht, also ob er nur Mitleid und ein schlechtes Gewissen ihr gegenüber hat, ob er sich tatsächlich ein bisschen für sie interessiert oder ob er vielleicht auch nur die Partnerarbeit gewissenhaft umsetzen wollte. In jedem Fall hat er ein Zeichen gesetzt und den Kränkungen etwas entgegengestellt, was sicher sehr mutig und nett von ihm ist. Die Kurzgeschichte zeigt die Sicht einer ausgegrenzten Person auf Mobbing und regt dadurch zum Nachdenken an. Man kann sich fragen, wann man sich selbst auf Kosten anderer amüsiert hat oder Schwächeren nicht zur Seite gestanden hat.

persönliche Stellungnahme

Beim Lesen des Textes habe ich mich an genau solche Situationen in meiner Klasse erinnert. Manchmal ist man tatsächlich froh, dass man nicht selbst die Person ist, die verspottet wird. Umso mehr muss man Ben bewundern, weil er in Kauf nimmt, selbst ausgelacht zu werden, um eine Mitschülerin zu schützen. Ich frage mich allerdings, wie ernst Ben das alles meint und bin mir nicht sicher, ob die Situation für Tessa nicht doch noch zur Enttäuschung wird, falls Bens Verhalten eher durch Mitleid als Zuneigung begründet ist.

Abschlussprüfung an Realschulen in Baden-Württemberg
Deutsch 2023

Um dir die Prüfung 2023 schnellstmöglich zur Verfügung stellen zu können, bringen wir sie in digitaler Form heraus.

Sobald die Original-Prüfungsaufgaben 2023 freigegeben sind, können sie als PDF auf der Plattform **MyStark** heruntergeladen werden (Zugangscode vgl. Umschlaginnenseite).

Aktuelle Prüfung

www.stark-verlag.de/mystark